Shiva

Histórias e Ensinamentos de Shiva Mahapurana

Vanamali

Shiva

Histórias e Ensinamentos de Shiva Mahapurana

Tradução:
Carolina Caires Coelho

Publicado originalmente em inglês sob o título *Shiva: Stories and Teachings from the Shiva Mahapurana*, Inner Traditions.
© 2002, 2013, Vanamali Gita Yogashram.
Direitos de edição e tradução para o Brasil.
Tradução autorizada do inglês.
Fonte das histórias mitológicas: *Shiva Mahapurana e Sreemad Bhagavata Purana*.
Fonte da vida dos santos: *Periya: Puranam*, de Sekkizhar.
© 2019, Madras Editora Ltda.

Editor:
Wagner Veneziani Costa

Produção e Capa:
Equipe Técnica Madras

Tradução:
Carolina Caires Coelho

Revisão da Tradução:
Rosalia Munhoz

Revisão:
Arlete Genari
Ana Paula Luccisano

Dados Internacionais de Catalogação na Publicação
(CIP)(Câmara Brasileira do Livro, SP, Brasil)

Vanamali
Shiva: histórias e ensinamentos de Shiva Mahapurana/Vanamali; tradução Carolina Caires Coelho. – São Paulo: Madras, 2019.
Título original: Shiva: stories and teachings from the Shiva Mahapurana

ISBN 978-85-370-1198-0

1. Filosofia hindu 2. Hinduísmo 3. Hinduísmo – Doutrinas 4. Shiva (Divindade hindu) 5. Shivaísmo I. Coelho, Carolina Caires. II. Título.

19-26220   CDD-294.5513

Índices para catálogo sistemático:
1. Shivaísmo: Religiões de origem hindu 294.5513
Maria Alice Ferreira – Bibliotecária – CRB-8/7964

É proibida a reprodução total ou parcial desta obra, de qualquer forma ou por qualquer meio eletrônico, mecânico, inclusive por meio de processos xerográficos, incluindo ainda o uso da internet, sem a permissão expressa da Madras Editora, na pessoa de seu editor (Lei nº 9.610, de 19/2/1998).

Todos os direitos desta edição, em língua portuguesa, reservados pela

MADRAS EDITORA LTDA.
Rua Paulo Gonçalves, 88 — Santana
CEP: 02403-020 — São Paulo/SP
Caixa Postal: 12183 — CEP: 02013-970
Tel.: (11) 2281-5555 — Fax: (11) 2959-3090
www.madras.com.br

Aum Ganeshaya Namaha!

ॐ

Saudações a Lorde Ganesha!
Que remove e supera todos os obstáculos,
E concede sucesso em toda empreitada.

"Ganashtakam"

ॐ

Aum Mrityunjayaya Namaha!

*A recompensa que um filho dá à mãe que o gerou
é fazer com que as pessoas se surpreendam perguntando:
"Quantas austeridades a mãe desse homem deve ter enfrentado
para criar um filho assim!"*

THIRUKKURAL DE THIRUVALLUVAR

*Dedicado a meu amado filho Janardan,
com todas as minhas bênçãos.*

ॐ

Aum Jagatpitre Namaha!

*Na juventude, as serpentes venenosas da audição e da visão,
Do paladar, do toque e do olfato,
Fartaram-se com meus órgãos vitais, acabaram
com meu discernimento.
Ai de mim! Meu coração, privado do pensamento de Shiva,
Inflava-se de arrogância e orgulho!
Assim sendo, ó, Shiva!
Ó, Mahadeva! ó, Shambho!
Perdoa-me, rogo-te, pelas minhas transgressões.*

*Agora, na velhice, meus sentidos perderam a potência
    do julgamento e da ação adequados.
Meu corpo está fraco e senil por causa de aflições,
Porém, mesmo agora, minha mente, em vez
    de meditar em Shiva
Corre atrás de desejos vãos e discussões ocas.
Assim sendo, ó, Shiva! Ó, Mahadeva! Ó, Shambho!
Perdoa-me, rogo-te, pelas minhas transgressões.*

*Eu me curvo a Ele que concede aos sábios
    conhecimento direto da Verdade eterna.
Eu me curvo ao professor dos três mundos,
Dakshinamurthy, o Senhor em Si,
Que dissipa a miséria do nascimento e da morte.*

ADI SHANKARACHARYA

Índice

Prefácio de Swami Dayandaji 11
Introdução 13

Parte Um
Os Aspectos Divinos de Shiva

1   O Grande Deus Universal 24
2   Criação 32
3   Sandhya, a Estrela da Noite 44
4   A Promessa de Durga 49
5   A Corte de Sati 55
6   Sati e Shiva 62
7   Yajna de Daksha 68
8   A Ira de Shiva 75
9   Parvati Procura seu Senhor 81
10 A Derrota de Kama 88
11 A Penitência de Parvati 94
12 O Casamento Cósmico 103
13 O Casal Cósmico 110
14 Kartikeya Derrota o Demônio 118
15 Ganesha, Removedor de Obstáculos 125
16 As Três Cidades Demoníacas 134
17 A Queda dos Demônios 141

18 Agitando o Oceano de Leite 150
19 A Descida do Rio Ganges 159
20 Destruído pela Própria Mão 163
21 Markandeya e Agniswara 165
22 As Manifestações de Shiva 172
23 Shiva, o Adorado 182
24 Os Jyotirlingas 188

Parte Dois
Aqueles que Cultuam Shiva

25 Devotos de Shiva 200
26 Os Quatro Grandes 205
27 Os Devotos Violentos 219
28 As Devotas 225
   Epílogo 231

Apêndice Um
Método de Adoração de Lorde Shiva 233
Apêndice Dois
Nomes de Shiva 234
Apêndice Três
Nomes dos Outros Personagens do Panteão Hindu 236
Apêndice Quatro
Lista, em Ordem Alfabética, de Mantras 242
Apêndice Cinco
Invocação Védica para a Paz Mundial 244

Glossário de Termos em Sânscrito 246

ॐ
Aum Shivaya Namaha!

Prefácio

Os *Vedas* apresentam a causa de todo o *jagat* – o mundo material – como Mayin, portador de *maya*, que não vem sob o feitiço de *maya* ou ilusão cósmica. O Mayin é Maheswara – Senhor de tudo. Não é somente a causa inteligente de *jagat*, mas também está na forma de *jagat*. O espaço, o tempo e tudo no espaço e no tempo são manifestações suas e, assim, não se separam Dele. Assim, ele é pai e mãe do Universo. Toda forma é sua forma, e ele pode ser invocado sob qualquer forma. Se analisarmos esse Maheswara do ponto de vista de qualquer força ou lei manifestas, ele se torna um *devata* (divindade). Se dermos um nome em sânscrito a esse *devata*, o nome será descritivo da forma. Assim, o nome Vishnu significa que o Senhor é onipresente. O nome Brahma significa aquele que é infinito e abrangente. O nome Rudra significa aquele que é a causa de lágrimas, no sentido de causar ações para produzir frutos; e também aquele que remove todas as lágrimas. Em qualquer um dos nomes e das formas de adoração, é possível invocar Maheswara como aquele que causa a criação, a manutenção e a destruição.

No *Shiva Purana*,[1] toda a *lila* (peça) de Maheswara é apresentada em um estilo que oferece aos leitores um escopo para explorar e descobrir – é possível saber o que é preciso para ser todo-poderoso. Uma análise sobre toda virtude em sua medida infinita é inevitável conforme a pessoa passa por cada *Purana*. A autora, Vanamali, apresenta o Senhor como aquele que é invocado como Shiva, como mostrado no

---
1. *Shiva Purana* é uma forma mais curta de dizer *Shiva Mahapurana* e se refere à mesma obra.

Shiva Purana. A devoção da autora ao Senhor dá à sua pena faculdades de expressão, ajudando o leitor a descobrir as glórias do Senhor e devoção inspiradora. Como a autora é recebedora das bênçãos do Senhor, e ao usar tais bênçãos para apresentar as glórias do Senhor, mais uma vez ela recebe as bênçãos do Senhor em abundância.

SWAMI DAYANANDA
DAYANANDA ASHRAMA
RISHIKESH

Aum Namashivaya!

ॐ

ॐ
Aum Panchavaktraya Namaha!

Introdução

Trayambakam yajamahe sugandhim pushtivardhanam, Urvarukamiva bandanath, Mrityor mukshiya-mamritath.

Eu venero o fragrante de três olhos na esperança de receber saúde perfeita, liberdade das garras da mortalidade, tão sem esforços quanto o fruto maduro cai do pé, e a imortalidade.

YAJUR VEDA

A literatura purânica surge de uma necessidade profunda na essência do ser humano de realização. Ela sonda as profundezas de nossa psique, que abriga um desejo inconsciente e indescritível pelo Supremo, e revela as imagens e os conceitos mais incríveis que surpreenderam a mente do homem contemporâneo. Aqueles que sofreram lavagem cerebral por parte de preconceitos científicos modernos, cuja imaginação foi reprimida pela adesão ferrenha a uma verdade limitada pelo que os sentidos podem perceber, podem achar difícil ler os *Puranas* e entender sua intuição profunda sobre a natureza humana. Contudo, aqueles cujo intelecto não foi atrofiado por tais ideias limitantes vão adorar a completa liberdade de expressão e os arroubos incríveis da imaginação aos quais a mente humana pode se elevar. O que deve ser lembrado é que as formas dos deuses não são apenas caprichos, mas servem também para revelar as diversas facetas da verdade que não são perceptíveis aos cinco sentidos. Esses cinco sentidos são limitados, na melhor das hipóteses, e enganosos, na pior, uma vez que o principal objetivo é esconder a verdade que lhes é incompreensível. A visão moderna de mundo só conhece o calor e o movimento – energia que surgiu no *Big Bang* há cerca de 14 bilhões de anos e que se expandiu em um sistema de galáxias que estão se desintegrando de um estado de calor e de concentração máximo a um estado de imobilidade fria e fragmentação no decorrer de um longo período. A vida e a consciência – que não têm significado especial nessa visão do cosmos – são fenômenos secundários que passarão à ambiguidade fria da morte nessa dança sem sentido dos elementos. A visão científica é muito cética em relação a valores definitivos. Não existe propósito, não há plano no Universo, e a inteligência em si é apenas um subproduto da matéria, condenado a perecer ao longo do tempo. Para quem se convence dessa visão, os *Puranas* serão apenas uma fonte de diversão, porque qual mente moderna consegue acreditar em oceanos de leite e deuses de cinco cabeças?

A visão purânica da criação, diferentemente da visão científica moderna, tem sua base na vontade do Ser Supremo. Os sábios antigos, ou *rishis*, da Índia, sabiam que a matéria é apenas um derivado da consciência e guarda em si o conhecimento fundamental, ou semente, de sua própria potência espiritual interna, assim como a totalidade da poderosa árvore de *banyan* está contida em sua minúscula semente, como a de mostarda. Existe um campo energético invisível que precede e está por baixo de tudo o que conseguimos ver. Todo o campo dos objetos visíveis é só uma projeção dessa energia, que nem manifesta nem está ao alcance de nossos cinco sentidos. Os *rishis* tinham plena consciência disso. Lorde Krishna chama esse campo de *avyaktha*, ou o Não Manifesto, do qual toda a manifestação surgiu.

Até mesmo além do *avyaktha* está o vasto campo chamado *chidakasha*, ou o campo da consciência que tem o poder de criar. Esse campo também é denominado *Shakti*, ou o aspecto criativo do Divino. É o princípio feminino capaz de todas as ações e da criação, conhecido, por isso, como Mãe Divina. O Universo e todos os fenômenos da vida material não podem ser chamados de criação, mas de uma projeção da Consciência Divina que parece inerte, mas que, na realidade, pulsa com vida. A criação não é uma concepção feita por alguém a partir do nada, mas uma projeção daquilo que existiu eternamente. A ciência pode ter descoberto muitas leis físicas e químicas que governam o Universo, porém ainda está para descobrir aquelas leis transcendentais que são fundamentais a ele. Tais leis espirituais eternas estão inerentes na natureza.

Com base em um conceito cíclico de tempo, a história purânica tem um escopo muito mais amplo do que nossa noção limitada de história humana. A história moderna, por ser linear, não faz ideia de onde ou de quando a linha começou e onde deve terminar. O que havia antes do começo e o que virá depois do fim? Essas são perguntas que o historiador moderno não consegue responder. Apenas a mente não pensante ficará satisfeita com tal conceito de história. Os *Puranas*, no entanto, nos dão um histórico cósmico. Uma leitura inteligente deles amplia nossa visão e nos dá uma compreensão totalmente nova da história do Universo. Tornamo-nos conscientes de que a história do ser humano não é tão simples nem tão curta quanto os historiadores modernos nos fariam acreditar. O autor de ficção científica, H. G. Wells, que era muito purânico em sua forma de pensar, escreveu: "Entre os antigos, o filósofo indiano sozinho parece ter uma certa percepção das vastas eras, por meio das quais a existência parece ter passado".

O conceito moderno de história pode ter algo significativo a dizer a respeito do passado recente do *Homo sapiens*, mas não consegue iluminar nosso passado distante, nosso futuro, nem nossa importância na história cósmica. Os *Puranas*, por outro lado, dão a interpretação certa do ser humano como composto por consciência evoluindo em direção a níveis de perfeição mais elevados, que serão compartilhados com outros seres inteligentes e conscientes. Elevam a história do homem, que passa de um episódio sem sentido na infinidade do tempo para uma progressão significativa de homem a deus. Os *Puranas* baseiam-se em intuições, inspirações e revelações dos sábios iluminados da Índia antiga, e assim têm mais valor cultural e espiritual do que inscrições em placas de cobre e em tabuletas de pedras. A História moderna não tem valor espiritual. A História purânica, por outro lado, baseia-se nas verdades intangíveis da vida que nos levarão à melhor e à mais elevada essência espiritual em nossa interioridade. As divindades hindus, como Shiva, Vishnu e Shakti, nunca tiveram um local no espaço nem no tempo terrestres, somente em imagens. São, porém, verdades espirituais – manifestações do Ser Supremo. Objetos materiais são apenas sombras comparadas a isso.

"Do modo como um homem se aproximar de mim, assim me aproximarei dele", é o que diz Lorde Krishna no *Sreemad Bhagavad Gita*. Deus tem disposição e capacidade de se moldar e tomar qualquer forma que seu devoto imagine que Ele tenha. Aqui não se questiona se algo ou alguém ocorreu em determinada forma, em um local particular, em um momento em especial no tempo. A fé transcende os elos de tempo e espaço, e o Ser Infinito é capaz de se moldar em infinitas formas para alegrar os corações de seus devotos. Limitá-lo a uma forma ou a uma fôrma é estabelecer limites à sua infinitude e onipotência. Assim como os grandes rios, montanhas e oceanos deste país são uma expressão das forças naturais que atuam do interior da terra, nossos *Puranas* também são expressões da mente indiana que viu no incidente mais trivial uma expressão da imensa variedade do Supremo. Os *Puranas* buscam dar uma interpretação significativa da onisciência e da onipotência do Ser Supremo, uma realidade espiritual e amorosa com a qual é possível entrar em comunhão, para a qual é possível orar e que pode ser visualizada nas diversas formas da glória espiritual. Assim, os *Puranas* oferecem vislumbres valiosos de verdades eternas que transcendem o escopo da história moderna.

As formas dos diversos deuses são livros muito condensados de sabedoria espiritual. Os videntes ou sábios dos *Puranas* que viram essas formas, na verdade, eram cientistas de uma ordem superior cujas pesquisas não estavam limitadas por suas preconcepções. Considerar suas descobertas como tolice infantil, coisa de ignorantes, é a mesma coisa que julgar os símbolos algébricos como rabiscos de um lunático. Nenhuma outra literatura no mundo conseguiu transformar o Deus sem forma em uma realidade tangível, usando descrições vívidas e realistas tão bem quanto os *Puranas*.

A física moderna derrubou a teoria de que a matéria é estática e inerte. Descobriu-se que o átomo não é um bloco sólido, mas um núcleo de espaço vazio cercado por partículas giratórias de energia. Descobriu-se que mesmo essas partículas não eram coisas, mas interconexões entre outras coisas. Assim, a física quântica revela uma unicidade básica do Universo: não podemos decompor o mundo em unidades pequenas existindo de modo independente. Quanto mais penetramos na matéria, mais percebemos que se trata de uma rede complexa de relações entre as diversas partes de um todo unificado. Essa rede de relações é intrinsecamente dinâmica e não estática; está sempre em um estado de movimento. Isso é muito parecido com o conceito indiano de matéria, que afirma que a matéria deve ser compreendida tendo equilíbrio dinâmico. Os videntes entendiam isso perfeitamente e tentaram colocar à força na mente de leigos, por meio de descrições vívidas dos deuses e de suas interações com o mundo. Com muita frequência, essas ideias ganhavam formas gráficas, como no caso do Shiva dançante, que representa a dança da criação e da destruição que ocorre o tempo todo.

Os *Vedas* falam do Supremo como Brâman, que é o Absoluto em seu aspecto sem forma e não manifestado. Os *Puranas*, no entanto, levam a indescritível glória do Absoluto ao máximo de sua existência terrena dando-lhe um milhão de formas e de nomes. O acerto ou erro de tal experimento não é a questão aqui, mas sim se há algum valor utilitário. A mente do ser humano é incapaz de visualizar o que não tem forma e o que não se manifesta; não está acostumada a pensar em abstrações. Um caminho, uma maneira, por mais estranha que fosse, tinha de ser criada para revelar um caminho ao infinito, ao Absoluto sem forma. O *rishis* antigos dos *Puranas* encontraram tal caminho com a criação dos deuses. O Divino em suas formas multifacetadas tornou-se uma realidade viva na mente do hindu pela representação dos deuses dada pelos sábios. Quem pode dizer, com total certeza, o que é real e o que é irreal? A teoria da relatividade de Einstein – de que tudo no mundo é relativo e nada absoluto – destruiu a teoria copernicana de que a matéria por si só é real. Os sábios dos *Upanishads* diziam a mesma coisa de modo diferente: falavam que apenas o Absoluto é real e que todo o restante é relativo. A mente possui mil mansões e cada uma delas tem sua própria realidade. Em cada estado de consciência – desperto, sonhando e em sono profundo – nossa experiência de realidade é totalmente diferente, assim como o biólogo tem uma visão plenamente distinta da realidade quando examina uma folha sob a lente de um microscópio. Os *rishis* dos *Puranas* em seu estado elevado de consciência descobriram muitos, muitos deuses e suas formas, sendo cada um deles apenas um indicador para a realidade suprema. Todos os nomes dos deuses são *mantras* ou sons especiais que dão pistas para suas formas. Cada uma dessas formas e os nomes têm um papel determinado a desempenhar na evolução espiritual da humanidade. Cada *Purana* fala do Bhagavan, a pessoa suprema, mas cada *Purana* o chama de um nome diferente. Isso porque o Bhagavan não é um indivíduo, mas um arquétipo, capaz de assumir qualquer forma usada em invocação. Uma camada superficial antropomórfica é necessária para acomodar o conceito mais elevado e mais idealista que a mente humana é capaz de conceber. Assim, o vidente viu que não foi dada forma fixa àquele Absoluto, pois ele/ela não tem forma. O grande sábio Vyasa escreveu todos os 18 *Puranas*, mas em cada um deles ele louvou determinada divindade como Suprema. No *Bhagavata Purana*, Krishna é o Supremo encarnado. Já no *Devi Purana*, a Deusa é o Supremo encarnado. No *Shiva Purana*, é Shiva o Supremo. Assim, a mente está condicionada a perceber que o Supremo, por não ter forma, é capaz de assumir qualquer uma, e qualquer uma delas pode nos levar à verdade definitiva. Assim, a grande eficácia da literatura purânica permite que a mente humana dê o salto quântico da forma para o sem forma. Ela faz isso chacoalhando nossos conceitos humanos comuns e nos impulsionando para o desconhecido por meio de uma grande série de símbolos e de descrições estranhas. Como os *koans* budistas, que desafiam nossos conceitos habituais e nos ativam a pensar de modo diferente, também as formas dos deuses desafiam as normas do senso comum e nos impelem a saltar para o desconhecido e a descobrir a realidade subjacente dessa série incrível de descrições estonteantes. Isso causa um tremendo impacto de consciência divina na mente.

Os antigos viam que, assim como o Sol, a Lua e os planetas tecem padrões intrincados no céu, eles também tecem os mesmos padrões complexos nos tecidos de nossos corpos e na composição de nossa mente. Desse modo, descobriram a ciência da astrologia, para mostrar como os planetas governam nossos corpos físicos e psíquicos. Portanto, também dentro de nós estão todos os deuses, e é por causa de sua existência que os menores movimentos de nossos corpos e nossos reflexos são implementados. Esses deuses podem curar tanto o corpo como a alma. Toda a filosofia e toda a arte, e até mesmo todo o conhecimento científico, devem estar baseados no conhecimento desses deuses, que formam as partículas de energia do campo espiritual que era do conhecimento dos videntes antigos. Eles tinham conhecimento do passado e do futuro graças à conexão íntima com esses deuses e, assim, conheciam o segredo de moldar a vida humana em uma presença espiritual viva. A mente científica moderna esqueceu-se desse caminho e não é mais capaz de entrar em comunhão com esses deuses vibrantes do Universo; essa é a causa de nossos desassossegos e ansiedades profundos, apesar de todos os confortos oferecidos pela ciência. A ciência moderna nos deu uma cadeira maravilhosamente chique e confortável, mas o chão em que a cadeira se apoia é instável, então como podemos relaxar à vontade nela? A consciência por si só é a base de toda a existência, e os deuses são as essências espirituais que a abrangem. Somente ao descobrirmos esses deuses dentro de nós mesmos seremos capazes de ver essa tessitura do Universo como uma tapeçaria divina, em que é tecida a constelação da vida.

Panchakshari Stotram[2]

Nagendraharaya Trilochanaya, bhasmangaragaya
Maheswaraya, Nityaya Shuddhaya
digambaraya,
Tasmai nakaraya, Namashivaya!

---

2. *Panchakshari* significa "mantra de cinco sílabas de Shiva" porque tem cinco sílabas: na-ma-shi-va-ya. *Stotram* significa "hino". Nesse hino, um pequeno verso se baseia em cada letra do mantra de cinco sílabas. É o hino mais popular para Shiva. É bem difícil de ser traduzido literalmente, porque ele brinca com as palavras dos versos sânscritos originais, mas fiz meu melhor para elucidar o sentido de cada verso em inglês depois da transliteração em sânscrito. Cada verso começa com a letra que está tentando enfatizar. Por exemplo, o primeiro verso se inicia com *nagendraharaya*, que começa com "na". A sílaba seguinte do mantra é "ma", por isso o próximo verso começa com *mandakini*, e assim por diante.

Ele que usa a serpente como colar, ele que tem três olhos, que está manchado com cinzas, que sempre é puro e limpo como o céu, que é o Senhor de Todos; para ele, o mantra Namashivaya, que começa com a sílaba "na".

Mandakini salila chandana charchitaya,
   nandiswara pramatha natha
Maheswaraya,
Mandarapushpa bahupushpa supuchitaya,
Tasmai makaraya Namashivaya!

Ele que é ungido com o pó de sândalo, banhado com a água do rio Mandakini,
Ele é o Senhor de Todos, que tem o touro Nandi como seu principal servo, a quem adoram com as flores brancas de Mandara; para ele, o mantra Namashivaya, do qual a segunda sílaba é "ma".

Shivaya Gauri vadanabja vrinda-suryaya
   dakshadwaranashakaya, SriNeelakantaya
   vrishadwajaya,
Tasmai shikaraya namasivaya!

O de pescoço azul que se senta em sua carroça juntamente com sua consorte Gauri, que destruiu o yaga de Daksha; para ele, o mantra Namashivaya, do qual a terceira sílaba é "shi".

Vasishtakumbhodbhava Gautamarya, munindra
   devarchita shekharaya, Chandrarka
   vaishwanara lochanaya,
Tasmai vakaraya Namashivaya!

Ele cujos três olhos são o Sol, a Lua e o Fogo, que é adorado pelos grandes sábios como Vasishta, Gautama e muitos outros; para ele, o mantra Namashivaya, do qual a quarta sílaba é "va".

*Yajnaswaroopaya jatadharaya, pinakahastaya
sanatanaya, Divyaya devaya digambaraya,
Tasmai yakaraya Namashivaya!*

O deus antigo, envolto no céu, é a própria forma de todos os sacrifícios, com cabelos sujos, segurando o arco; para ele, o mantra Namashivaya, do qual a quinta sílaba é "ya".

*Panchaksharamidam punyam ya padeth Shiva
sannidhau, Shivalokamavapnothi Shivena
saha modate.*

Se esse mantra sagrado de Shiva, de cinco sílabas, for entoado em sua presença, ele ficará muito satisfeito e levará o devoto à sua morada divina.

Aum Namashivaya!

ॐ

ॐ

Aum Sri Gurave Namaha!

Invocação ao Guru Supremo

*Guru Brahma, Guru Vishnu, Guru Devo
   Maheswara!
Guru Sakshatha Param Brahma, Tasmai Sri
   Guruva Namaha!*

O Guru não é ninguém menos do que Brahma, Vishnu e Shiva!
O Guru é exatamente o próprio Parabrahman.
A esse Guru divino eu faço minhas reverências!

*Gurave sarva lokanam,
Bhishaje bhavaroginam,
Nidhaye sarvavidhyanam,
Dakshinamurthaye Namaha!*

Eu me curvo ao Lorde Dakshinamurthy, preceptor de todo o Universo, Aquele que retira o mal da existência mortal e confere sabedoria suprema.

"DAKSHINAMURTHY STOTRAM"
ADI SHANKARA

Aum Giripriyaya Namaha!

PARTE UM

Os Aspectos Divinos de Shiva

Karana charana kritam vaak kaayajam karmajam va.
Shravana nayanajam va manasam vaparardham,
Vihitamavihitam va sarvametath kshamasva,
Jaya Jaya karunabdhe Sri Mahadeva Shambo!

Graças a ti, o Mahadeva! Tua arte, o oceano da compaixão!
Rogo que me perdoe quaisquer atitudes ruins que eu possa ter tomado, consciente ou inconscientemente,
Pelos órgãos de minhas ações e percepção, ou pela minha mente.

ॐ

Aum Mahadevaya Namaha!

1

O Grande Deus Universal

*Observe-O,
Com uma folha de palmeira enrolada presa
à Sua orelha,
O montado sobre o touro,
Quem veste a Lua pura e branca em Seus cachos,
Sujo de cinzas quentes do solo de cremação,
Quem roubou meu coração...*

SAINT SAMBANDAR

Na louca galáxia de deuses desconcertantes do panteão hindu, Lorde Shiva se destaca como um dos mais antigos e amados. Ele é tão antigo quanto a cultura indiana, talvez até mais velho. No momento do despertar cósmico, antes da criação do homem, ele apareceu como o arqueiro divino, apontando sua seta para o Absoluto não revelado. O mundo é seu local de caça. O Universo ressoa com sua presença. Ele é som e eco. É vibração intangível e também substância infinitesimal. Ele é o farfalhar das folhas gastas e o verde brilhoso da grama recém-nascida. É o condutor que nos leva da vida à morte, mas também é o libertador da morte para a imortalidade. Ele tem rostos inumeráveis e 11 formas, descritas nos *Vedas*. O céu e as estações vibram com sua intensidade e seu poder. Ele agarra, apoia, solta e libera. Ele é a doença e o destruidor da doença. Ele é o alimento, quem dá o alimento e o processo de comer. Sua majestade divina e poder são ilustrados com descrições simbólicas, mas altamente realistas de uma figura que inspira assombro, distante, remota e fria em sua firmeza longínqua no Himalaia, e também como um símbolo próximo, gentil, vivo, vibrante e amoroso do Divino.

Ele era adorado como o xamã divino por tribos selvagens que percorriam o subcontinente antes do alvorecer da história. Eles o contatavam pelo uso de certos compostos psicoativos e diversos rituais esotéricos. Mais tarde, nós o vemos nos selos de terracota da civilização do Indo. Ali, ele é mostrado como Pasupati, Senhor das Feras, cercado pelas criaturas selvagens da floresta. Ele também é apresentado como o *yogin* sentado em várias posturas meditativas. Os *rishis* dos *Vedas* olhavam para os Himalaias e viam neles seu cabelo; eles encontravam sua respiração no ar, e toda a criação e a destruição em sua dança – a Thandava Nritta. O *Rig Veda*, o texto religioso mais antigo conhecido da humanidade, refere-se a ele como Rudra, o selvagem, que vivia em locais assustadores e lançava flechas de doença. Sacrifícios eram oferecidos constantemente para acalmá-lo.

Naquela época, a religião era dominada por divindades femininas, portanto, o culto a Shiva logo foi fundido com o da grande Deusa Mãe Shakti que, mais tarde, passou a ser conhecida como Durga, Uma, Parvati e assim por diante. Homens e mulheres são apenas partes complementares da verdade completa, e algumas imagens mostram Shiva como Ardhanareeswara, uma forma meio masculina e meio feminina.

Ele também é mencionado como Iswara, a primeira emanação enigmática do Brâman. Como tal, ele é o Grande Senhor, Maheswara, e o Grande Deus, Mahadeva. Ele é um dos Imortais, Inaturo e Imortal. O *Shiva Purana* o compara ao Brâman Supremo dos *Vedas*.

Ele também é o deus pessoal terno, Shambunatha, e o inocente Bhola com uma natureza ingênua. Por outro lado, ele é Dakshinamurthy, o professor supremo que proporcionou os ensinamentos dos *Vedas*, os *sastras* e o *tantras* para os *rishis*. Ele também é mestre de toda arte, o dançarino supremo, Nataraja, o músico supremo, compositor do *Sama Veda*. Embora normalmente representado em seu aspecto irado, ele também pode assumir a forma de Sundaramurti, o belo, e hipnotizar qualquer um. Para os maus, ele é Bhairava, ou Rudra de aspecto feroz. Dependendo das necessidades dos devotos, ele é capaz de assumir muitas formas.

Suas formas, atributos, decorações, armas, participantes e atividades são dados em grande detalhe para que ele se torne uma realidade viva. Como Rudra, é cheio de ira e de destruição, mas como Shiva, é cheio de auspícios. Ele tem duas naturezas – uma selvagem e feroz; a outra, calma e pacífica. De todas as divindades, é aquele acalmado com maior facilidade. Além disso, em questão de compaixão, não existe nenhum que se compare a ele. É o amigo dos desafortunados – dos cegos e dos aleijados, dos duendes e dos espectros. Aqueles que são humilhados por outros encontram um lugar em seu séquito. Demônios, vampiros, fantasmas e duendes que são temidos por todos são seus assistentes mais próximos. Serpentes, a quem as pessoas costumam temer e das quais fogem aterrorizadas, enrolam-se amorosamente em seu pescoço. Seus companheiros são os deformados e os feios; ele não tem aversão a ninguém. Ele não pertence exclusivamente aos deuses e aos sábios. Seus maiores devotos são Kubera, rei dos *yakshas* (semideuses que guardam os tesouros do submundo); Ravana, rei dos *rakshasas* (demônios); e Shukra, *guru* dos *asuras*. Magos, feiticeiros, bruxas e mágicos também o adoram. Todo espírito, maléfico ou compassivo, procura a graça de Shiva. Seus auxiliares são os *ganas*, um grupo selvagem de arruaceiros e de desajustados sociais. São feios, deformados e malformados. Bebem líquido intoxicante e usam drogas, como *bhang* (um preparado de *cannabis*). Eles são totalmente alheios à lei, seres que apenas Shiva consegue controlar. Em vez de limitar suas excentricidades, Shiva une-se a eles em suas farras, e canta e dança com gosto com o acompanhamento de sua música cacofônica. Porém, ele também os controla. Por sua causa, eles são forçados a desistir de provocar um excesso de prejuízo no mundo. Ele é o *yogin* supremo, que não se importa com coisas materiais, sempre imerso na imensidão de sua felicidade divina. A morte o teme e a palavra *inauspicioso* não consta de seu vocabulário. Enfeitado com ossos e crânios, Shiva perambula pelos campos de cremação dançando à luz das piras funerárias, sujando seu corpo com as cinzas dos mortos. Florestas perigosas cheias de canibais e feras selvagens, além de picos inacessíveis cobertos por neve do Himalaia, são seus locais preferidos para caçar. Nas florestas, ele é adorado pelas tribos selvagens como Kirata, o caçador. Shiva significa o auspicioso, mas tudo em relação a ele parece inauspicioso. Ele vive em cavernas e matas escuras e assustadoras, e dança em cemitérios iluminados pelo fogo de piras acesas, de crânios chacoalhantes e de tambores. Ele se esfrega com as cinzas dessas piras, bebe veneno e fuma narcóticos, e desfruta da companhia de fantasmas, espectros e duendes. Os não ortodoxos e sem casta, excluídos dos grupos tradicionais, viam nele o não conformista que buscou a verdade definitiva além do ritual, além da sociedade, além da matéria. Ele foi o primeiro *tântrico* (seguidor de Tantra) e também o primeiro *siddha* (com poderes sobrenaturais). As pessoas sem casta buscavam suas bênçãos antes de iniciar seus rituais magísticos, suas feitiçarias e alquimia.

Os Brâmanes, que eram a casta de sacerdotes ortodoxos, desse modo, tiveram dificuldade para aceitar esse deus selvagem e temível. Como fez o rei-sacerdote Daksha, eles o tratavam com desdém. Recusavam-se a oferecer-lhe uma parte de seus *yajnas*, ou sacrifícios, oferecidos aos outros deuses. A história do *yaga* Daksha (*yajna*) mostra como, pela simples força de sua verdade, que é a verdade de toda a criação, Shiva passou a ser aceito como o Grande Deus. Ele transcendeu a dualidade de bem e mal, de certo e errado, de auspicioso e inauspicioso. O *Sanatana Dharma*, ou código antigo do hindu, força a mente humana, muitas vezes, a aceitar o fato de que só o Divino existe, limpo e não limpo, puro e impuro, auspicioso e não auspicioso. O mesmo código que nos deu o sistema de castas também nos deu a imagem de Shiva, o não conformista, que desafiou todos os códigos sociais e procurou uma verdade que estava além de todas as aparentes dualidades. Não existe nada nem nenhuma pessoa que possa ser considerada inaceitável para a sociedade. O Divino aceita toda criatura, por mais feia e deformada que seja. Todos os ritos e rituais empregados pelo ser humano que busca um caminho até o deus têm de ser aceitos pelo Divino, pois esses rituais também somente vêm dele. Shiva é um símbolo dessa universalidade toda abarcante da visão hindu de divindade, por isso, os Brâmanes foram obrigados a aceitá-lo dentro do espectro de suas crenças conservadoras. Quando os *Upanishads* foram escritos, Shiva tinha se tornado uma divindade da maior importância. Apesar de, inicialmente, ser considerado inauspicioso e impuro, ele acabou sendo conhecido como Shiva, o auspicioso. Tornou-se a inspiração para teatro, dança e drama, e era uma figura predileta para pintores e escultores.

Na trindade hindu, ou Trimurte, Brahma é o Criador; Vishnu, o Mantenedor; e Shiva, o Destruidor. A trindade divina, assim, confirma o ciclo de existência. Os integrantes da escola de filosofia Shaiva Siddhanta, no entanto, não aceitam Shiva como sendo apenas um da Trimurte. Para eles, ele é o Brâman Supremo a quem tanto Brahma quanto Vishnu oferecem reverência. Ele é chamado Pati, ou Mestre, com as cinco importantes funções da divindade: criação, manutenção, destruição, mistério e graça. A alma humana é chamada *pasu*, ou criatura, que está ligada ao *pasa*, ou corda de amarração. Essa amarração consiste em três tipos de impurezas: a primeira é *avidya*, ou ignorância primordial. Em seguida vem *carma mala*, a amarração que vem de nossas ações. A última é *maya mala*, ou impureza causada por apego ao mundo de *maya*.

Para eliminar as últimas duas impurezas, quatro tipos de abordagens são prescritos: o primeiro é o caminho do servo, ou *dasa marga*. Ele consiste em executar atos externos de adoração, como colher flores para o culto, limpar os vasos usados no culto, varrer o templo e assim por diante. Esse caminho leva a *salokya*, o que significa que o devoto será guiado à morada de Shiva quando morrer e ali morará para sempre. O segundo caminho é o serviço íntimo a Deus conduzindo rituais, tendo comunhão íntima com ele, falar sobre ele, escrever sobre ele e assim por diante. Esse é chamado *satputra marga*, ou o caminho do bom filho. Ele leva o devoto a *samipya*, ou proximidade íntima com Deus. O terceiro caminho é chamado *sakhya marga*, ou o caminho da amizade, e inclui adoração interna, como meditação e comunhão, o que leva a *sarupya*; nesse caminho, o devoto assume a forma da divindade no momento da morte. O último é *jnana marga*, ou caminho da sabedoria; ao seguir esse caminho, o devoto alcança *sayujya*, ou união com Deus.

Como foi dito antes, essas disciplinas podem remover apenas as primeiras duas impurezas causadas por ação e apego ao mundo

– *carma mala* e *maya mala*. A amarração da ignorância, ou *avidya*, pode ser removida apenas pela graça de Deus. Assim, Shiva é conhecido como Pasupati, ou o Senhor de todas as criaturas humanas ligadas por essas impurezas. Shiva aceita todos aqueles que são humilhados e rejeitados por outros. Ele destrói a negatividade em todos e os purifica. Ele é o regenerador e o reformador. Ele elimina a pompa com sua simplicidade e o puritanismo pelo seu desafio à ortodoxia. Ele é o destruidor do ego, que é o que prende o ser humano no oceano da vida e da morte. Também pode destruir o pesar, a dor e a tristeza. Embora pareça uma figura assustadora, é ele quem pode remover todas as influências amedrontadoras que ameaçam nossa vida. Como o lótus, surgindo do lodo do lago, ainda assim é o símbolo da pureza, do mesmo modo Shiva é o símbolo da pureza, apesar de se envolver com a impureza.

Seu corpo físico, roupas e ornamentos também são singulares. Ele é branco como cânfora e mantém os cabelos em cachos emaranhados, enrolados, formando uma concha. Ele tem o pescoço azul por ter bebido veneno mortal para poder proteger o mundo dele, mantendo-o na garganta em vez de engoli-lo, o que tornou seu pescoço azul. Ele tem três olhos. O terceiro olho em sua testa o indica como o Senhor do Yoga. Esse olho interno distingue a verdade da ilusão e vence a luxúria. Ele é Chandrachuda (aquele que veste a Lua), pois usa a Lua crescente como enfeite nos cabelos. Como o crescente e minguante da Lua, ele está em sintonia com o subir e o descer do ritmo cósmico. Ele é Krittivasa, aquele que veste couros de animais. A parte superior de seu corpo é coberta pela pele do antílope preto, o couro do elefante cobre sua virilha e a pele de tigre é seu assento. Ao usar o *kundala* masculino (um brinco de homem) na orelha direita, e o *tatanka* feminino (brinco de mulher) na esquerda, ele revela sua natureza andrógina. Usa uma guirlanda de crânios e carrega um crânio na mão como sua vasilha de mendicância, e costuma beber dela para mostrar a fragilidade da vida mortal. Ele também se adorna com contas *rudraksha*, sementes de uma árvore estimada. Seu veículo é o touro Nandi, que representa força contida. O touro também representa *dharma*, ou retidão. Na mão direita, ele leva o antílope representando todas as criaturas sob sua proteção. Vira-latas cheios de vermes, maltratados por todos, vão atrás dele em suas andanças. Serpentes sobem e descem por seu corpo. Sua arma é o tridente com três pontas, representando a trindade. Ele também carrega consigo um cajado e uma corda – o *pasa* que amarra todas as criaturas à mortalidade. Seus dois arcos são conhecidos como *Pinaka* e *Ajagava*. Ele é a fonte do som primevo, *Aum*, e leva seu tambor, *damaru*, enquanto dança. O toque do tambor representa as vibrações da energia cósmica. É o mestre da música e toca o *rudravina*, ou alaúde, feito para ele por Ravana. Também leva um sino e está preparado para fazer sacrifícios imensos para a proteção do mundo. Apesar de ser representado na trindade como o Destruidor, foi ele quem protegeu o mundo engolindo o veneno temido que a serpente expeliu. Foi Shiva quem conteve a queda do divino Rio Ganges quando ele caiu do céu na terra, salvando, assim, a terra para que não fosse inundada por suas águas. Sua misericórdia é infinita, assim como sua bondade; ele está pronto a se sacrificar pelo bem do mundo.

A física moderna descreve a matéria não como passiva e inerte, mas como algo em constante dança e vibração. Os físicos falam da dança contínua das partículas subatômicas, e usam as palavras "dança da criação" e "dança da energia". Quando observamos uma escultura de Shiva dançarino, o Nataraja, essa descrição dos físicos, forçosamente, vem à mente. O Nataraja é a personificação dessa dança cósmica. Técnicas fotográficas modernas puderam projetar os caminhos de partículas emanando da imagem de Shiva dançando. Essa imagem é um símbolo concreto do grande princípio que os videntes tentaram retratar – que a vida é uma interação rítmica de nascimento e morte, criação e destruição. Os cientistas mostraram isso em seus aceleradores de partículas. A dança cósmica de Shiva representa os giros intensos das partículas de energia. Seu *damaru* bate no ritmo das vibrações cósmicas, e sua energia, ou *shakti*, é ativada pela Mãe Divina personificada por muitas deusas no panteão hindu, incluindo Durga e Parvati. A Mãe Divina é a encantadora que cria, nutre e dá de mamar a todos os seres, humanos e subumanos. Todos são filhos da Mãe Divina.

Os gregos que chegaram à Índia por volta de 300 a.C. viram em Shiva um reflexo de seu próprio deus, Dionísio. Ele era o rebelde que se opunha às suas divindades clássicas e procurava salvação em rituais esotéricos. Na época da era cristã, o culto a Shiva havia capturado as mentes de todos e se espalhado de Kashmir, no norte, a Kanyakumari, na ponta do subcontinente indiano. Agora, veremos como o conceito de Shiva é encarado na literatura purânica.

Ó, cabeça minha, curve-se à Cabeça (do Universo)
que usa uma coroa de cabeças em sua cabeça.
Que recebe almas em um crânio, Ó, cabeça minha!
Curve-se a ele!

Santo Appar

Ó, Destruidor! Com essa sua forma supremamente pacífica,
que é auspiciosa, feliz e que destrói o pecado,
dê-nos o conhecimento supremo.

"Sri Rudrum", *Yajur Veda*

Aum Namashivaya!

ॐ

ॐ
Aum Maheshwaraya Namaha!

2

Criação

Saudações à Pessoa Suprema, ao Ser sem amarras,
Ser que oferece Seu poder trino ao propósito da criação,
preservação e destruição, o Espírito residente dentro de
todos os seres e o diretor invisível de tudo.

"SRI SHUKA", NO *SREEMAD BHAGAVATHAM*
(HISTÓRIA DE KRISHNA)

Era Mahapralaya – a noite de Brahma quando nada existia. Não havia noite nem dia, nem luz nem escuridão, nem alegria nem pesar. Toda a criação viva e não viva havia se fundido na essência infinita. Não havia sol, nem lua, nem planetas. O firmamento todo era um enorme vácuo, pulsando com vida.

Somente aquilo existia. Aquilo que os *Vedas* chamam de Brâman, Aquele sem um segundo. Só Aquele Um existia – a única Existência, a única Consciência, a única Alegria – Satchidananda. É incompreensível pela mente. Não é o começo nem o fim. Não tem segundo. Não tem diminuição nem desenvolvimento. É imensurável, imutável, sem forma e não tem atributos. É a causa única onipresente do Universo em mutação, cheio de formas. Só isso existia e só isso existe. Essa é a única realidade, o resto é *mythya*, ou ilusão. No curso de sua própria diversão, ou *lila*, ele emanou de si mesmo uma forma auspiciosa, dotado com todo o poder, qualidades e conhecimento. Essa foi a forma de Iswara. É a forma de pura *sattva* (harmonia, essência) não diluída por *rajas* e *tamas* (*gunas*, ou atributos fundamentais de atividade e inércia). Ela é uma forma que pode se espalhar e assumir todas as outras. Ela vê tudo e é a causa de tudo, e santifica tudo.

Nos *Puranas*, a criação tem natureza cíclica. Um vasto período de *shrishti*, ou criação, é seguido por outro vasto período de *pralaya*, ou dissolução. Não existe um começo absoluto para a criação e, assim, não existe um fim absoluto. O tempo, portanto, não é linear como no pensamento moderno, mas cíclico. Brahma é o aspecto criativo do Ser Supremo. É ele quem conduz o trabalho de criação. Shiva é conhecido como o aspecto destrutivo dessa mesma consciência, e Vishnu é o harmonizador que mantém o equilíbrio e sustenta a criação. Um ciclo da atividade criativa de Brahma é só um dia de Brahma, e um ciclo igualmente longo constitui sua noite. A imensidade do período de vida de Brahma pode ser imaginada apenas se o convertermos em anos humanos. Um ano humano de 365 dias corresponde a somente um dia dos deuses. Portanto, 365 anos humanos constituem apenas um ano para os deuses. Doze mil anos celestiais como esse formam um *chaturyuga*, ou as quatro *yugas* (eras) em que o tempo cíclico é dividido. Mil dessas *chaturyugas* formam um dia de Brahma, e um número igual forma sua noite. Cada ciclo de criação tem seu próprio Brahma, cujo tempo de vida total é de cem anos como esse. A imensidão do intervalo de tempo envolvido, em cálculos humanos, não pode ser imaginada. Será de 40 bilhões mais 311 anos humanos. A mente humana mal consegue imaginar o período de vida de Brahma. Um ciclo de criação é apenas um dia para o Brâman, e de dissolução, sua única noite. As tendências inerentes geradas pelos *jivas* (almas incorporadas) em um ciclo permanecem latentes durante sua noite e voltam para aquele *auyaktha* do qual vieram, e brotam para a existência no começo de seu dia.

Em todo ciclo de criação é o tempo que inicia o ato da criação. O primeiro princípio a ser manifestado é o poder do Senhor, como tempo. Por si, o tempo não tem modificação. É insubstancial e não tem começo nem fim. Consegue sua expressão no início da criação, quando causa a agitação das três *gunas* – *sattva*, *rajas* e *tamas* – ou modos de Prakriti, ou Natureza. O tempo é a base da diversão do Supremo para suas manifestações criativas. Não tem começo nem fim. Um período de evolução é seguido por um período de involução, chamado *pralaya*, no qual todas as coisas se mantêm em um estado latente. Ao fim de um ciclo cósmico, o poder de ilusão do Senhor, *maya*, remove todas as coisas para seu interior. No início de um novo ciclo de evolução, o poder do Senhor como tempo começa um novo processo por meio do qual todas as coisas passam a existir novamente. Durante o *pralaya*, o Universo está em um estado de latência, e depois do *pralaya*, ele está em um estado de manifestação. Tudo isso é um jogo do Senhor Supremo.

A dissolução do Universo assume três formas com base em tempo, substância e atributos de Prakriti. A primeira se chama *nitya-pralaya*, que é uma dissolução diária baseada apenas no tempo, vivida todos os dias por todos nós quando vamos dormir. Toda noite é um *pralaya* para cada alma individual. Quando dormimos, não existe mundo e individualidade; ambos estão em um estado latente, submersos na consciência. Assim que alguém acorda, o mundo aparece e a individualidade se reafirma.

O segundo tipo de dissolução se chama *naimittika-pralaya*, ou *maha-pralaya*, que é a noite de Brahma, quando o Criador, Brahma, vai dormir. Isso acontece depois de um dia do tempo de Brahma, que dura mil *chaturyugas*. Na noite de Brahma, o Criador dorme por outros mil *chaturyugas* e todo o Universo entra em um estado de involução até Satyaloka, ou o paraíso mais elevado (mundo de Brahma). Depois que essa noite cósmica termina, o poder do Senhor começa a operar como tempo, e a criação e a evolução continuam como estão descritas no começo deste capítulo.

O terceiro tipo de dissolução se chama *prakritika-pralaya*, quando todas as categorias e atributos de Prakriti entram em total dissolução para a causa final, Prakriti, que se reverte em Iswara e depois em Brâman. O processo dura eras, com todas as coisas permanecendo em um estado latente. Quando a criação começa novamente, todas as coisas saem em ordem reversa. Pelo decreto do Absoluto, como mencionado anteriormente, o primeiro a aparecer é o poder do Senhor como tempo. Ele desperta os *gunas* de Prakriti no princípio de cada ciclo criativo. Em seguida, do ventre cósmico de Prakriti vem o *ahamkara* cósmico, ou ego cósmico, que se divide nas três *gunas*. O terceiro aspecto é o surgimento de *tanmatras*, ou a energia sutil dos elementos, que são capazes de evoluir no *bhutas*, ou elementos brutos. O quarto aspecto da criação é a projeção dos dez *indriyas* – os cinco órgãos de conhecimento e os cinco órgãos de ação. O quinto é a formação da mente e das divindades que presidem os órgãos, todas vindas do *guna* de *sattva*. O sexto é a criação do *avidya*, ou ignorância, que nubla e distorce as mentes dos seres vivos.

Em sua manifestação alegre, Iswara assume a limitação de *rajas* e cria, na forma do Criador, Brahma. A partir de então, é Brahma quem concebe todas as coisas. No sétimo aspecto da criação, Brahma traz à existência os seis tipos de seres sem mobilidade. São as plantas que dão frutos sem flores, a vegetação que é destruída quando as frutas são destruídas, as trepadeiras que sobem quando têm apoio, a família da relva (incluindo bambu), arbustos que se mantêm de pé sem apoio, e árvores com flores e frutas. Sua característica em comum é que parecem insensíveis, mas têm reações internas, surgem em variedades infinitas e extraem seus alimentos a partir das raízes.

A oitava criação é a das feras. *Tamas* é predominante nas feras de modo que elas não pensam no amanhã e estão interessadas só nos alimentos e em outras necessidades físicas. Seu sentido de olfato é aguçado. Elas não têm capacidade de raciocínio. Existem 28 categorias de tais espécies na terra, e 28 voando no céu.

A nona criação é a da espécie humana. Os seres humanos são dominados pelo *guna rajas* e são compelidos a agir por meio do desejo.

Em seguida, vem a criação dos deuses, ou seres sobre-humanos, que são oito. Brahma traz à vida esses quatro tipos de criação no início de cada ciclo cósmico de criação. O Universo existiu como é agora, mesmo antes de cada *pralaya*, e continuará existindo como é neste instante depois de cada *pralaya*. Durante o *pralaya*, ele está em um estado latente, e depois do *pralaya*, está em um estado manifestado. É essa a única diferença.

O Purusha Supremo é conhecido como Sadashiva, de acordo com o *Shiva Purana*. Ele é o Iswara, ou incorporação suprema da divindade, e é de forma *sattvic* pura. Junto com sua Shakti, ou o princípio feminino dentro de si, ele decidiu criar um terceiro, para poder desfrutar a alegria de seu próprio Ser. Na essência nectarina do mar de sua mente, onde os pensamentos eram as ondas, onde *sattva* era uma gema preciosa, onde *rajas* era o coral e *tamas*, o crocodilo, surgiu a mais charmosa de todas as pessoas, que parecia ser um verdadeiro oceano de majestade imensurável. Tinha o brilho de uma safira azul. Seus olhos gloriosos eram como as pétalas recém-abertas de uma flor de lótus e estavam repletos de amor. Usava roupas de seda que eram douradas, e tinha paciência e amor infinitos.

Com uma voz calma e galante, ele perguntou: "Qual é meu nome e minha tarefa?". Iswara respondeu: "Como tu és onipresente e expansivo, serás conhecido como Vishnu. Também terás muitos outros nomes. Pelo exercício de *tapasya* (prática de austeridades, incluindo meditação), adquirirá todo o conhecimento".

Então, Vishnu realizou forte penitência por mil anos celestiais e, de seu corpo, correntes de água de vários tipos começaram a fluir. Os 24 *tattvas*, ou aspectos tangíveis da criação, também emanaram dele. O Brâman Supremo, na forma de águas divinas, impregnou todo o vazio. Vishnu reclinou-se sobre o corpo da serpente celestial e dormiu naquelas águas cósmicas. Então, ele adquiriu o nome Narayana, o que se reclina sobre as águas. Com exceção daquele Ser primordial, não havia mais nada.

O Senhor Narayana ficou sozinho em sua cama de serpentes, absorto em autoconsciência prazerosa. Era o torpor cósmico em que toda a criação permaneceu em um estado sutil. Depois de um período de mil *chaturyugas*, seu poder como tempo estimulou seus poderes suspensos e abriu seus olhos brilhantes.

Todo o universo estava dentro dele, repousando em dissolução cósmica. Conforme seu olhar interno se voltou para essas latências em seu interior, elas irromperam de seu umbigo na forma mais incrível de um lótus. O lótus tinha o brilho de um milhão de sóis e iluminou a imensidão expansiva das águas cósmicas, como o Sol nascente iluminando os quadrantes – norte, sul, leste, oeste, nordeste, noroeste, sudeste e sudoeste. O Ser onipresente entrou no lótus e imediatamente apareceu ali a forma de Brahma, que passou a ser conhecido como o nascido do lótus e o autonascido, e é a incorporação dos *Vedas*. À medida que Brahma virou sua cabeça em todas as quatro direções, ele criou quatro rostos, e quando olhou para cima, ganhou um quinto rosto. Sua compleição era grosseira. Ele olhou ao redor e se viu sentado em um lótus cercado pelas águas cósmicas, sem saber quem era nem onde estava. O caule do lótus balançava de um lado para o outro no meio das ondas gigantescas, fustigado pelos ventos da dissolução.

Sozinho e impotente, ele ficou com medo.

"Quem sou eu e de onde vim?"

Com esse pensamento, ele desceu pelo caule por cem anos divinos e não conseguiu encontrar seu começo. Decepcionado, voltou a subir e ouviu uma voz celestial pedindo-lhe que exercitasse o *tapasya*. Assim, por mais cem anos divinos, ele realizou diversas penitências e depois, em sua mente purificada, a verdade do Senhor como Espírito Residente ficou clara para ele. Brahma tinha sido incapaz de encontrar essa verdade em sua busca no mundo exterior, pois essa verdade só pode ser vista no interior. Ele viu o Senhor Narayana, deitado em uma *adishesha*, sua cama de serpentes. As mil cabeças com joias da serpente lançaram seu brilho sobre as águas cósmicas, dissipando a escuridão. Ele viu a forma incrivelmente linda do Senhor, que incluía todo o Universo em si. Suas roupas eram como as nuvens da noite cobrindo as montanhas. Suas coroas de flores eram feitas com todas as diversas flores do mundo. Ele viu aquele cujo sorriso retira a tristeza do mundo e todos os seus equipamentos admiráveis. Simultaneamente, Brahma notou a flor de lótus saindo do umbigo do Senhor com ele sentado nela, em meio a águas cósmicas turbulentas. Ao ver aquela forma assustadora e brilhante, Brahma foi inundado por deleite e perguntou-lhe:

"Quem é você? Quem sou eu? Peço que me esclareça".

Senhor Narayana o envolveu em seu brilho e disse:

"Seja bem-vindo, filho. Não tenha medo. Darei a você tudo o que deseja".

Então, Brahma, provocado pela qualidade de *rajas*, ficou cheio de orgulho, e disse: "Quem é você para conferir a mim o que seja? Eu sou o autonascido, o eterno, o Brahma onipresente, o avô de toda a criação".

O Senhor Vishnu disse:

"Eu o conheço como o Criador. Para esse propósito você nasceu do lótus, surgido de meu umbigo. Contudo, você não pode ser culpado por não me conhecer. Você caiu nas garras de minha ilusão e se esqueceu de sua fonte. Saiba que sou o Brâman Supremo e a única verdade".

Incitado pelo poder de *rajas* do Senhor, uma raiva intensa surgiu na mente de Brahma e ele lutou um duelo verbal com Vishnu. Naquele momento, Sadashiva apareceu na forma de uma enorme coluna de fogo diante deles, sem começo nem fim. Vishnu e Brahma ficaram desconcertados ao verem aquela enorme coluna de fogo, e decidiram buscar sua fonte. Vishnu, a alma do Universo, assumiu a forma de um javali e correu para o submundo para descobrir a origem da coluna assombrosa. Durante muitos *eons*, Vishnu penetrou nas entranhas do Universo sob essa forma e, assim, adquiriu o nome Svetavaraha, ou o javali branco. Por fim, exausto, ele voltou.

Brahma assumiu a forma de um cisne e voou em direção ao topo da coluna, tentando chegar lá, mas, apesar de voar por muito tempo, falhou em vê-lo. Ele havia decidido voltar e admitir sua derrota a Vishnu, quando, de repente, viu uma bela flor keora, ou *pandanus*, que é famosa na devoção aos deuses, flutuando pela água. Embora ela estivesse descendo há muitos anos, não tinha perdido nem sua fragrância nem seu lustro. Brahma perguntou à flor de onde ela vinha e a flor respondeu que vinha de um ponto no meio daquela coluna primordial e estava viajando há vastas eras. Em seguida, Brahma pensou em um modo perfeito de convencer Vishnu de que ele tinha, de fato, visto o topo daquele Ser misterioso. Ele pediu à flor que o acompanhasse e para jurar que ela o havia encontrado no topo. A flor concordou e ele voltou triunfante. Vishnu acreditou nele, principalmente depois de ter uma testemunha para provar o fato. Porém, de repente, da coluna, a voz poderosa do misterioso Senhor pronunciou essas palavras: "Tu, ó, Vishnu, no futuro, serás considerado em pé de igualdade comigo. Tu serás adorado como o Supremo si-mesmo".

Depois daquele fogo, aparece a forma aterrorizante de Kala Bhairava, que foi ordenada por Sadashiva a castigar o desonesto

Brahma. Bhairava o atacou e o segurou pela quinta cabeça, ameaçando cortá-la fora, mas aquela alma compassiva e profundamente capaz de perdão, Vishnu, implorou ao Senhor que perdoasse Brahma. Sadashiva cedeu e disse ao arrependido Brahma: "Ó, Brahma, para assumir o papel de Senhor Supremo, tu decidiste enganar. No futuro, tu não serás honrado por ninguém nem terá nenhum templo". E assim foi que, até hoje, Brahma não tem templos nem devotos.

E então, voltando-se para a flor keora, Sadashiva disse: "Pelo fato de você ter sido cúmplice dessa fraude, não será mais usada em meu culto".

A flor implorou perdão, dizendo:

"Se eu não for incluída em tua adoração, ó, Senhor, o propósito de minha existência se perde. Imploro que me perdoe".

Então, Sadashiva cedeu e disse que apesar de não poder retirar suas palavras, a flor poderia continuar sendo usada na decoração dos templos. E assim é, até hoje.

Essa coluna de fogo era na forma de um *lingam*. A palavra "lingam", na verdade, significa "um sinal" ou uma característica. Brâman, o espírito cósmico, não tem *lingam*, mas como a mente precisa de algo concreto a que se ater, Shiva é representado com a forma do *lingam*. O *lingam* de Shiva é o falo divino, a fonte da semente do cosmos, que contém dentro de si todo o universo de seres vivos e não vivos.

Toda a vida é criada a partir dele e volta para ele. A *yoni*, ou sinal do feminino, forma a base do *lingam* e, juntos, eles representam a união do homem e da mulher, Shiva e Shakti, o espírito cósmico combinado com a Prakriti cósmica, ou natureza, por meio da qual toda a criação passa a existir. Em geral, uma bacia de água é suspensa acima do *lingam* para esfriá-lo, uma vez que sua origem é o *lingam* ardente que se estendeu ao infinito e cuja natureza ninguém pôde compreender.

O dia em que Sadashiva se manifestou como uma coluna de fogo foi aquele em que a constelação Ardhra estava em ascendência, no mês de Margashirsha, novembro/dezembro. Aqueles que adoram Shiva serão abençoados nesse dia. O local onde aquele grande Ser se manifestou como a coluna de fogo ficava no monte de Arunachala, onde um centro sagrado de adoração surgiu com o passar do tempo.

Para Brahma e Vishnu, que tinham sido humilhados, Sadashiva explicou: "Eu sou o Brâman Supremo. Minha forma é manifestada e não manifestada. Sou tanto Brâman como Iswara. Minha forma como Iswara pode ser conhecida por meio de todas as formas das várias divindades, e minha forma como Brâman pode ser conhecida por meio do *lingam* sem forma. Shiva pode ser cultuado por intermédio de seu aspecto sem forma como *lingam*, e também com seu aspecto com forma. Todos os outros deuses, incluindo vocês dois, terão aspectos com forma".

Quando Shiva assume uma forma, ele tem cinco rostos correspondentes aos cinco poderes de criação, manutenção, aniquilação, ocultação e libertação. A letra "A" vem do rosto norte, a letra "U" vem do oeste, a letra "M" vem do sul, e o *bindu*, ou ponto, do rosto leste. O *nada* ou som cósmico vem do rosto do meio. Esses cinco se unem para formar o som místico de *Aum*. Desses cinco sons nasce o mantra de cinco sílabas, *"Na-ma-shi-va-ya"*. *Aum* indica todo conhecimento, e todo o conjunto de mantras e os quatro *Vedas* surgiram dele. Coisas diferentes são alcançadas com mantras distintos, mas *omkara* (o som de *Aum*) por si só alcança tudo. Por meio da repetição desse mantra-raiz, o prazer e a salvação podem ser obtidos.

Naquele momento, *OM*, o som da eternidade, que é a forma do Senhor como *nada*, ou som, preencheu a atmosfera em todos os cantos. Ele encheu os corações de Brahma e de Vishnu com êxtase indescritível. O som se manifestou em uma forma luminosa diante do olhar claro de Vishnu, que era puro e livre de todos os pensamentos negativos. A primeira letra "A" brilhou como o sol à direita da coluna de fogo, então o som "U" apareceu no meio e, finalmente, o som "M", brilhando como a esfera lunar, apareceu à esquerda. Envolto por aquele som, Vishnu meditou sobre o Ser universal e pediu para examinar a coluna de fogo mais uma vez. A verdade foi revelada à sua mente calma. A coluna de fogo era o Brâman Supremo. *Nada* é uma de suas formas. O som "A" é expressado pelo Criador, ou Brahma; o som "U" é expressado pelo Encantador, ou Vishnu; e o som "M" por Rudra ou Shiva.

Tanto Brahma como Vishnu louvaram o Grande Supremo. "Reverência a ti, da forma sem corpo. Reverência a ti, do lustro sem forma. Reverência a ti, Senhor de tudo. Reverência a ti, como o som perfeito, *Aum*". Assim, eles enalteceram o preceptor e oraram para que ele assumisse uma forma que pudesse ser cultuada. A voz disse que ele encarnaria no corpo do Criador, Brahma, e seria conhecido como Rudra; Shiva e Rudra seriam o mesmo princípio. A voz também declarou que Brahma se envolveria no trabalho de criação, e Vishnu, no de conservação. Rudra seria a causa da determinação. Vishnu seria quem concederia a salvação a todos. Para satisfazer a Brahma e a Vishnu, Sadashiva assumiu a forma de Dakshinamurthy, o preceptor do mundo. Ele se virou para o sul, ou *dakshina*, enquanto Brahma e Vishnu se viraram para o norte. Ele colocou suas mãos de lótus na cabeça deles e, lentamente, ensinou-lhes o grande mantra e o conhecimento supremo.

A Shakti de Iswara, ou poder, manifestou-se em três formas: como Saraswati, deusa da fala, ela se tornou a consorte de Brahma; como Lakshmi, deusa da riqueza, ela se tornou a esposa de Narayana, ou Vishnu; e como Kaali, ela ficaria com Rudra.

A voz continuou: "Conheça a mim como o Brâman Supremo, o eterno, o infinito, o perfeito e o imaculado. Vishnu tem *tamas* dentro de si, mas *sattva* por fora; ele será o protetor e mantenedor de todos os mundos. Brahma, que cria, terá *rajas* tanto dentro quanto fora, e Shiva, que causa destruição, terá *sattva* dentro, mas *tamas* fora. Essa é a posição do *gunas* nas três divindades. Ó, Vishnu! Espalhe suas glórias por toda parte assumindo várias encarnações. Lembre-se de que não existe diferença entre você e Shiva. Aquele que o cultua, cultua Shiva, e vice-versa".

Brahma e Vishnu novamente louvaram a forma que agora desaparecia de vista. Brahma olhou ao redor e viu que estava sozinho de novo, e ficou intrigado sobre como proceder com o trabalho de criação. Então, ele meditou mais uma vez em Vishnu, que apareceu diante dele, em toda sua glória. Quando Brahma contou-lhe sobre seu dilema, o Senhor Vishnu abençoou Brahma e disse-lhe que o conhecimento da criação viria a ele automaticamente. Ele seria capaz de criar todas coisas sem ajuda externa, pois tudo estava contido na semente dentro do lótus sobre o qual ele estava sentado.

Brahma agora criou os sete sábios: Marichi a partir de seus olhos; Brighu, de seu coração; Angiras, de sua cabeça; e Pulaha, Vasishta, Kratu e Daksha, de seu sopro vital. Narada foi criado de seu colo e Kardama de sua sombra. *Dharma* (retidão) veio do lado direito do seu peito. De suas costas, veio *adharma*, ou injustiça, que é o trono da morte, o terror dos mundos. De seu coração veio o desejo; de suas sobrancelhas, a raiva. Do lábio inferior, veio a ganância e, de sua boca, a fala. De seu trato urinário, vieram todos os oceanos e, de seu ânus, veio o espírito do mal. De sua mente nasceram os quatro garotos sábios conhecidos como Sanaka, Sanandana, Sanatana e Sanatkumara. Ele lhes implorou para que continuassem a tarefa da criação, mas aquelas almas puras se estabeleceram em consciência *atímica* (identificação com toda a vida) e se recusaram a obedecer a seu pai. Com essa desobediência por parte de seus filhos, Brahma franziu o cenho, irritado, e com esse franzir de cenho, apareceu um garoto corado. Ele gritou: "Ó, pai, dê-me nomes e lugares". Por ele ter gritado assim que apareceu, Brahma o chamou de Rudra, o que quer dizer "não grite". Essa é a história contada no *Bhagavatha Purana*. Brahma deu-lhe 11 nomes e formas, com consortes adequadas, e mandou que ele criasse. Infelizmente, as criações de Rudra eram tão grosseiras quanto sua aparência, por isso Brahma mandou que ele parasse de criar. Disse que ele deveria fazer *tapasya*, e assim, Rudra fez *tapasya* e passou a ser conhecido como Shiva, ou o auspicioso.

Como o trabalho de criação não estava progredindo, Brahma orou ao Divino para obter ajuda. Naquele momento, seu corpo se dividiu em duas metades, e uma delas era um homem, chamado Swayambhu Manu, e a outra era uma mulher chamada Shatarupa. Eles se tornaram marido e mulher e, a partir daquele instante, a criação passou a ocorrer por meio de relações sexuais.

> *Ó, morador das montanhas! Cantamos este hino a ti*
> *para te apaziguar. Fica feliz em tornar o nosso mundo*
> *próspero, nossas mentes pacíficas e nossos corpos*
> *livres de doenças.*
>
> "SRI RUDRUM", *Yajur Veda*

Permita ao de pescoço azul nos fazer felizes.
Aquele que se eleva em esplendor rubro
à vista dos rebanhos de gado,
das senhoras das águas e das criaturas do mundo.

"SRI RUDRUM", *Yajur Veda*

Ó, O dos mil olhos! Ó, O das muitas flechas!
Que seja de seu agrado descansar seu arco,
achatar as pontas das suas flechas e se tornar pacífico
e bem-disposto conosco.

"SRI RUNDRUM", *Yajur Veda*

Permita que as flechas de seu arco nos liberte da dor
e que sua aljava seja direcionada contra os nossos inimigos.

"SRI RUDRUM", *Yajur Veda*

Aum Namashivaya!

ॐ

ॐ
Aum Shambave Namaha!

3

Sandhya, a Estrela da Noite

Ele, em quem este universo, antes de sua projeção,
Foi potencialmente presente: como uma árvore em uma semente,
E por quem ele passou a existir pela magia de sua
  própria vontade,
Ou como um grande yogin criando de Seu poder,
Para aquele Dakshinamurthy,
O Ser Supremo,
Quem veio na forma de um Guru benigno,
eu ofereço minha profunda saudação.
"DAKSHINAMURTHY STOTRAM" POR ADI SHANKARA

O *Shiva Purana* diz que depois de ter criado os sete sábios, Brahma refletiu de maneira subjetiva, e de sua mente surgiu a forma fascinante de uma mulher. Ela se chamava Sandhuya, que significa "crepúsculo", já que apareceu no momento em que o dia encontra a noite. Ela era a perfeição da beleza feminina e, ao vê-la, as mentes de Brahma e de todos os outros sábios ficaram extremamente agitadas. Quando Brahma sentiu as pontadas da emoção chamada amor, outro lindo ser apareceu saído de seus pensamentos. Ele tinha a pele dourada, um nariz fino, lábios lindos e sensuais, e olhos bonitos com sobrancelhas fascinantes. Ao ver Brahma, esse ser se curvou diante dele e pediu que Brahma lhe desse um nome e uma ocupação.

A mente de Brahma já estava agitada pelas pontadas do amor, e, por isso, ele disse:

"Você será conhecido como Manmatha, já que, desde seu nascimento, começou a atormentar todas as nossas mentes com pensamentos de amor. Você também será conhecido como Kama, uma vez que será capaz de assumir qualquer forma que desejar. Seu poder será maior do que os poderes de todos os deuses unidos. Com essa sua forma, e também com as cinco flechas de flores com que nasceu, você será capaz de enamorar e cativar as mentes de homens e mulheres e, assim, garantir que a criação continue. Nenhum ser vivo, nem mesmo os deuses, conseguirão desafiá-lo. Mesmo eu, bem como todos os sábios que estão reunidos aqui, caímos sob sua influência. As mentes de todos os seres vivos serão alvo fácil para as suas flechas de flores. Você será capaz de entrar sem ser notado no coração de todas as pessoas, emocionando-as e fazendo com que elas percam a capacidade de raciocinar. Você será capaz de fazer surgir o êxtase em todos".

As cinco flechas de Kama, as quais nem mesmo os sábios conseguem resistir, são as habilidades de alegrar, de atrair, de iludir, de enfraquecer e matar. Ao receber todos esses poderes, Kama decidiu experimentá-los imediatamente na presença de Brahma e dos sábios. Ele posicionou uma flecha no arco e, imediatamente, uma brisa fragrante e bela começou a soprar, mexendo com a mente de todos os presentes, e quando a flecha foi lançada do arco, os presentes começaram a olhar para Sandhya e a desejar possuí-la. Kama não parou de atirar flechas até todos perderem totalmente seu poder de raciocinar. Sandhya também foi uma vítima. Ela começou a olhar de relance com timidez para cada um deles, olhando-os de modo provocativo. Kama ficou deliciado com o sucesso de sua primeira empreitada. Brahma, contudo, teve discernimento suficiente para perceber que ele estava se comportando mal; em sua mente, ele implorou ao Senhor que o ajudasse a controlar as suas emoções. Lorde Shiva apareceu e castigou-o por alimentar emoções sensuais por sua própria filha.

(A mesma história é contada de outro modo no *Bhagavad Purana*. Brahma criou Saraswati, a deusa da fala, e então se apaixonou por ela. Quando seus filhos o repreenderam por seus sentimentos incestuosos, ele abandonou seu próprio corpo e tomou outro corpo, então casou-se com Saraswati.)

Brahma sentiu vergonha de suas emoções. Ele dirigiu sua raiva contra Kama, que foi o perpetrador de todos os malfeitos: "Já que você é a causa de toda a nossa vergonha, Ó, Kama, um dia você vai atirar suas flechas em direção ao grande Senhor Shiva e, então, será punido severamente por seu crime!"

Ao ouvir isso, Kama ficou muito decepcionado: "Por que, ó, avô, o senhor me amaldiçoou assim? Não fiz nada de errado, apenas cumpri suas ordens. O senhor mesmo disse que todos vocês, incluindo Vishnu e Shiva, se tornariam alvos para minha flecha. Eu só quis testar a eficácia de suas palavras".

Brahma foi acalmado pelas palavras e disse: "Seu erro foi fazer com que eu me apaixonasse por Sandhya, que é minha filha. Porém, não tema. Ainda que Shiva o amaldiçoe, logo depois você renascerá".

Enquanto dizia isso, Brahma desapareceu de vista. O patriarca, Daksha, que era um dos nascidos de Brahma, agora apresentou sua filha Rati a Kama e pediu-lhe que a aceitasse como sua esposa. Ao ver a bela filha de Daksha, Kama foi transpassado por suas próprias flechas e concordou feliz em se casar com ela. De fato, ela foi uma esposa adequada para Kama. Ela era capaz de encantar o mundo todo e dominava todas as formas de se fazer amor.

Depois de observar todos esses procedimentos, Sandhya sentiu-se triste e desanimada. Ela se sentiu mais envergonhada ainda por seu comportamento, pelas sensações de desejo que haviam agitado sua mente. Decidiu que não podia mais suportar permanecer no corpo que havia lançado um feitiço em seu próprio pai, e também nos Senhores dos quadrantes, e foi ao Himalaia para fazer *tapasya*. Brahma mandou o sábio Vasishta para instruí-la. O sábio tomou o corpo de um jovem *brahmachari* (celibatário) e ensinou Sandhya como cultuar Shiva, o deus de três olhos.

"Ó, cara Senhora", disse ele, "cultue o Senhor Shiva, Senhor de todos os *devas* (deuses menores), com este mantra: *Aum Namashivaya*. Realize todos os ritos em silêncio e jejue no fim de cada período de culto". Depois de aconselhá-la desse modo, o sábio partiu.

Após Sandhya ter realizado penitência severa, Shiva apareceu diante dela e a abençoou. Ele lhe disse para lançar seu corpo no fogo sacrificial do sábio Medatithi, e depois disso ela renasceria como filha de Medatithi. O homem em quem ela fixasse os pensamentos na hora da morte seria a pessoa com quem se casaria em sua próxima vida. Depois de abençoá-la assim, o Senhor desapareceu de vista.

Sandhya foi ao eremitério do sábio Medatithi como instruído por Shiva; um pouco antes de ela entrar no fogo, pensou no jovem *brahmachari* que a havia instruído no culto a Shiva, e desejou tê-lo como marido na próxima vida. Seu corpo se tornou a oferenda sacrificial, e quando ele foi totalmente purificado pelo contato com o fogo, foi levado ao céu onde foi dividido em duas partes. A parte de cima do seu corpo se tornou *pratah sandhya,* ou amanhecer, que é um período especialmente propício aos deuses. A parte de baixo se tornou *shyama sandhya,* ou crepúsculo, que é especialmente prazenteira para os *manes* (ancestrais). No fim do sacrifício, o sábio Medatithi encontrou um bebê deitado no centro do fogo. Ele a ergueu com ternura e cuidou dela como se fosse sua filha. O fogo havia purificado Sandhya de todos os seus pecados e ela brilhou como ouro derretido. O sábio deu-lhe o nome de Arundhati. Ela cresceu no eremitério e quando chegou à idade, seu pai a entregou em casamento ao sábio Vasishta, o jovem *brahmachari* em quem ela havia concentrado sua mente quando entrou no fogo. Arundhati ficou famosa por sua castidade e pureza, e ainda é vista brilhando no céu como uma estrela vespertina – na época conhecida como *sandhya.*

> *Ó, Senhor Eterno como uma montanha! No mesmo dia em que você me escravizou, você não adequou minha alma, meu corpo e meus pertences.*
> *Hoje, se algo impróprio me acontecer, seja bom ou ruim, eu tenho alguma maestria sobre o ocorrido?*
>
> Saint Manikkavachakar

Prostrações ao comandante das forças cósmicas armado em dourado, Senhor dos quatro quadrantes.
Prostrações à fonte de todas as árvores de folhas verdes da Natureza,
Senhor de todas as criaturas. Prostrações ao dourado,
o autofulgurante, o Senhor de todos os caminhos.

"Sri Rudrum", *Yajur Veda*

Prostrações ao sentado no touro,
o doador de alimentos, destruidor de pecados.
Prostrações ao perene,
que usa o fio sagrado, o maior entre os saudáveis e fortes.
Prostrações ao Senhor do Universo,
o escudo contra o mundo dos fenômenos.

"Sri Rudrum", *Yajur Veda*

Aum Namashivaya!

ॐ

ॐ

Aum Ambikanathaya Namaha!

4

A Promessa de Durga

Se alguém não pudesse evitar o privilégio de ver
As sobrancelhas arqueadas, os lábios rosados,
O sorriso aberto, as madeixas molhadas,
A cinza branca cor de leite no corpo de tom coral,
E o pé gentil erguido,
Até mesmo o nascimento humano
nesta terra seria desejável.

SAINT THIRUNAVUKKARASAR

Brahma estava infeliz por Lorde Shiva tê-lo reprimido por alimentar sensações sexuais por sua própria filha, Sandhya, e consultou Daksha e seus outros filhos sobre o que deveria ser feito. A falta de compreensão de Shiva em relação a sensações sexuais se originou do fato de ele ser um *yogin* e não ter conhecimento de mulheres ou paixão. Para fazer Shiva sofrer as pontadas do amor, Brahma pediu ajuda de Kama e de sua esposa, Rati.

"A menos que aquele ser primordial Shiva se deixe envolver em brincadeiras sexuais, a criação continuará a ser medíocre. No caso de Shiva, que é extremamente desapegado, só o poder de Kama pode prevalecer." Dizendo isso, Brahma pediu a Kama para tentar as suas artimanhas no Lorde Shiva. Ele também criou Vasanta, ou primavera, para ser a companhia permanente de Kama e, assim, ajudá-lo em suas proezas.

"Ó, Kama, pelo benefício do mundo, por favor, vá e tente encantar Shiva. Aonde quer que Shiva vá, siga-o e lance sua flechas nele para que ele se incline a tomar uma esposa. Sobre as montanhas ou nos lagos, pelas florestas ou picos, siga-o para onde ele for e o encante. Só você tem o poder de fazer isso. Ele tem aversão a mulheres e tem controle total sobre si mesmo."

Ouvindo essas palavras do Criador, Kama, acompanhado por Vasanta e pela delicada brisa *malaya*, partiu para as montanhas, cavernas e várzeas agrestes por onde Shiva perambulava. Por onde Kama foi, a estação mudou. Os ventos frios não sopravam mais contra as regiões frias do Himalaia. Em vez disso, a delicada brisa *malaya*, fragrante com os perfumes de mil flores, varreu a região. Todas as árvores floresceram ao mesmo tempo quando a primavera irrompeu em uma profusão de flores, mas Shiva não se deixou enganar; ele estava imerso em uma alegria *atímica*. Flecha após flecha foi lançada pelo arco de cana-de-açúcar de Kama. Tanto ele como Rati tentaram todos os seus truques. Todos os seres vivos sucumbiram a seus encantos, mas não Shiva. Ele não foi afetado, nem sequer percebeu o que estava acontecendo. O ego de Kama foi esmagado e ele voltou a Brahma desalentado.

"Ó, Brahma! Ouça o que eu digo. Apesar de ter feito o melhor para encantar Shiva, ele se manteve indiferente. Em controle total de seus sentidos, ele continuou a conservar-se em um estado de *samadhi* (superconsciência), apesar de todos os meus esforços para tirá-lo desse estado. Para onde Shiva foi, Rati e eu o seguimos de perto e lançamos flecha após flecha em sua direção, mas nem ele nem seus *ganas* (seguidores) foram afetados por elas. Sempre que ele saía do *samadhi*, coloquei muitos pares de aves e de animais diante dele, todos envolvidos em jogos de acasalamento. Ele continuou impassível. Nunca minha flecha encontrou um ponto vulnerável nele. Vasanta, que me acompanhou, também fez o melhor que pôde. Ele cobriu as encostas das montanha com flores fragrantes e os lagos com lótus. Ao ver toda essa abundância da natureza, até mesmo os sábios caíam com presas da paixão. Preciso falar sobre o estado dos mortais comuns? Contudo, não houve hesitação que se visse na conduta do Lorde Shiva. Ele sequer evidenciou raiva a mim. O que eu poderia fazer além de voltar? Garanto-lhe que não existe ninguém em todo o mundo que seja capaz de despertar desejo nele. Se quiser que ele se case, você terá de produzir alguém que seja capaz de despertar seu amor." Dizendo isso, Kama voltou à sua morada seguido por sua esposa, Rati, e seu grupo de ajudantes.

Brahma ficou muito desanimado com essas notícias e não soube o que fazer. A natureza de Brahma era *rajásica*, ativa e energética, enquanto a de Shiva era *tamásica*, passiva e contemplativa. No meio, ficava Vishnu, o salvador cósmico, totalmente *satívico*, sempre interessado em manter a ordem cósmica. Ele preservou o equilíbrio cósmico entre a agressividade do Criador, Brahma, e a regressividade do Destruidor, Rudra. Assim, os três – Brahma, Vishnu e Shiva – representam *shrishti*, *sthiti* e *samhara*, ou criação, preservação e destruição. Brahma percebeu que se Shiva se tornasse totalmente desapaixonado pelo mundo, o equilíbrio cósmico seria destruído, já que alguma quantidade de tensão é sempre necessária para manter o trabalho de criação. De repente, ele pensou em chamar o Senhor Vishnu, que era a causa primária da própria criação de Brahma. Assim que pensou nele, Vishnu, o do olho de lótus, dos quatro braços e azul, surgiu diante dele e, sorrindo, perguntou o que queria. Brahma repetiu sua história de infortúnio, de que ele havia mandado Kama para encantar Shiva, e fracassou miseravelmente.

Vishnu sorriu ao ouvir essa história e disse: "Ó, Brahma! Como essa desilusão aconteceu contigo? Você não sabe que Shiva é o Mahayogi livre de todas as ilusões, sempre imerso na alegria do eu? Como você pôde pensar em fazer com que ele caísse vítima da vilania de Kama? Ó, Brahma, se você quiser que Shiva se case, então terá de rezar ao próprio Shiva. Você sabe que sua Shakti faz parte dele. Shakti é sua contraparte feminina e conhecida como Shivaa. Se essa deusa tiver um nascimento humano, ela se tornará sua esposa, pois ela é uma parte dele. Ordene seu filho Daksha a fazer penitência e apaziguar essa deusa, e induzi-la a nascer como sua filha; depois peça a Daksha para entregá-la em casamento a Shiva. Lembre-se, quando nós três saímos daquele Brâman sem forma, foi declarado que Lakshmi seria minha contraparte feminina; Saraswati, a sua; e Sati seria a de Shiva. Sadashiva encarnou como Rudra e saiu de suas sobrancelhas. Agora, está morando em Kailasa, esperando o advento de Shiva na forma de Sati, filha de Daksha. Assim, faça todos os preparativos para sua chegada". Assim dizendo, o Senhor Vishnu abençoou Brahma e desapareceu de vista.

Assim que Vishnu partiu, Brahma começou a meditar em Shivaa, ou Durga, a contraparte feminina de Shiva. A deusa é *vidya* e *avidya*, tanto conhecimento como ignorância. Ela não é nada além do Brâman Supremo. Satisfeita com sua penitência, a deusa Durga apareceu diante de Brahma. Ela era negra como a noite e tinha quatro braços divinos, um dos quais levava o lótus azul e o outro, uma espada. O terceiro estava erguido no *mudra* (símbolo místico feito com os dedos) de bênção. Seus olhos eram escuros e brilhantes, e faiscavam como as pérolas que decoravam suas madeixas despenteadas. O terceiro olho místico na testa estava fechado. Ela era tão linda quanto a Lua de outono, e a Lua crescente pousou em sua testa ampla. Ela estava sentada em um leão magnífico que olhava para ela com carinho, com olhos marrons-amarelados.

Ao ver aquela aparição surpreendente, a Shakti divina, Brahma cruzou as mãos e cantou seus elogios: "Reverencio-a, ó, deusa! Você é a energia eterna de Brâman que se manifestou em muitas formas. Na forma de Lakshmi, encontrou um lugar ao lado de Vishnu; na forma da terra, mantém tudo dentro de si. Você é ação e não ação; é a causa tanto da criação quanto da destruição. Você é aquela energia primária de objetos móveis e imóveis, e capaz de encantar a todos. Apesar de não manifestada, é capaz de assumir infinitas manifestações. Você é tempo eterno que mantém os mundos em servidão".

Ao ouvir esse hino de Brahma, a deusa ficou satisfeita e perguntou o que ele queria dela. Brahma respondeu: "Ó, deusa, o grande Deus Shiva, que se manifestou como Rudra por meio de minha testa, está morando agora em Kailasa. Ele exercita a penitência sozinho e se recusa a assumir uma esposa. Você é sua Shakti eterna. Ele é o Senhor do yoga e não pode ser tentado por nenhuma mulher. Contudo, como você sabe a vida do yoga, ou contenção, tem de ser equilibrada pela via do *bhoga*, ou prazer. Só você no mundo todo é capaz de excitar o Lorde Shiva, como você encantou Vishnu em sua forma de Lakshmi. Ó, mãe do Universo, rogo que você nasça como filha de Daksha e enfeitice o Senhor, que está totalmente desapegado da vida mundana. No momento, Daksha está realizando penitência com sua mente dirigida a você. Fique feliz em satisfazer seu desejo de nascer como sua filha, Sati". A deusa concordou com esse pedido e, depois de abençoá-lo, desapareceu de vista.

Ela apareceu diante de Daksha, que estava praticando penitência no litoral como indicado por Brahma. Sua beleza encantou Daksha e, curvando-se em reverência, ele cantou um hino de louvor à deusa. Ela ficou feliz com sua devoção e pediu-lhe que escolhesse uma dádiva. Daksha disse: "Ó, mãe do Universo! Como sabe, Rudra encarnou como Shiva, mas até agora não tem uma esposa. Só você é capaz de representar esse papel, tenha a gentileza de se dignar nascer como minha filha e se tornar a esposa de Shiva. É a dádiva pela qual eu anseio".

Ao ouvir essas palavras, a deusa respondeu:

"Ó, Daksha! Você disse bem. Eu sou o único par que se ajusta a Shiva. Sou sua amada em todas as manifestações, então devo encarnar como sua filha. Volte para sua morada e continue em oração. Seu desejo logo será satisfeito. Porém, existe uma condição, ó, Daksha. Se a qualquer tempo no futuro você mostrar desrespeito a mim ou a Shiva, eu devo me recolher a mim e descartar meu corpo". Dizendo isso, a deusa desapareceu da frente de Daksha.

> *Prostrações ao maior ladrão, armado com aljava e flechas. Prostrações ao chefe dos saqueadores enganadores e evasivos. Prostrações ao errante, sempre esquivo chefe dos ladrões da floresta!*
>
> "Sri Rudrum", *Yajur Veda*
>
> *Prostrações ao chefe dos ladrões, sempre em alerta em defesa e ávido pelo embate. Prostrações ao chefe dos dacoits (bandidos), que se deslocam à noite portando espadas. Prostrações ao residente de capa vermelha das montanhas, que rouba nossos pertences.*
>
> "Sri Rudrum", *Yajur Veda*

*Prostrações a você que está sentado
e reclinado ao mesmo tempo.
Prostrações a você que está dormindo e acordado ao mesmo tempo.
Prostrações a você que está no estático e no dinâmico. Prostrações a você que está no comando e como parte do grupo.*

"Sri Rudrum", *Yajur Veda*

Aum Namashivaya!

ॐ

ॐ

Aum Pinakine Namaha!

5

A Corte de Sati

*Ela é a corça jovem ou botão tenro de uma flor divina.
Ou o estágio inicial de mel fragrante,
Ou a bela gavinha do jovem coral por baixo das ondas
  do mar.
Ou os primeiros laivos dos raios da lua.
Ou o arco em miniatura com o qual Cupido praticou.*

SEKKIZHAR no *PERIYA PURANAM*

Daksha agora se retirou para seu próprio eremitério e Brahma pediu-lhe para que ele se casasse e tivesse filhos para poder aumentar a população do mundo, que estava lamentavelmente subpovoado naquela época. Ele se casou com duas mulheres, Asikni e Virini. Com a segunda esposa, teve muitos filhos, e enviou todos eles para o Ocidente com instruções para criar. Quando chegaram ao famoso lago sagrado conhecido como Narayana *saras* (lago) e tocaram as águas, eles mudaram sua mente e decidiram realizar austeridades naquele belo local. Ao saber dessa decisão dos filhos de Daksha, o sábio Narada foi para aquele lugar e os aconselhou a abandonarem seu desejo por filhos e a se concentrarem no Senhor e, com isso, se iluminarem. Os filhos inteligentes de Daksha, percebendo a verdade de suas palavras, desistiram de suas intenções de se casarem e, em vez disso, tornaram-se errantes como *yogins* em busca da verdade. Ao saber do destino de seus filhos, Daksha, sem se deixar abater, teve mais mil filhos com sua outra esposa. Quando chegaram à idade, eles também foram ao lago chamado Narayana. Assim que tocaram as águas sagradas do lago, sua intenção mudou. Mais uma vez, Narada foi até eles e os aconselhou a procurar Deus em vez de esposas, e eles foram pela mesma senda de seus irmãos e vagaram sem rumo como *yogins*.

Daksha ficou agoniado com a perda de todos os seus filhos maravilhosos. Ao saber da trapaça ignóbil que Narada tinha lhe pregado, ele amaldiçoou Narada e disse: "Como você transformou meus filhos em vagabundos sem teto vagando por aí em busca de Deus, você, ó, Narada, nunca terá uma boa casa para si. Se você permanecer mais do que algumas horas em qualquer lugar, sua cabeça explodirá. Você está condenado a ser um andarilho cósmico, nunca descansando por muito tempo em nenhum lugar, sempre estará andando".

Narada não se incomodou nem um pouco com essa maldição, mas agradeceu a Daksha por sua gentileza ao tê-lo amaldiçoado assim. A maldição garantiu que ele sempre pudesse perambular pelo mundo cantando louvores ao Senhor Vishnu com seu alaúde, que era exatamente o que ele gostava de fazer. Os devotos do Senhor Vishnu estão sempre com a disposição pacífica e nunca se dão a explosões violentas de raiva, ainda que sejam agredidos.

Depois de perder todos os seus filhos, Daksha decidiu que ele tentaria ter filhas, que provavelmente não sairiam pelo mundo como seus filhos tinham feito.

Então, teve 60 filhas e, assim que elas cresceram, ele arranjou casamentos para elas. Dez foram casadas com Dharma, Senhor da justiça; 13 com o sábio Kasyapa; e 27 com a Lua, Chandra. O restante foi casada com diversas pessoas e a descendência dessas filhas aos poucos começou a encher o mundo.

Foi nessa época que Daksha teve uma discussão com seu genro, a Lua. Parece que Daksha tinha o hábito de brigar com todos os seus genros, como nós veremos. Chandra, o deus-Lua, havia se casado com 27 das filhas de Daksha. São os 27 asterismos lunares (pequenos grupos de estrelas), mas Chandra mostrava uma forte preferência por Rohini, a mais delicada entre elas. As outras reclamaram com seu pai e Daksha amaldiçoou Chandra: seu belo corpo enfraqueceria e desvaneceria. Quando a maldição fez efeito, Lua foi ficando cada vez mais fraco. Ele ficou aterrorizado e foi até Vishnu, que o aconselhou a procurar o médico supremo, Vaidyanatha, ou Shiva, guardião da erva sagrada, *soma,* razão pela qual ele também é conhecido como Somnatha. Shiva curou Chandra, mas sempre que Chandra voltava para sua morada, ele temia que o mal o atingisse de novo. Por fim, Chandra implorou a Shiva que o curasse completamente. Shiva concordou em fazer isso e deu-lhe um lugar em suas tranças. A Lua crescente, *chandrakala,* adorna as madeixas de Shiva e, assim, Shiva ganhou o nome Chandrashekara. Contudo, Daksha não perdoaria Shiva por ter salvo quem ele havia amaldiçoado.

Foi então que Daksha se lembrou da promessa feita a ele pela deusa Durga, de que ela nasceria como sua filha. Assim, ele e sua esposa oraram à deusa e ela apareceu. Durga lhes disse para fazerem certos rituais de purificação e ela logo nasceria no ventre de Virini, a esposa de Daksha. Cumprindo sua palavra, a deusa Shivaa, também conhecida como Durga, Kali e por aí vai, nasceu para Daksha. Na hora de seu nascimento, caiu uma chuva leve e flores do céu. Ela mostrou sua forma divina a seus pais e eles a louvaram com muitos cânticos. Depois, ela se tornou um bebê mais uma vez e começou a chorar, como choram todos os recém-nascidos. Ela recebeu o nome de Sati. Na infância, seu passatempo preferido era ficar sentada em um lugar desenhando retratos de Shiva, a quem ela nunca tinha visto nesse nascimento. Todas as suas canções eram de Shiva ou Rudra.

Um dia, Brahma, acompanhado pelo sábio Narada, foi à morada de Daksha e disse a Sati que seus desejos seriam realizados e ela teria Lorde Shiva como seu marido. Ela se aproximou de sua mãe e a informou que passaria por um ano de penitência parar assegurar Shiva como seu marido.

Então, ela começou a cumprir uma penitência para ganhar os favores de Shiva. Todos os meses, cultuava Shiva de diversas maneiras, submetendo-se a torturas rigorosas de seu corpo até ter se passado um ano inteiro. No fim do ano, ela concluiu sua devoção e se sentou concentrada no Senhor de Três Olhos, o todo misericordioso. Até mesmo os sábios vieram ver Sati, pois ela tinha chegado a um estado exaltado que até eles tinham falhado em alcançar depois de muitos anos de *tapasya*. Os sábios se aproximaram do Senhor Vishnu e imploraram que ele intercedesse com Shiva em nome de

Sati. Acompanhados por Brahma e Vishnu, eles foram a Kailasa e louvaram Shiva. Ele ficou encantado e pediu-lhes que dissessem qual era seu desejo e ele o realizaria. Eles imploraram em uníssono para ele aceitar uma esposa, como Vishnu havia aceito Lakshimi, e Brahma, Saraswati.

Ao ouvir isso, Shiva disse: "Ó, Devas! Apenas uma pessoa de conhecimento imperfeito desejará o casamento. Ele é uma grande amarra. Eu sou um *yogin*, sempre me deleitando na alegria do eu. Estou sempre envolvido em *tapasya* e totalmente desapegado do mundo. Que interesse eu teria no casamento? Além do mais, sou o amigo de fantasmas e duendes. Visito as escadarias em chamas e os crematórios. Meu corpo está coberto com as cinzas de corpos cremados. Serpentes e répteis são meus ornamentos. Qual mulher desejaria se casar comigo?"

De novo, os deuses imploraram que ele reconsiderasse seu pedido, pois era imperativo para o bem do mundo que ele tivesse uma consorte. Ao ouvir suas palavras, Shiva sorriu e disse: "Certo. Eu nunca posso recusar os pedidos de meus devotos, então terei uma esposa, mas lembre-se de que ela terá de ser um tipo muito especial de mulher. Quando eu for um *yogin*, ela terá de ser uma *yogini*, e quando eu a desejar, ela terá de ser uma esposa. Quando eu entrar no *samadhi*, ela não deve se aproximar de mim, pois ela será queimada até virar cinzas no fogo de minha austeridade. Se se recusar a acreditar no que digo, eu a abandonarei. Considere todos esses fatores, ó, Brahma, e depois me diga se tal mulher pode ser encontrada entre sua criação!"

Brahma ficou encantado com essas palavras e disse:

"De fato, ó, Senhor, tal mulher nasceu como a filha de Daksha. Ela é conhecida como Sati e é uma consorte adequada a você. No momento, ela está realizando penitência rigorosa para poder garanti-lo como seu marido. Ela é a mesma Deusa mãe que assumiu a forma de Lakshmi e Saraswati". Vishnu também falou muito bem das qualidades de Sati e incitou Shiva a conceder seu pedido e o desejo de Sati. Shiva concordou.

No oitavo dia da metade luminosa do mês de Asvini, Sati cumpriu seu jejum final, concluindo seu culto de um ano a Shiva. Ela estava sentada na floresta, absorta em meditação em sua forma, quando Shiva apareceu diante dela. Ele lhe mostrou sua forma incomparável com cinco rostos, três olhos e Lua crescente adornando seus cachos. Ele estava segurando o tridente e o tambor. Seu rosto estava brilhante e Sati mal podia olhar para ele. Ela baixou os seus olhos com timidez e ajoelhou a seus pés.

Embora Shiva conhecesse o desejo dela, pediu-lhe para escolher uma dádiva, pois queria ouvi-la expressar seu desejo com coragem a ele, sem qualquer reserva. Porém, ela era muito tímida e não falava. Mais uma vez, ele a incentivou a expressar abertamente seu desejo. Por fim, ela sussurrou: "Ó, Senhor, por que você brinca comigo? Você sabe qual é meu desejo. Permita-me ter o noivo de minha escolha".

Ela mal tinha terminado quando ele respondeu: "De fato, você pode ser minha esposa, ó, Sati!" Feliz por ouvir essas palavras, ela não conseguia falar nada, apenas sorrir com doçura para ele. Olhando para sua forma fascinante, mesmo o coração sério e ascético de Shiva derreteu-se com a emoção do amor e ele olhou para Sati com ternura. Por fim, Sati disse: "Ó, Senhor, fique feliz em chegar a meu pai e pedir-lhe minha mão no modo de conduta aceitável". Shiva concordou e Sati fez uma reverência a ele e voltou para o palácio de seus pais com grande alegria. Seus amigos informaram Virini de que Shiva havia concedido a Sati a dádiva para a qual ela vinha fazendo *tapasya*. Tanto Daksha quanto Virini ficaram muito felizes por ouvir isso. Estavam se perguntando como proceder nessa questão quando Brahma apareceu diante deles acompanhado por sua consorte, Saraswati. Shiva havia pedido para que ele procurasse Daksha e pedisse formalmente a mão de sua filha em casamento, pois esse era seu desejo. Brahma disse: "Ó, Daksha! Aquilo que todos desejávamos aconteceu. Ele que não poderia ser tentado pelas flechas de Kama agora se tornou presa de sua filha, Sati. Agora, o grande Senhor abandonou a meditação no eu e atualmente só pensa em Sati. Assim, permita-me ir e avisar Shiva que você me deu seu consentimento".

Daksha logo deu seu consentimento. Brahma foi e informou a Shiva, que estava esperando com impaciência febril o resultado de sua proposta. Shiva ficou encantado com a notícia. Quando uma devota entrega todo o seu coração a ele, o Senhor, por sua vez, se torna igualmente impaciente para dar seu amor a ela. Sem mais debate, Shiva reuniu seus auxiliares de aparência assustadora e disse a Brahma e aos sábios que o acompanhassem.

Em um domingo na metade luminosa do mês de Chaitra, Shiva, acompanhado por Brahma, Vishnu e todos os sábios, bem como seus próprios *ganas*, foi ao reino de Daksha. O noivo estava vestido com couros de elefante e tigre. Ele tinha os cachos emaranhados com a Lua crescente espreitando em meio a eles, e serpentes adornando seu pescoço.

Daksha e sua esposa deram as boas-vindas ao grupo com grande alegria, e pediram a Brahma que conduzisse os ritos de casamento. Brahma concordou com o pedido e deu Sati a Shiva. Essa foi a união de Shiva e Shakti, o casal ideal. Shiva segurou a mão trêmula dela com firmeza nas suas e a levou três vezes em volta do fogo sagrado, como era o costume. O resto das cerimônias foi concluído e Shiva deixou o local, montado no touro Nandi, com Sati em seu colo na frente dele. Todos os deuses acompanharam o grupo da noiva até certa distância. Depois, Shiva e Sati, escoltados por seus *ganas*, foram até a cordilheira do Himalaia, onde era sua morada.

> *Prostrações a você que está nas formas de carpinteiros e fabricantes de carroças. Prostrações a você, que está nas formas de caçadores e pescadores. Prostrações a você que está na formas de cães e seus cuidadores.*
>
> "Sri Rudrum", *Yajur Veda*

> *Prostrações ao residente das montanhas, que está presente em todos os seres. Prostrações àquele com o arco, que chove pesadamente pelas nuvens. Prostrações ao baixo, que é lindo. Prostrações ao antigo, que transcende tempo, espaço e matéria. Prostrações ao venerável antigo, que expande por meio de orações.*
>
> "Sri Rudrum", *Yajur Veda*

Desapegado, desapegado, desapegado eu sou (ao corpo, mente e intelecto).
Eu sozinho e sem mudança existo na forma de consciência e felicidade.
Sou sempre puro e livre, sem mudança de forma e natureza.
Sou sempre pleno... eu existo sozinho, sem mudança.
Sou eterno e sem limites,
Imutável e inalterável.
Eu existo sozinho,
Sem mudança na forma de consciência e felicidade.

"Dasisloka" de Adi Shankaracharya

Aum Namashivaya!

ॐ

ॐ
Aum Shashishekaraya Namaha!

6

Sati e Shiva

Esteja ligado a Ele, que não tem apego.
Prenda-se a esse apego.
Só então conseguirá deixar outros apegos.

SAINT THIRVALLUVAR

Sati foi o par perfeito para Shiva. Ela não tinha interesse em nada além de segui-lo e agradá-lo, mas isso não significava que não tinha opinião própria. Pelo contrário, apesar de ser Sati, ela também era Durga e Kali, e quando tomava uma decisão, nada a impedia, como veremos. Porém, por enquanto, ela não se importava com a perda dos luxos da vida no palácio, onde era aguardada. Ela só queria seguir seu estranho marido perambulando pelas montanhas e picos do desolado Himalaia, habitados por animais selvagens, seguidos por sua horda de duendes, os *ganas*. No início, ele mal olhava para ela, mas Sati não se importava com sua aparente falta de interesse, e continuou a segui-lo.

Um dia, Shiva perguntou para ela de repente:
"Por que tu me segues?"
Ela respondeu: "Porque sou a tua esposa".
"Por que tu te casaste comigo?", ele questionou.
"Porque sou incompleta sem ti", ela respondeu.
"Não tenho nada a te oferecer."
"Mas eu não peço nada além de ti", respondeu ela.
"Não tenho parentesco, nem linhagem, nem posses. Essas criaturas estranhas são meu amigos e familiares."

"Não quero nada além de ti. Aqueles que tu consideras seus são também meus", foi a resposta dela.

Sua tenacidade e amor, por fim, o conquistaram totalmente, e Shiva pediu a seus *ganas* para deixá-los em paz, que ele os chamaria quando precisasse deles. Então, o Senhor abraçou Sati e divertiu-se com ela como qualquer homem recém-casado. Ele nunca saía do lado dela nem por um momento, e mesmo que saísse, voltava de repente e fechava os olhos dela por trás, para que tremesse e se agarrasse a ele para se firmar. De repente, ele ficava invisível e voltava a pegá-la fazendo-a gritar de susto, e então aparecia diante dela para que Sati voltasse a abraçá-lo aparentemente aterrorizada. Às vezes, ele colhia flores para colocar nos cabelos dela e a decorava com guirlandas. Outras vezes, quando Sati olhava em um lago profundo para admirar o próprio rosto, Shiva se aproximava por trás dela e olhava na água. Ela era a nuvem escura de monção atrás da qual a Lua cheia espiava, pois Sati era da cor de ébano e Shiva, claro como a Lua. Depois, ele colhia flores de lótus do lago e decorava seu corpo negro com as flores. Com muita frequência, ele ajudava a vesti-la depois do banho e a untava com perfume de sândalo, e aplicava almíscar em seu peito.

Quando o inverno chegou, Shiva pensou em Kama, e Kama chegou acompanhado de Vasanta. Com a chegada da primavera, árvores e trepadeiras se abriam e encheram de flores as clareiras do Himalaia, em harmonia com a predisposição do Senhor. Os lagos ficaram cobertos com flores de lótus desabrochando e a delicada brisa *malaya* impregnava o ar de perfume. Ervas aromáticas, como cravo e cardamomo, aumentavam a fragrância, deixando as abelhas zonzas de prazer. As noites eram claras com o luar, em um céu sem nuvens. Nessa atmosfera envolvente, Lorde Shiva acompanhou Sati por muitos anos. Como as cordas prendem um elefante, ele parecia estar preso pela delicadeza do rosto dela e por seus modos charmosos e provocantes. Nos espinhaços e nas cavernas da cordilheira do Himalaia, Lorde Shiva divertiu-se com Sati por 25 anos, de acordo com os cálculos dos deuses. Contudo, apesar de todos esses jogos de amor, ele nunca perdeu sua semente.

Certa vez, com a chegada da época de monção, Sati reclamou com Shiva: "Ó, querido marido, esta é a temporada mais desagradável para andarilhos como nós, sem uma morada fixa. Esses trovões e raios assustadores me causam medo. Nem o Sol nem a Lua estão visíveis. As enormes árvores *devataru* estão caindo com sons altos. O dia parece noite. Veja meu corpo, lacerado por pedras de granizo que me atingiram sem dó. Apenas os pavões estão felizes com o som de trovão e dançam animados. Nessa estação, até mesmo os corvos e os pássaros *chakora* fazem ninhos. Só nós não temos teto. Ó, meu querido Senhor, por favor, faça uma residência para nós, sem demora".

Ao ouvir as palavras de Sati, Shiva disse:

"Ó, minha querida! Que seja como você deseja. Escolha o lugar onde gostaria de ficar e uma morada adequada será feita para você. Deseja morar no Monte Meru, onde os deuses residem? Talvez prefira Kasi. Diga onde e será seu, sem mais demora. Tua beleza competirá com a beleza das donzelas celestiais e fará com que elas corem, envergonhadas. Ou você deseja morar no reino de Himavan, o rei do Himalaia, com as mulheres das montanhas e as filhas dos *nagas* (serpentes) para servi-la? Até mesmo os animais predadores são pacíficos lá, pois é a morada de muitos sábios e santos. Talvez você queira viver em minha própria montanha, o Kailasa, perto da morada de Kubera, o deus da riqueza? Faça sua escolha. Tudo é seu".

Sati decidiu ir à terra de Himavan, então o Senhor a levou para lá e fez uma bela residência para ela, e ficou com Sati por muitos anos divinos. Ele nunca ficava farto de sua companhia e ela sempre estava encantada com ele. Lorde Shiva, que antes só se contentava no *atman*, agora se alegrava apenas em Sati. Noite e dia, eles olhavam, encantados, nos olhos um do outro, alheios ao mundo, envoltos em seu próprio amor.

Por fim, um dia Sati se libertou dos braços dele e começou a questioná-lo sobre muitos assuntos do mundo, pois ela mesma era a Mãe Divina e sabia todas as respostas.

Sati perguntou: "Ó, grande *yogin*! Quero conhecer aquele princípio com o qual todas as criaturas podem encontrar libertação de seu sofrimento. O que capacitará as pessoas a se libertarem de suas amarras mundanas para chegarem à região suprema?"

"Ó, deusa Sati, ouça com atenção, pois eu lhe darei o conhecimento que pode libertar todas as almas em servidão. Ó, deusa, saiba que o conhecimento supremo consiste em viver a grande verdade, 'Eu sou Brâman' (Aham Brahmasmi). Em um intelecto perfeito, nada mais é lembrado. Esse tipo de consciência é muito raro no mundo. Contudo, ó amada, lembre-se de que eu mesmo sou o Brâman Supremo, assim como Vishnu. A devoção a ele ou a mim é o método mais fácil de alcançar a salvação. Uma devoção suprema é o mesmo que conhecimento supremo e é mais fácil de praticar. Quem está concentrado em devoção goza de alegria perpétua. A devoção tem o poder de me atrair como mais nada consegue. Eu vou até mesmo à casa dos párias, se eles forem devotos. As nove qualidades de devoção são ouvir as glórias de Deus, louvá-lo, lembrar dele em todos os momentos, servi-lo, entregar-lhe o ego, cultuá-lo de vários modos, prostrar-se a ele, dedicar-se a ele, e amizade e gentileza com todas as suas criaturas. O devoto sempre acredita que o que eu lhe concedo é para seu bem. Ele dedica tudo a mim e não guarda nada para si. Quem alcança essas nove qualidades alcança tudo – conhecimento perfeito e sucesso mundano, e salvação final. Nessa Era de Ferro de Kali, não existe caminho tão fácil e tão agradável para mim como o caminho da devoção. Nessa era decadente, *jnana*, ou conhecimento espiritual, e *vairagya*, ou desapego, se tornaram mal utilizados e negligenciados. As pessoas que os entendem são raras. Contudo, ó, amada! A devoção pode dar todos os benefícios dos outros dois e é a mais agradável para mim. Lembre-se de que tanto Vishnu como eu somos subservientes a quem se devota a nós".

Sati ficou muito feliz em ouvir esse discurso sobre a devoção. Ela continuou a questioná-lo sobre muitos assuntos relacionados aos *sastras* (regras), à ética, à moralidade e à religião, à conduta de diferentes pessoas em momentos diferentes, e ao conhecimento de *yantras* (diagramas místicos) e *mantras* (sons sagrados).

Esses diálogos maravilhosos entre Shiva e Sati sobre todos aqueles tópicos são a base de grande parte do conhecimento que encontramos na filosofia hindu. Toda a tradição sagrada relacionada a tais ciências, como astrologia, medicina, tradição de ervas, quiromancia, entre outras, foi dada a ela. Shiva explicou muitas coisas com a ajuda de *yantras* e *mantras*. Assim, Sati e Shiva, que são intrinsecamente nada além do Brâman Supremo, que é onisciente e sempre está determinado a ajudar os seres humanos, levaram seus discursos nas regiões do Himalaia para ajudar os aflitos e permitir aos seres humanos que saíssem do oceano de *samsara*, ou a roda da existência humana.

Certa vez, Shiva, acompanhado por Sati e montado em seu touro, vagava pela terra. Foi na época do *avatara* (encarnação) Sri Rama, quando o Senhor Vishnu assumiu a forma do príncipe de Kosala para poder livrar o mundo do demônio Ravana. Rama tinha sido exilado para a floresta por sua madrasta. Enquanto viviam ali, sua querida esposa, Sita, foi sequestrada por Ravana. Rama ficou desolado e perambulou lamentando a perda de sua esposa. Foi nessa época que Shiva e Sati chegaram à floresta conhecida como Dandaka e viram Rama totalmente desolado, lamentando a perda de sua esposa como faria qualquer marido apaixonado.

Ao ver Rama e seu irmão, Lakshmana, Sati perguntou a Shiva: "Ó, Senhor, quem são essas duas pessoas que parecem estar muito aflitas com uma perda? Como é possível que o senhor esteja tão feliz em vê-los a ponto de fazer uma reverência ao de pele azul?"

Shiva sorriu e explicou:

"Ó, deusa! Esses dois são irmãos chamados Rama e Lakshmana. Eles são filhos de Dasaratha, rei de Ayodhya, e pertencem à dinastia solar. O mais velho, Rama, é o *avatara* de Vishnu. Ele é incapaz de ser perturbado. O Senhor encarnou na Terra para o bem-estar e proteção dos bons. Em sua forma humana, ele apenas desempenha o papel do marido enlutado. Na verdade, ele está sempre imerso na alegria do eu". Ao ver o pesar profundo de Rama, Sati não conseguiu acreditar na explicação de Shiva. Ao ver sua dúvida, Shiva disse para ela testar Rama. Sati estava pronta para testá-lo, e decidiu assumir a forma de Sita e aparecer diante de Rama. "Se ele for Vishnu de fato", ela pensou, "conseguirá descobrir meu disfarce". Rama, imediatamente, desvendou seu disfarce e fez uma reverência a ela, dizendo: "Ó, deusa Sati, reverencio-a. Por que deixou de lado sua forma para assumir esse disfarce? Onde está seu Senhor, Shiva? Veio sozinha?"

Sati ficou encantada ao ouvir as palavras de Rama e ficou convencida de sua divindade. Ela lhe contou a história toda de como tinha duvidado da palavra de Shiva e desejado testar Rama. Porém, ela ainda tinha uma dúvida. Sempre pensou que Shiva e Vishnu estavam no mesmo nível, então por que seu marido cultuava Rama? Essa foi a pergunta seguinte. Rama respondeu: "Uma vez, Shiva fez o arquiteto divino Visvakarma erguer um salão fantástico no qual foi colocado um trono de grande beleza. Ele convidou todos os deuses, sábios e seres celestiais para se reunirem ali. Depois, convidou Vishnu, de Vaikunta, e fez ele se sentar naquele trono requintado e, na hora mais auspiciosa, com o acompanhamento dos cânticos Védicos, colocou a coroa dourada na cabeça de Vishnu e anunciou a todos que, a partir daquele momento, Vishnu era digno de culto equivalente ao oferecido a ele".

"Naquela ocasião, Shiva disse: 'Você é o Senhor do Universo. É aquele supremamente digno de adoração por todos. Você será invencível na batalha até mesmo contra mim. Eu, pessoalmente, salvarei os seus devotos'. Assim falou Lorde Shiva e, de agora em diante, ele me cultua e eu o cultuo."

Sati ficou satisfeita quando ouviu isso, mas ela estava se sentindo confusa por ter duvidado das palavras de seu marido. Quando voltou para Shiva, ela estava pensativa e triste. Ao vê-la com essa disposição, Shiva perguntou por que estava aflita. Ela falou de sua dúvida a Shiva e ele, imediatamente, pensou na promessa que tinha feito certa vez a Vishnu, de que se Sati duvidasse dele ou de seus ensinamentos, ele a abandonaria. Apesar de ele não ter dito nada a Sati a esse respeito, ela deduziu que algum pensamento perturbador tinha surgido na mente de Shiva, e apesar de ele continuar a se comportar com ela com o maior amor, os dois perceberam que logo algum incidente ocorreria, que possibilitaria que Shiva cumprisse sua palavra.

Quando todos os seres são percebidos como o atman de alguém (do eu), aquele vidente da unicidade não tem a decepção do pesar.

Aum Namashivaya!

ॐ

ॐ

Aum Rudraya Namaha!

7

Yajna de Daksha

Ele é mais intenso do que o fogo,
Mais calmo do que a água,
Ninguém compreende totalmente Sua misericórdia.
Ele pode ser alheio, mas é próximo de seus devotos,
Mais do que uma mãe, ele tem o coração terno.

SAINT THIRUMOOLAR

Uma vez, um grande *yajna*, ou sacrifício de fogo, foi realizado pelos sábios que se reuniram na confluência sagrada dos três rios, Ganges, Yamuna e Saraswati, que é conhecido como Prayaga. Lorde Shiva também estava ali, acompanhado por sua esposa Sati. Todos os reunidos no local se levantaram de suas cadeiras e fizeram reverência a ele. Eles o acomodaram com grande honra e o louvaram com grande devoção. Logo depois, Daksha entrou no salão e todos se levantaram para honrá-lo. Contudo, Shiva permaneceu sentado. Daksha, que havia se tornado arrogante por causa de sua posição no mundo, ficou irritado com esse sinal de desrespeito de seu genro.

Com raiva, ele falou: "Como é possível que, enquanto o resto do mundo me honra, apenas este homem, que é meu genro, se recusa com arrogância a me respeitar? Ele não tem nenhuma cultura nem modos. Porém, o que se pode esperar de alguém cujos servos são duendes e fantasmas? Ele vive em campos de cremação e usa serpentes como guirlandas. Ele pode ser o marido da minha filha, mas vou amaldiçoá-lo".

Então, virando-se para os outros, ele disse: "Ouçam, todos. A partir de hoje, permita que esse Shiva, que não tem nobreza de nascimento nem *pedigree*, que frequenta cemitérios e locais de enterro, seja expulso de todos os sacrifícios. A partir de agora, nenhum de vocês deve dar a ele parte de qualquer sacrifício!" Brighu foi um dos sábios que concordaram com essas palavras idiotas de Daksha. Shiva não disse nada, mas seu querido servo Nandi, que poderia assumir a forma de seu veículo, o touro, se levantou e denunciou Daksha em termos contundentes.

"Ó, tolo Daksha", ele disse, "como ousa amaldiçoar Lorde Shiva, cuja própria presença santifica todos os mundos? Ele é Mahadeva, o grande Senhor por quem o Universo é criado, mantido e destruído. Um olhar dele é suficiente para reduzir você e sua comitiva a cinzas. O fato de ele não fazer isso agora mostra a dimensão de sua misericórdia. Porém, atenção! Em breve, você terá seu orgulho reduzido a cinzas!"

Daksha ficou furioso com Nandi por ter ousado repreendê-lo publicamente e o amaldiçoou, e amaldiçoou também todos os servos de Shiva. "Todos vocês serão condenados como hereges e serão expulsos da sociedade védica. Cabelos embaraçados, cinzas e crânios serão seus ornamentos. Vocês serão expulsos de todos os ritos védicos."

Ao ouvir isso, Nandi ficou furioso e amaldiçoou todos eles em resposta:

"Ó, pessoas tolas, o grande Lorde Shiva foi amaldiçoado por sábios de mente má como Brighu em razão do orgulho que sentem por serem Brâmanes. Mas eu vou lhes dizer, esses Brâmanes que se deixam levar por luxúria, ira, cobiça e orgulho se tornarão pedintes sem vergonha. Serão perpetuamente pobres e irão até mesmo à casa dos *shudras* em busca de dinheiro. Por causa de sua cobiça por dinheiro, eles irão para o inferno e renascerão como *rakshasas* (demônios). O belo rosto de Daksha logo desaparecerá e será trocado pela face de um bode".

Ao ouvir essa troca de insultos, houve uma comoção e uma gritaria entre os reunidos. Apenas Shiva permaneceu imperturbável. Com muita doçura, ele se virou para Nandi e perguntou: "Ó, querido, por que você ficou tão irado? Daksha não pode me amaldiçoar porque eu mesmo sou o sacrifício, o rito de sacrifício, o adjunto do sacrifício e o próprio eu do sacrifício. Quem é Daksha? Quem é você? Quem são todas essas pessoas? Na verdade, eu sou tudo. Por saber disso, você não deveria sofrer, nem deveria amaldiçoar ninguém. Daksha fez isso por sua ignorância, pela qual ele será forçado a pagar um alto preço. Mas você é meu devoto e deveria estar livre da ira e de outras emoções negativas".

Ao ouvir essas palavras sábias de seu mestre, Nandi ficou calmo e livre da ira. Depois dessa cena desagradável, Shiva voltou à sua morada acompanhado por Sati e pelos *ganas*. Daksha e seus seguidores também voltaram às suas respectivas moradas. Ele estava espumando de raiva contra Shiva e esperando uma oportunidade para colocar todas as maldições em prática.

Para insultar Shiva, Daksha começou um grande *yajna* para o qual convidou todos os deuses, sábios e seres celestiais. Não é preciso dizer que ele evitou enviar um convite a Shiva de propósito. Brahma e Vishnu foram convidados e levados a público para o grande *yajna*, que nunca antes ninguém tinha visto igual. O local onde Daksha depositou seu sacrifício se chamava Kankhala, perto da moderna Haridwar, atualmente conhecida como Kankhal. Como Shiva não foi convidado, sua filha Sati também ficou de fora, apesar de antes ter sido a preferida de Daksha. Para abrigar a ilustre reunião de deuses, sábios e imperadores, Viswakarma, o arquiteto divino, criou muitas belas mansões.

O sábio Dadichi, um devoto de Shiva, falou em palavras duras a Daksha: "Ó, Daksha! Este sacrifício será incompleto e imperfeito, a menos que Shiva seja convidado. Vá imediatamente com os sábios e traga o grande Senhor e Sati para este lugar. Ele é a fonte de todo o auspício. Sem ele, tudo será desfavorável e imperfeito".

Daksha respondeu, alterado: "Vishnu, que é a causa principal deste cosmo, que é a fonte de todas as virtudes, agraciou este lugar com sua presença. Brahma, o avô de todos os mundos, veio, junto com os *Vedas* e com os *Upanishads*. Indra, o rei dos deuses, bem como os sábios celestiais vieram com seus séquitos. Qual é a necessidade de ter Shiva aqui? Ele é de nascimento desonroso, o Senhor dos duendes, fantasmas e espíritos. Eu dei minha amada filha a ele apenas a pedido de Brahma. Ele é totalmente indigno de ser convidado para essa reunião nobre". Dadichi amaldiçoou Daksha, disse que sua destruição era iminente, e saiu do *yajna*, seguido por alguns dos outros devotos de Shiva.

Enquanto isso, na montanha de Gandhamadana, no Himalaia, Sati estava absorta em divertimentos com seus amigos. De repente, ela viu sua irmã, Rohini, viajando em um veículo voador acompanhada pelo seu marido, Chandra, a divindade da lua. Ela pediu à sua amiga Vijaya que descobrisse o destino deles. Eles lhe contaram os detalhes do sacrifício de Daksha, para o qual todos os seres tinham sido convidados e para o qual eles agora estavam indo. Agora Sati viu que todo o resto de suas 59 irmãs e muitos outros seres celestiais também estavam seguindo na mesma direção. "Por que meu pai não convidou a mim e a meu marido?", ela se perguntou. "Deve ser uma omissão da parte dele. Vou perguntar sobre isso a Shiva."

Pensando assim, ela correu até Shiva e contou-lhe toda a história. Shiva, que sabia de tudo, olhou com pena para sua amada Sati, tomou-a carinhosamente no colo e perguntou o que a estava incomodando. Ela disse, animadamente: "Meu Senhor, meu pai está realizando um grande sacrifício para o qual todos estão indo. Por que não vamos? Por favor, deixe-nos ir. Peço que o senhor vá comigo".

"Minha querida, não vê que quem não é convidado para ir à casa de uma pessoa certamente é desrespeitado? Nós não fomos convidados, por isso, com certeza, não devemos ir ao *yajna*."

A pele normalmente escura de Sati se tornou ainda mais escura e seus olhos negros brilharam ao ouvir aquelas palavras de Shiva; ela disse: "Se você, ó Senhor, diante de cuja presença todos os sacrifícios se tornam auspiciosos, não foi convidado, então, com certeza, meu pai tem culpa em um crime terrível. Eu devo ir a esse sacrifício e lhe perguntar, assim como a todos os presentes ali, por que eles foram a um sacrifício para o qual o senhor, Senhor de todos os mundos, não foi convidado. Portanto, por favor, me dê permissão para ir".

Shiva percebeu que se ele negasse aquilo, Sati iria definhar e morrer. Ele também sabia que se ela fosse, a morte a aguardava. Com tristeza, Shiva deu permissão para Sati partir. Ele disse que ela deveria montar seu próprio veículo, o touro Nandi, e mandou 60 mil de seus servos para esperar por Sati e protegê-la, se preciso fosse. Ela se enfeitou e partiu para a casa de seu pai com toda a parafernália da realeza. Os criados a acompanharam, segurando o guarda-chuva branco da realeza acima de sua cabeça, agitando estandartes de cores alegres e leques de iaques, tocando trombetas e conchas. Shiva observou sua partida com tristeza, sabendo que nunca mais a veria daquela forma.

Sati chegou à mansão de seu pai, que era repleta de vistas impressionantes e desceu de Nandi, entrando sozinha. Sua mãe, Virini, e as irmãs, a recepcionaram com grande alegria, mas Daksha fingiu não vê-la. Sati olhou ao redor e viu todas as grandes almas do mundo reunidas ali. Ela viu que assentos tinham sido reservados para todas as divindades, exceto para Shiva, e ficou furiosa. Seus olhos ardiam como brasa, lançando uma chama azul. Suas tranças, que tinham sido presas, se soltaram e ficaram despenteadas. Seu terceiro olho, normalmente invisível no meio de sua testa, se abriu e começou a latejar e tremer. Seu aspecto era totalmente o de Kali, ou a destruidora.

Com uma voz muito torvejante, ela perguntou a Daksha: "Como é possível que meu marido, cuja presença por si só torna todas as reuniões completas, não tenha sido convidado? Qualquer rito realizado sem ele será impuro. Eu me sinto envergonhada por ver como meu próprio pai se tornou malvado e insensível". Virando-se para Vishnu, Brahma e os outros deuses, ela soltou todo o seu poder de ira sobre eles. "Vocês todos são tão densos a ponto de não perceberem a grandiosidade de Shiva? Como podem vir a um lugar que foi profanado por não ter sido pisado pelos seus pés sagrados?"

Todos ficaram em silêncio, mas Daksha respondeu: "Quem pediu a você para vir aqui, mesmo sem ter sido convidada? Sabendo que Shiva é um tipo sem cultura e grosseiro, com roupas indecentes e modos rudes, abstive-me de convidá-lo de propósito para vir aqui. Eu me arrependo do dia em que a entreguei àquele bárbaro. Contudo, agora que você veio, pode ficar. Acalme-se, por gentileza, e participe do sacrifício".

Sati ficou cheia de raiva e de pesar.

"Eu desdenho de aceitar sua oferta, ó, Daksha!", disse ela para ele, com o olhar colérico. "Meu marido me disse para não vir. Ele me alertou que eu seria insultada, mas veja só! Não segui suas palavras por amor ao senhor, meu pai. Mas agora vejo que o senhor é desprezível. Não posso suportar permanecer neste corpo que veio de você. Não suporto mais ser chamada de Dakshayani (filha de Daksha). Portanto, abrirei mão de meu corpo aqui, agora, diante de todos vocês. Eu nunca poderei retornar ao meu amado Senhor com este corpo que agora se tornou contaminado. Todos os que reprovam Shiva e todos aqueles que ouvem essas censuras irão para o inferno, a menos que se retirem imediatamente deste salão."

Arrependida, ela pensou em como havia ignorado o conselho de seu Senhor para não ir ao sacrifício. Virando-se para seu pai mais uma vez, ela disse: "Shiva tem cabelos embaraçados, leva um crânio nas mãos e vive em locais de cremação, mas até mesmo os deuses e sábios mantêm o pó de seus pés em suas cabeças. O senhor é perverso em todos os sentidos. Eu não terei nada mais a fazer com este corpo nascido de você. Este corpo nascido de sua semente, descartarei como um cadáver. Ele é digno de desprezo". Dizendo isso, Sati refugiou-se no silêncio. Virando-se para o norte, sentou-se em transe *yogin*, cobrindo o corpo todo com a roupa. Fixando a mente em seu Senhor, ela equilibrou o *prana* (inspiração, força da vida) e *apana* (exalação) dentro de seu corpo, e ergueu o *udana* (ar movimentado para cima) a partir do umbigo, levando-o ao seu chacra do coração e depois para seu chacra da garganta e, por fim, fixando-o no chacra *ajna* (centro espiritual) no meio de sua testa entre as sobrancelhas. Lembrando-se apenas de seu Senhor, ela deixou seu corpo e adentrou as regiões celestiais.

Houve grande comoção quando Sati deixou seu corpo. Todos gritaram: "Fora, Daksha! Fora desse sacrifício!", e coisas do gênero. Ao ouvir os lamentos altos, os *ganas* de Shiva, que estavam esperando à porta, entraram correndo e começaram a gritar e chorar. Com armas erguidas em fúria, eles atacaram Daksha e os outros e começaram a matá-los. Alguns se mataram porque temeram a ira de Shiva se voltassem sem Sati. Ao ver isso, o sábio Brighu invocou muitos espíritos assustadores para pôr fim à matança. Milhares de espíritos poderosos, chamados Rbhus, se levantaram e uma briga terrível ocorreu entre os dois grupos, que terminou com os *ganas* de Shiva sendo derrotados. Eles foram forçados a fugir para se salvarem, de volta ao Kailasa. Naquele momento, uma voz celestial declarou que o sacrifício de Daksha estava fadado a acabar de um modo terrível.

"Já que Sati, mãe do universo, e Shiva, pai do Universo, não foram agradados por você, o infortúnio recairá sobre você." Ouvindo essa voz etérea, todos ficaram surpresos e assustados. A maioria das pessoas saiu do local. Outros aconselharam Daksha a acalmar Shiva imediatamente antes que mais mal chegasse a ele.

Aum Namashivaya!

ॐ

Aum Viroopakshaya Namaha!

8

A Ira de Shiva

Ó, destruidor do pecado e do pesar!
Prostrações à sua ira!
E então sua flecha, seu arco e suas mãos.

"SRI RUDRUM", *YAJUR VEDA*

Os assustados *ganas* voltaram correndo a Shiva e imploraram para que ele os salvasse. Eles lhe contaram toda a história triste sobre como Sati tinha desistido de seu corpo, porque ele tinha nascido de um homem que havia insultado seu Senhor. Ao ouvir essa notícia terrível, Shiva foi tomado pelo pesar, e desse pesar nasceu uma raiva aterradora. Ele se tornou Rudra, o destruidor. Seus olhos estavam franzidos e furiosos, emitiam faíscas vermelhas e azuis, de fogo. Assim, ele recebeu o nome de Virupaksha, o de olho maligno. Pulando da rocha em que ele estava sentado, puxou uma madeixa de seus cabelos e acertou a montanha com ela. Um som alto de explosão foi ouvido, como se uma grande rocha estivesse sendo partida. De uma metade das madeixas de Shiva apareceu um ser enorme com a aparência de Rudra, com milhares de mãos brilhando como chamas; seu nome era Virabhadra. Da outra metade nasceu a deusa conhecida como Bhadrakaali. Ela pingava sangue, dava medo de ver, com cabelos oleosos embaraçados descendo como uma capa por suas costas, com olhos vermelhos emitindo faíscas como brasas, com a língua vermelha para fora e muitas mãos segurando armas erguidas.

Com uma voz retumbante, Virabhadra disse: "Ó, Rudra de aparência tenebrosa, com Sol, Lua e fogo em seus olhos, comande-me depressa. O que devo fazer? Quem se dedica a você sempre será vitorioso. Com seu benefício, não há nada que eu não consiga realizar".

Shiva ordenou a Virabhadra e Bhadrakaali que marchassem com os *ganas* até o sacrifício de Daksha para destrui-lo totalmente. Virabhadra, que tinha os mesmos traços, roupas e adornos de Rudra, foi na frente em uma carruagem puxada por leões. Bhadrakaali foi com ele, acompanhado pelas nove Durgas (*navadurgas*) – Kaali, Kartyayani, Isani, Chamunda, Mundamardini, Bhadra, Mahakali, Twarita e Vaishnavi – e muitos duendes. Uma hoste de fantasmas raivosos, fúrias, vampiros, gênios, monstros, dragões, demônios, aberrações e espíritos os acompanharam. Três *crore* (10 milhões) de espécies de cães raivosos nasceram dos cabelos de Shiva. Um tipo virulento de febre acompanhou cada um deles.

Logo que esse contingente fabuloso partiu, muitos maus agouros foram notados no *yaga* de Daksha. Toda a terra entrou em convulsões no ponto do *yaga*. Estrelas cadentes e cometas foram vistos, e o Sol se tornou pintalgado, com círculos assustadores ao redor dele. Milhares de urubus sobrevoavam o local. Chacais e cães uivavam enquanto um tornado violento destruía o *yajnashala*. Ao ver a aproximação do exército de Virabhadra, a Terra, com seus oceanos e continentes, estremeceu aterrorizada. Daksha correu até Vishnu e implorou por misericórdia. Vishnu respondeu que ele teria de pagar pelos insultos que havia feito a Shiva, o grande Senhor – Maheswara. Daksha implorou a Indra e aos outros deuses que os ajudassem e partiram para combater o exército macabro, mas Virabhadra lidou com eles depressa, e eles fugiram aterrorizados.

Depois, o exército pavoroso começou uma aniquilação metódica do *yajnashala*. Alguns deles atacaram as vigas e estruturas, enquanto outros atacavam os cômodos do lado de dentro. Um grupo destruiu a pira de sacrifícios; outro, os salões; e alguns, as cozinhas. Outros destruíram os vasos sagrados e as lareiras de sacrifícios. Depois, eles amarraram os sacerdotes responsáveis e perseguiram os deuses em fuga. Virabhadra arrancou a barba de Brighu, porque ele havia ridicularizado Shiva retorcendo seu bigode. Ele tirou os olhos de Bhaga, pois este havia revirado os olhos e incentivado Daksha a insultar Shiva. Arrancou os dentes de Pushan, pois ele havia rido, mostrando todos os dentes quando Rudra foi insultado. Em seguida, ele tentou decapitar Daksha, mas descobriu que era impossível. Pensou por um momento e decidiu que como Daksha tinha agido de modo animalesco, tinha de ser amarrado a um poste e assassinado como um animal sacrificial. Bhadrakaali arrastou Daksha pelos cabelos ao altar, e Virabhadra ergueu o machado e decapitou o patriarca. Seu corpo sem vida caiu no chão com um baque. Bhadrakaali bebeu o sangue e Virabhadra ofereceu a cabeça de Daksha ao fogo de sacrifício. Bhadrakaali fez uma guirlanda com as outras cabeças que estavam rolando pelo chão, enquanto Virabhadra untava seu corpo com o sangue. Os dois fizeram uma dança macabra de vitória à luz fantasmagórica das brasas que se apagavam, acompanhados pelos gritos e palmas dos *ganas* satisfeitos. Então, depois de atearem fogo a todo o local, eles voltaram vitoriosos para seu mestre. Shiva agora passava a ser conhecido como Hara, o arrebatador.

Enquanto isso, os deuses derrotados foram até Brahma e pediram que ele os auxiliasse a restaurar o sacrifício de Daksha, já que ele o havia iniciado apenas depois de conseguir deles a promessa de que o ajudariam. Brahma, como sempre, foi com eles à morada de Vishnu para implorar: "Ó, Senhor de Lakshmi! Ó, Senhor dos deuses! Nós viemos invocar sua ajuda para completar o *yajna* de Daksha".

Vishnu disse: "Ó, Brahma, já que os deuses cometeram pecado participando de um *yaga* ao qual Shiva não foi convidado, a única coisa que você pode fazer agora é acalmá-lo, caindo a seus pés. Como também sou culpado por ter participado do sacrifício, também o acompanharei. Eu fui ao *yaga* só porque Daksha é meu devoto e não posso decepcionar um devoto em hipótese alguma".

Assim, todos eles partiram para a morada de Shiva para poderem acalmá-lo. Eles o viram sentado sob a figueira-de-bengala com a perna esquerda posicionada sobre a coxa e sobre o joelho direitos. Uma guirlanda de contas de *rudraksha* estava suspensa de seu punho esquerdo e ele estava mostrando o *tarakamudra*, ou posição de ensinamento, com sua mão direita. Essa era a postura de Dakshinamurthy que ele tinha mostrado a Brahma e a Vishnu no momento da criação. Sentado em um tapete de grama *darbha*, ele estava compartilhando o conhecimento do Brâman eterno com os sábios. A Lua crescente espiava entre seus cachos e seu corpo estava coberto por cinzas. Ele parecia um deus de paz, pois toda a sua ira havia passado. Amigo do mundo que era, ele sempre se envolvia na prática de austeridades pelo bem de todos. Vishnu e os outros deuses se aproximaram e fizeram reverência a ele.

Eles disseram: "Reverência ao grande Senhor, que é calmo e pacífico, que é o benfeitor do Universo. Almas nobres sempre demonstram tolerância extrema e nunca se vingam contra aqueles cujas mentes foram influenciadas pelo *maya* do Senhor. Portanto, ó, Senhor, cabe a você perdoar aqueles que foram enfeitiçados por *maya*. Por gentileza, faça o que deve ser feito para completar o *yajna* de Daksha, que foi profanado pelos seus *ganas*. Que o patriarca Daksha possa ser revivido e que todos aqueles que foram feridos se tornem inteiros de novo. Ó, Rudra, que toda a porção restante do *yajna lhe* seja entregue".

Ao ouvir isso, Rudra ficou satisfeito e disse: "Fiz tudo isso para purificar Daksha e não por vingança. Aquele patriarca cuja cabeça foi queimada terá a cabeça de um bode em seu lugar; Bhaga, cujos olhos foram arrancados, terá de enxergar com os olhos de Mitra; e Pushan, que teve os dentes arrancados, terá de comer arroz em pó ou comer com os dentes do mestre do *yajna*. Brighu terá a barba de um bode para substituir a sua, perdida. Todos os sacerdotes e os outros que perderam seus membros os terão restaurados".

Depois, a pedido dos deuses, Rudra foi com eles a Kankhala, o local do sacrifício. Ele ordenou que Virabhadra levasse o corpo de Daksha a ele. Ele o fez e Shiva disse aos deuses que levassem a cabeça do bode sacrificial e que a juntassem ao tronco de Daksha. Quando Shiva lançou seu olhar benigno ao cadáver, este voltou à vida. Daksha, que havia agido como um bode, agora tinha a cabeça de um bode. Assim que viu Shiva de pé diante dele, a mente de Daksha, que tinha sido tomada pela ira, tornou-se purificada e ele começou a exaltá-lo, apesar de sua voz estar embargada pela emoção ao pensar em sua filha amada, que já não existia.

Daksha disse: "Eu lhe agradeço por me dar o castigo que mereci; caso contrário, eu teria sido condenado ao inferno por ter insultado tão nobre personagem. Você, de fato, é Shankara, o benevolente".

Daksha recebeu a ordem de Rudra de completar o *yajna* com a ajuda dos outros sacerdotes. Todos os deuses louvaram Shiva, e Daksha completou o *yajna* com toda a formalidade. Ao final do *yaga*, o próprio Iswara, na forma de Sri Hari, apareceu e abençoou os participantes do *yaga*.

Sri Hari disse: "Ó, sábios! Conheçam-me como a causa suprema do mundo, a única testemunha de tudo, o ser autofulgurante, sem atributos e imorredouro. Eu assumo nomes diferentes, como Brahma, Vishnu e Shiva, para os propósitos de criação, manutenção e destruição. Isso é feito por meio de meu *yogamaya*, que tem os três *gunas* de *sattva*, *rajas* e *tamas*. O homem ignorante vê Brahma, Vishnu e Rudra como diferentes, apesar de todos eles estarem em mim, o Brâman todo abrangente. Como um homem não verá as diferentes partes de seu corpo como distintas de si, quem se refugia em mim verá todos os seres como parte de mim. Ele obtém a paz eterna que não vê nenhuma diferença entre os três – Brahma, Vishnu e Shiva –, que são um em natureza e quem impregna todos os seres".

Abençoando, assim, todos os que estavam ali, Sri Hari desapareceu da vista e os deuses voltaram para suas respectivas moradas. Apesar de ele ter perdoado Daksha, Shiva estava cheio de agonia pela perda de sua amada Sati. Pegando seu cadáver, ele vagou por todo o Universo carregando seu corpo sem vida em seus braços. Seus *ganas* o seguiram em silêncio, com lágrimas rolando por seus rostos, sem saber como consolar seu Senhor. Os gritos pesarosos rasgaram as galáxias e criaram caos no mundo. Brahma percebeu que aquilo tinha de parar, senão todo o Universo seria afogado na tristeza de Shiva. Ele apelou a Vishnu, que empunhou seu disco, o *Sudarshana chakra*, e deixou que este voasse com grande precisão em direção a Shiva. O disco cortou o cadáver de Sati em 108 pedaços. Os lugares onde os pedaços caíram são conhecidos como *shakti peethas* e são pontos de grande poder psíquico, capazes de conceder dádivas a todos que cultuam nesses locais.

Quando o corpo de Sati foi destruído nada restou, além de lembranças, para fazer com que Shiva se recordasse de sua amada. Com sua intuição divina, ele soube que Sati nunca poderia ser destruída, pois ela era Shivaa, uma parte de seu próprio ser, e que ela ressuscitaria em outro lugar, em outra época. Enquanto isso, ele não suportava mais viver no local onde havia desfrutado de todos os tipos de prazeres com Sati. Ele se isolou nas cavernas geladas das montanhas do Himalaia e se tornou recluso de novo.

Aum Namashivaya!

ॐ

ॐ

Aum Kapardine Namaha!

9

Parvati Procura seu Senhor

*Ele se rejubila em ter-me como Sua
companheira para toda a vida.
A Dama Montanha,
Cujo passo é como o da aliá e do cisne fêmea.*

SAINT SAMBANDAR

Como mencionei antes, Daksha tinha 60 filhas, dentre elas Svadha foi entregue em casamento aos *manes*. Svadha teve três filhas, entre elas, Mena era a mais velha, Dhanya era a segunda e Kalavati, a terceira. Uma vez, as três irmãs foram à morada de Vishnu para ter *darshan* (uma visão) do Senhor. Uma grande multidão de sábios e de *yogins* estava ali. Aconteceu também de os quatro meninos sábios conhecidos como Sanaka, Sananda, Sanadana e Sanatkumara também chegarem para fazer reverência ao Senhor. Ao vê-los, toda a congregação de sábios se levantou em respeito. Mergulhadas em seus pensamentos, as três irmãs não se levantaram. Ao ver a falta de respeito, Sanaka e os outros, embora sempre mergulhados em felicidade, ficaram irritados para poder satisfazer o propósito inescrutável do Senhor. Eles amaldiçoaram as irmãs, dizendo que elas nasceriam como seres humanos na Terra. Ao ouvir isso, as irmãs ficaram muito tristes e caíram de joelhos, implorando perdão.

Depois Sanaka disse: "O caminho de um sábio é sempre para benefício do mundo, então vocês não devem se preocupar. Mena se tornará a esposa de Himavan, que na verdade é uma parte do Senhor Vishnu. A deusa Shakti nascerá como a filha de Mena e será conhecida como Parvati; ela se tornará a esposa de Lorde Shiva. A segunda, Dhanya, se tornará uma grande *yogini* e esposa do grande rei-santo de Videha, conhecido como Janaka. Lakshmi nascerá como sua filha e se chamará Sita. Ela se tornará a esposa de Vishnu em sua encarnação como Rama. A terceira irmã, Kalavati, nascerá em uma família Vaishya de pastores de gados e se casará com Vrishabhana; Radha nascerá como sua filha. Essa Radha que agora reside em Goloka será a amada de Krishna". As irmãs ficaram muito felizes quando souberam disso e agradeceram aos sábios por sua maldição, que na verdade foi uma bênção, não apenas para elas, mas também para o mundo todo.

Ao longo da fronteira ao norte de Bharathavarsha fica a grande montanha conhecida como Himalaia, ou a morada da neve. Ela tem um aspecto dúbio: um é o *achala,* ou aspecto imutável, e o outro aspecto tem forma. Nessa forma humana, ele é conhecido como Himavan e é rei de todas as montanhas. O Himalaia é o local de várias pedras preciosas e ervas medicinais, e muitos animais ferozes vivem ali. Até mesmo os deuses gostam de se divertir entre os picos mais elevados. Sábios de épocas passadas descobriram que essas regiões estão saturadas pela espiritualidade. Não é à toa que o local passou a ser chamado de Terra dos Deuses.

Himavan, Senhor do Himalaia, desejava se casar e pediu aos deuses que encontrassem uma parceira adequada para ele. Os deuses abordaram os *manes* e pediram para eles darem sua filha Mena a ele, uma vez que todos os seres seriam muito beneficiados com essa aliança. Lembrando-se das palavras dos sábios, eles concordaram com alegria e a bela Mena foi dada em casamento para Himavan. Vishnu e os outros deuses participaram do evento imponente.

Logo depois, Shiva se casou com Sati e o casal divino passou a morar perto de Himavan e de Mena. Logo que viu Sati, Mena desejou uma filha como ela e lhe ofereceu muitas iguarias. Sati sabia do desejo de Mena, e no momento de abandonar seu corpo, fez o pedido para renascer como filha de Mena.

Ao verem que Shiva adotou a vida de reclusão, os deuses decidiram convencê-lo a casar-se de novo.

Eles louvaram Durga, ou Shivaa, a contraparte feminina de Shiva, e pediram para que ela nascesse como a filha de Himavan e Mena.

"Ó, deusa! Você é Gayatri, mãe dos *Vedas*; Savitri, glória do Sol; e Saraswati, deusa do conhecimento. Para aqueles que realizam boas ações, você é Lakshmi, deusa da fortuna; para os pecadores, você é a deusa da ignomínia. Seu sorriso traz paz ao Universo e sua carranca, a guerra. Você é a Mãe Divina de todas as criaturas".

A deusa apareceu diante deles sentada em uma carruagem cheia de joias puxada por leões. Seu brilho era maior do que o de dez milhões de sóis. Ao ver a forma admirável, os deuses fizeram reverência e imploraram para que ela assumisse de novo um corpo. "Ó, mãe Divina! Antes, você nasceu como a filha de Daksha e casou-se com Shiva. Desde que abandonou seu corpo, Shiva anda inconsolável. O propósito de sua encarnação ainda deve ser cumprido; então, por favor, digne-se a nascer de novo como a filha de Himavan e Mena, para que todos possam ser felizes".

A deusa prometeu atender ao pedido e os deuses pediram austeridades rigorosas a Mena para ter a deusa como sua filha. Mena passou 27 anos observando votos e jejuns para poder agradar à deusa, que acabou aparecendo diante dela e a abençoou, e prometeu encarnar como sua filha.

Assim que engravidou, Mena passou a brilhar com radiação divina. Seu marido, Himavan, se dedicou a satisfazer todos os seus desejos e a encheu de presentes de amor. Na época do nascimento divino, todas as estrelas e os planetas estavam em posições auspiciosas. Os deuses derramaram flores do céu enquanto a esposa de Himavan dava à luz a criança divina. Todo o território de Himavan se alegrou e o feliz pai deu muitos presentes aos pobres. A criança foi chamada de Kali e também de Parvati. Ela brilhava intensamente como um lótus azul.

Na infância, ela costumava brincar com os seus amigos à beira do rio Ganges com bolas e bonecas, como qualquer criança comum. Apesar de seus pais terem muitos filhos heroicos, seu olhar amoroso sempre acompanhava as travessuras de sua filha amada. Certa vez, o sábio Narada foi à sua morada. Ao ver o sábio, Himavan ficou muito feliz e pediu para que ele lesse a palma de sua filha e previsse seu futuro.

Narada fez o que foi pedido e disse: "Ó, Mena! Ó, Himavan! Sem dúvida esta sua filha tem um futuro extraordinário. Ela tem todos os sinais auspiciosos. Ela elevará a glória de seus pais e alegrará seu marido. Porém, existe um sinal anormal em sua palma – seu marido será um *yogin* nu sem qualquer qualidade. Ele não terá mãe nem pai e será muito indiferente à honra ou à desonra. Ele será livre da cobiça e suas maneiras e vestimenta parecerão pouco auspiciosas".

Ao ouvirem as palavras do sábio, os pais ficaram muito irritados, mas Parvati ficou feliz, pois ela sabia que a descrição era a de Shiva, com quem ela já havia se casado em sua mente.

Ao ver a aflição dos pais, Narada os confortou com estas palavras: "Ó, Senhor das montanhas, não fique triste. Lorde Shiva será o noivo dela, e ele se encaixa em tudo o que eu disse. Nele não há bom nem ruim, não é auspicioso nem inauspicioso. Permitam que ela o agrade com austeridades e, sem dúvida, ele concordará em se casar com ela. O amor como o encontrado entre os dois não será encontrado em nenhum outro lugar. Com Parvati como sua consorte, Shiva vai se tornar Ardhanareeswara, ou meio homem e meio mulher, com Parvati fazendo parte de seu corpo. Ao apaziguar Shiva com sua penitência, ela ficará com o brilho do ouro e receberá o nome de Gauri".

Himavan teve outra dúvida. "Ó, sábio celestial, ouvi dizer que Lorde Shiva está totalmente imerso em *tapasya* e abomina qualquer contato com as pessoas, principalmente com as mulheres. Soube que ele fez uma promessa à sua esposa Sati de que nunca teria outra esposa, então como ele vai concordar em se casar com minha filha, Parvati?"

Narada sorriu e respondeu: "Não tema, ó, Himavan! Essa sua filha já foi a filha de Daksha e era conhecida como Sati. Foi ela quem agora reencarnou como Parvati. Não há dúvidas de que ela se tornará a esposa de Shiva. Você a colocou em seu colo, mas a morada permanente dela será no colo de Shiva". Confortando o Senhor das montanhas desse modo, Narada pegou seu alaúde e partiu em sua tarefa perpétua de ir de mundo em mundo, cantando louvores ao Senhor.

Embora Mena quisesse um belo marido para sua filha, ela deu ouvidos ao conselho do seu marido e incentivou Parvati a fazer a penitência para poder garantir Lorde Shiva como seu esposo.

Himavan disse: "A palavra 'inauspicioso' não pode ser usada em conexão com Shiva. Ele é a alma de toda auspiciosidade. Então, aconselhe sua filha a fazer *tapasya* continuamente com o objetivo de ter Shiva como seu marido. Com isso, ela só terá coisas boas".

Mena procurou a filha para aconselhá-la, mas ao ver seu corpo esguio, o coração da mãe se encheu de pena e ela foi incapaz de dizer para fazer *tapasya*. Parvati compreendeu a relutância de sua mãe e disse: "Ó, mãe, ontem eu tive um sonho em que um sábio veio e me pediu para fazer penitência para Shiva".

Himavan também disse que ele tinha sonhado e no sonho, um asceta, a quem ele mais tarde reconheceu como Shiva, veio à sua cidade e lá ficou. Então, os pais decidiram esperar até o sonho se realizar. Como era esperado, logo depois, um asceta, que não era ninguém menos do que Lorde Shiva, chegou ao território de Himavan com alguns de seus *ganas* para fazer penitência. Himavan foi dar-lhe as boas-vindas e contou-lhe sobre seu desejo de servir a ele da melhor maneira que pudesse.

Shiva ficou contente e disse: "Eu vim a esta montanha para fazer penitência e o único serviço que você pode me oferecer é garantir que ninguém me perturbe".

Himavan concordou e deu ordem para que ninguém perturbasse o Senhor. Depois, ele pegou algumas frutas e flores e, acompanhado de sua filha, foi até o Senhor e disse: "Meu Senhor, minha filha está muito disposta a servi-lo. Por favor, consinta em aceitar seu serviço, bem como o das suas duas aias".

Shiva olhou para Parvati, que era lindíssima, na flor da juventude, e logo fechou seus olhos. A pele dela era como o lótus azul, os seus seios desabrochando terminavam em uma cintura delgada, que podia ser envolvida totalmente com duas mãos, e seus cachos negros brilhavam com um lustro divino. Virando-se para Himavan, disse que no futuro ele devia ir sozinho, sem sua filha. "Uma mulher é uma fase de ilusão. Uma mulher jovem é um empecilho para os ascetas. Sou um asceta, um *yogin*, de que eu serviria para uma jovem tão linda como sua filha?" Himavan ficou mudo, sem saber o que dizer. Contudo, Parvati falou com a coragem do amor.

"Ó, Senhor", ela disse, "você já considerou o fato de que toda atividade vem de Prakriti? Até mesmo essa atividade de *tapasya* pode ser feira apenas porque o senhor está sob influência de Prakriti".

Shiva respondeu: "Eu estou destruindo Prakriti com minha penitência. Na realidade, não tenho os atributos de Prakriti".

Parvati disse: "Você não sabe que eu sou Prakriti e você é Purusha? Sem mim, você não tem ações, qualidades ou atributos. Você também é incompreensível".

Shiva riu e falou: "Ó, Parvati! Eu vejo que você é uma especialista do sistema Sankhya, mas parece saber pouco de Vedanta. Saiba que sou o Brâman Supremo, não maculado pela ilusão, além dos mecanismos de Prakriti, compreensível apenas por meio de conhecimento espiritual. Você não pode me afetar, apesar de ser Prakriti".

Parvati respondeu: "Se, como diz, você é superior a Prakriti, então por que, afinal, precisa fazer *tapasya* e por que deveria temer que eu fique perto de você?"

Shiva ficou contente com a resposta rápida e disse sorrindo:

"Muito bem, Parvati. Veja o que pode fazer a mim! Você pode me prestar qualquer serviço que quiser".

Exultante com seu sucesso, Parvati voltou para casa com seu pai. Depois disso, ela ia diariamente com as aias e servia o Deus de três olhos, a divindade de sua escolha, com grande devoção. Ela lavava-lhe os pés e bebia a água sagrada, e secava-lhe os pés com um pano aquecido no fogo. Ela o cultuava com os 16 tipos de oferendas recomendadas. Às vezes, cantava canções lindas, às vezes, dançava. Depois de limpar a clareia em que ele fazia *tapasya*, com as próprias mãos com uma vassoura de acácia, ela voltava para sua morada. Muitos anos se passaram assim, com o Senhor imerso em *tapasya* sem nunca notar o que ela estava fazendo. Por fim, um dia, ele soube de suas atividades e pensou consigo: "Ela está agindo com autocontrole perfeito e grande devoção, mas ainda há alguns traços de ego nela que podem ser apagados apenas depois que ela mesma fizer penitência".

Pensando assim, o Senhor voltou a seu estado de *samadhi* e não a notou mais. Parvati continuou a servi-lo, dia após dia, sem se deixar perturbar por sua aparente indiferença.

Enquanto isso, Brahma e os outros deuses estavam ficando um pouco preocupados. Eles estavam sendo importunados pelo demônio Taraka e sabiam que o único capaz de destruí-lo era o filho de Shiva e Parvati. Contudo, a consumação de sua união parecia uma possibilidade remota, então eles decidiram empregar Kama, o deus do amor, para ajudá-los.

Aum Namashivaya!

ॐ

Aum Kamaraye Namaha!

10

A Derrota de Kama

*Ele dança enquanto a hoste de demônios fica
   ao seu redor e canta.
Ele tem um rio no topo do coque de seus cachos
   embaraçados.
Os* Vedas *definem as notas pela música que ele canta.*

SAINT SAMBANDAR

Como foi mencionado antes, 13 das filhas do patriarca Daksha se casaram com o grande sábio Kashyapa. Dessas, a mais velha, Diti, tinha a mente má e era a mãe de todos os demônios. Aditi, sua irmã, que era de disposição nobre, era a mãe dos deuses. Uma vez, Diti aproximou-se de seu marido e implorou--lhe para que desse a ela um filho que fosse capaz de derrotar os deuses que eram os filhos de sua irmã, Aditi.

Kashyapa era um homem que sabia que era inútil tentar discutir com sua esposa Diti, que tinha uma mente perversa; então não tentou argumentar com ela, mas a aconselhou a realizar certas austeridades. Ela as executou com entusiasmo e, por fim, deu à luz um filho chamado Vajranga, que tinha membros rígidos que faziam lembrar a dureza de diamantes, como sugere seu nome. Por ordem de sua mãe, ele capturou Indra e os outros deuses e os puniu. Aditi, que era a mãe dos deuses, queixou-se a Brahma, que se aproximou de Vajranga e implorou-lhe para que ele libertasse os deuses. Vajranga era um devoto de Shiva, e feliz com a abordagem gentil de Brahma, soltou os deuses. "Eu fiz isso apenas para alegrar minha mãe", ele disse. "Na verdade, não tenho desejo de conquistar os mundos. Eu preferiria ser instruído por você sobre a essência da vida, com o que poderei sempre permanecer feliz e livre do medo."

Brahma ficou muito feliz com esse filho de Diti e criou uma bela mulher chamada Varangi, que ele deu a Vajranga como sua esposa. Eles viveram felizes por algum tempo e Varangi o encantava com sua dedicação e amor. Ele lhe pediu que escolhesse qualquer dádiva que quisesse. Imediatamente, ela pediu um filho que conquistaria os três mundos e causaria tristeza a Vishnu. Vajranga ficou em um dilema quando ouviu aquele estranho pedido de sua esposa zelosa. Com certeza ele não queria animosidade com os deuses, mas também não suportaria desagradar à esposa. Ele decidiu fazer *tapasya* a Brahma e pedir-lhe a dádiva de um bom filho, e com isso agradar à sua esposa sem prejudicar os deuses. No fim do período de austeridades, Brahma surgiu diante dele e concedeu a graça. Sua esposa engravidou e deu à luz no tempo devido. A criança tinha um corpo enorme e, no momento de seu nascimento, muitos presságios ruins foram vistos no mundo. Vajranga percebeu que seu filho era um demônio como desejado por sua esposa e colocou-lhe o nome de Taraka.

O demônio fez penitência severa a Brahma por muitos anos e, quando Brahma apareceu, Taraka pediu duas dádivas a ele. Uma delas foi que ninguém nos três mundos o igualasse em força; e a outra era para que apenas um filho de Shiva pudesse matá-lo. Ele sabia que Shiva era um *yogin* e achava que era pequena a possibilidade de Shiva ter um filho. Como sempre, Brahma por fraqueza concordou com os dois pedidos.

Em seguida, o demônio começou a cometer atrocidades em todos os três mundos, e afligiu deuses e humanos também. Tudo o que ele queria, pegava à força, fosse dos deuses, dos sábios ou dos humanos. Como tinha os três mundos sob seu controle, ele se declarou Indra, rei dos deuses. Dispensando os deuses, instalou demônios em seus lugares. Como sempre, os deuses com Indra como seu líder se aproximaram de Brahma e imploraram para que ele fizesse alguma coisa. Brahma era a causa de todos os problemas deles por causa de sua distribuição indiscriminada de dádivas a demônios, como Taraka. Brahma disse que não seria adequado que ele matasse Taraka, já que Taraka era seu devoto.

"Mas tenho uma solução para vocês", ele disse. "A única pessoa capaz de matá-lo é o filho de Shiva. Essa é a dádiva que eu dei a ele. No entanto, como sabe, no momento, Shiva está em *samadhi* profundo e se recusa a olhar para Parvati, a filha de Himavan, que o está servindo com grande devoção. Depende de vocês fazerem com que ele se case com Parvati e faça um filho. Apenas o filho de sua semente é capaz de matar Tarakasura."

Ao ouvir isso, imediatamente, Indra pensou em Kama, que apareceu diante dele em toda a sua beleza, acompanhado por sua esposa Rati e Vasanta, a primavera. Indra pediu-lhe para ir ao Himalaia e usar todos os seus truques para convencer Shiva a olhar Parvati com benevolência. "Vá e encha o coração de Shiva com desejo por Parvati. Force-o a desistir de seu *tapasya* e a aceitar a envolvente princesa das montanhas", disse Indra.

Kama era muito convencido. Ele tinha orgulho de sua sagacidade e acreditava ser superior aos deuses, já que até eles sucumbiram vítimas de suas flechas fatais. Ele contou com orgulho a Indra que era capaz de realizar determinadas coisas que nem mesmo o rei dos deuses conseguia fazer.

Ele foi à morada de Himavan e se posicionou em um lugar próximo de onde Lorde Shiva estava fazendo *tapasya*. A primavera estendeu seu belo carpete de flores, e cobriu as árvores com flores e frutos fragrantes.

A brisa *malaya* morna soprou pelos picos cobertos de neve, envolvendo-os com o perfume de botões exóticos. A neve derreteu e se transformou em rios borbulhantes e em piscinas límpidas em que as flores de lótus desabrocharam. Todos os pássaros estavam ocupados fazendo ninhos e seus pios de amor exaltados encheram a atmosfera. O pio de cucos e o zunido de abelhas excitadas e inebriadas, embriagadas de néctar, faziam com que ondas de alegria percorressem a mente até mesmo dos sábios que estavam meditando ali. As *apsaras* (dançarinas celestiais) que tinham acompanhado Kama dançavam, alegres e despreocupadas. A Lua cheia surgiu esplendorosa espalhando seu brilho, convidando os apaixonados a se entregarem sob seu brilho suave. Quando Shiva abriu os olhos e observou essa intrusão intempestiva da primavera em seu eremitério frio e austero, ficou um pouco confuso, mas por ser o *yogin* perfeito que era, fechou os olhos e entrou em *samadhi* mais uma vez. E então, Kama, que em geral era para ser sentido apenas nas mentes das pessoas, assumiu sua forma encantadora e se manteve do lado esquerdo de Shiva, com Rati ao seu lado. Depois o casal apaixonado começou seus galanteios, usando todo tipo de gestos sedutores. Com música providenciada pelos celestiais, começaram a dançar diante do grande *yogin*, mas eles não conseguiram encontrar nenhuma diferença em sua expressão. Kama sentiu o início do medo de que aquela pudesse ser sua primeira derrota. Até aquele momento, ele não tinha encontrado ninguém, além de Shiva, capaz de resistir a seus truques. Naquele instante, Parvati veio com as aias, trazendo diversos tipos de flores para seu culto matinal ao Senhor. Como sempre, ela se aproximou de Shiva com timidez, fez-lhe uma reverência e colocou as flores, uma a uma, a seus pés. Depois ficou de pé, timidamente, diante dele, torcendo para que Shiva abrisse os olhos e olhasse para ela. Shiva abriu os olhos por uma fração de segundo, e Kama aproveitou a oportunidade para lançar sua flecha de flores com seu arco de mangueira no Senhor que empunhava um tridente.

Habitualmente, ainda que Shiva por acaso abrisse os olhos por alguns instantes, era seu costume fechá-los de novo e voltar calmamente para sua meditação, tamanho era seu controle. Contudo, dessa vez, graças à intervenção de Kama, ele foi incapaz de desviar seu olhar da forma inebriante de Parvati. Ele olhou para ela como se estivesse hipnotizado, e Parvati, que havia esperado e desejado muito esse dia, olhou bem dentro dos olhos dele.

Shiva pensou consigo: "Ela é, de fato, perfeita. Não há ninguém tão linda quanto ela em todos os três mundos. Se eu sinto tanto prazer só olhando para ela, imagine o prazer que sentirei ao abraçá-la!"

Ele estava prestes a esticar sua mão para tocá-la quando parou e pensou: "Como é possível que eu tenha caído nas armadilha do amor? Quem causou minha queda?" Pensando assim, ele virou sua cabeça e viu Kama todo orgulhoso de pé à sua esquerda com Rati ao seu lado. Ele segurava seu arco esticado, pronto para lançar uma segunda flecha. Quando a flecha partiu destemida de seu arco, ele sentiu o baque da raiva de Shiva envolvê-lo. Kama tremeu de medo e invocou mentalmente a ajuda de Indra. Os deuses, com Indra, apareceram imediatamente na cena, mas antes que pudessem dizer algo para acalmar a ira de Shiva, ele abriu seu terceiro olho e uma grande chama de fogo surgiu do meio de sua testa e subiu ao céu como um meteoro ardente. O meteoro caiu na terra e cobriu o chão, engolfando o trêmulo Kama e reduzindo-o a um monte de cinzas em um instante. Rati, a consorte de Kama, caiu no chão desmaiada. Parvati tremia de medo e foi levada por suas aias. Os deuses ficaram assustados, confusos e não sabiam como confortar Rati, tomada pelo pesar. Ela se arrastava pelo chão tentando reunir os restos das cinzas que o vento não tinha levado embora. Eles imploraram para que Shiva devolvesse seu marido à vida.

"O que você fez com meu marido?", gritou Rati. "Você condenou todas as criaturas a viverem uma vida sem amor. A sociedade vai ruir se o amor for destruído. O touro vai abandonar a vaca, o cavalo vai abandonar a égua, as abelhas vão abandonar as flores e o homem a sua esposa. O desejo não é só a causa do sofrimento, mas também a base de toda a alegria. O que é a vida sem desejo? É mera existência sem sabor, como uma flor sem perfume. A essência da alegria pode ser conhecida apenas por quem a sentiu. A vida tem seu preço, que é o sofrimento, mas também tem sua recompensa, que é a alegria, e nenhum pode existir sem Kama".

A raiva de Shiva sempre durava pouco e ele admitiu a verdade das palavras de Rati. "Eu destruí o corpo de Kama, mas não seu espírito. Ele continuará vivendo como Ananga, o sem corpo, no coração de toda criatura. Ele também nascerá com forma como Pradyumna, o filho de Krishna, durante a época do Krishnavatara e você, ó, Rati, mais uma vez se tornará a esposa dele". Ao dizer isso, Shiva voltou às suas práticas austeras. Parvati não ousou ir mais lá, pois temia as consequências de sua fúria, que ela tinha acabado de ver.

> *Prostrações ao que está nas nuvens brancas de outono e no Sol. Prostrações ao que está nas tempestades e dilúvios. Prostrações ao protetor da terra e do gado.*
>
> "Sri Rudrum", *Yajur Veda*

Prostrações ao presente em estábulos e casas.
Prostrações ao que está em granjas e palácios.
Prostrações ao que está em espinhaços e cavernas de montanhas.
Prostrações ao presente em redemoinhos e em gotas de orvalho.

"Sri Rudrum", *Yajur Veda*

Aum Namashivaya!

ॐ

ॐ

Aum Shankaraya Namaha!

11

A Penitência de Parvati

O puro que reside eternamente no coração da alma
   amada por Ele,
E que presta reverência a Ele,
O Senhor dos quatro pontos cardiais e da nobre Devi.

SAINT THIRUMOOLAR

Parvati voltou para casa muito agitada e com sua mente perturbada. *De que serve a beleza física*, ela pensou, *se não consegue comover meu Senhor? Ele é um verdadeiro* yogin *e eu vejo que a única coisa que pode afetá-lo é o poder da austeridade, não o do encanto físico.* Os seus pais e irmãos tentaram confortá-la, mas foi em vão. Por fim, o sábio celestial Narada se aproximou e lhe disse:

"Ó, Parvati! Não fique decepcionada. Com certeza, você conquistará Lorde Shiva como seu marido. Ele não a aceitou porque você ainda tem alguns vestígios de ego. No orgulho da sua juventude e beleza, você pensou que poderia subjugar aquele de três olhos apenas com seu encanto. Contudo, lembre-se, ele é o Mahayogi. Ele só pode ser seduzido pela força de penitência intensa. Eu dividirei com você o conhecimento do mantra sagrado que é dos mais apreciados por Shiva. É o mantra de cinco sílabas 'Aum namashivaya'. Quem o repete com fé e assiduidade, sem dúvida, será capaz de agradá-lo".

Depois, Parvati foi até os pais para pedir seu consentimento para ir à floresta para fazer penitência. Seu pai deu consentimento, mas a mãe, Mena, teve maior relutância em deixar a filha partir. "Você não pode realizar a penitência em casa?", perguntou ela. "Há todas as conveniências aqui. Não é certo que uma jovem como você vá sozinha fazer um *tapasya* na floresta. Isso é coisa apenas para os ascetas". Parvati ganhou o nome Uma, que significa "não vá", dessas palavras de sua mãe. Ela ficou abatida com as palavras de Mena e não conseguia mais comer, nem beber, pois só pensava em Shiva. Ao ver a filha naquela condição miserável, Mena relutantemente deu consentimento para que ela partisse.

Abandonando todos os seus luxos e joias, Parvati vestiu a casca de uma árvore enrolada na cintura com um cinto de grama. Acompanhada por suas duas aias, ela foi para o espinhaço alto onde Shiva estava fazendo *tapasya* e Kama tinha sido reduzido a cinzas. Vendo aquele lugar onde Shiva costumava ficar, ela ficou cheia de pesar e chorou alto, gritando seu nome muitas e muitas vezes. Por fim, controlando-se com dificuldade, ela fez preparativos para o culto. Construiu um altar em que manteve um *lingam* de Shiva. Ali, ela se sentou e repetiu o mantra de cinco sílabas, sem parar de pensar em Shiva. No verão, ficou sentada no meio de cinco fogueiras. Na época de monções, ficou sentada na chuva, e no inverno, sentou-se no meio da neve, o tempo todo entoando o mantra sagrado sem descanso. Ela aguentou com determinação o calor do verão, as rajadas geladas de vento do outono e a nevasca do inverno no Himalaia. No primeiro ano, subsistiu apenas com frutas, no ano seguinte, só com folhas, adquirindo assim o nome de Aparna, ou a que existe se alimentando de folhas. No terceiro ano, ela abriu mão até das folhas e se alimentou apenas de éter. Vestida com casca da árvore, com os cabelos embaraçados, controlando todos os seus instintos naturais, ela ultrapassou até mesmo os sábios em sua austeridade.

Até a natureza se emocionou com a força da sua penitência. Flores desabrocharam em abundância para que nunca lhe faltassem botões para seu culto. Os inimigos naturais do mundo animal se tornaram amistosos e deixaram de lado a animosidade, perambulando livremente perto da gruta sagrada. Anos e anos se passaram e, ainda assim, Shiva não apareceu. Himavan e Mena foram até onde Parvati estava e fizeram todo o possível para dissuadir a filha de continuar esse *tapasya* infrutífero, mas ela não deu ouvido a eles; ela tinha certeza de que Shiva sucumbiria à força de sua penitência. Seus pais voltaram para casa e Parvati redobrou seu *tapasya* até todos os mundos se tornarem insuportavelmente quentes por causa da força de sua penitência. Os deuses não podiam entender o motivo daquela terrível mudança nas condições climáticas. Eles foram até Brahma e imploraram para que ele fizesse alguma coisa, então, Brahma foi com eles para a morada de Vishnu e pediu que ele os ajudasse.

Vishnu sorriu e disse: "A mudança nas estações foi causada pela intensidade do *tapasya* de Parvati. Por isso, irei com vocês ao local onde Lorde Shiva está sentado em *samadhi* e vou lhe pedir para ir a Parvati para conceder seu desejo".

Os deuses ficaram com medo de se aproximar de Shiva, temendo sua raiva, mas Vishnu lhes garantiu sua proteção e eles o acompanharam com muito nervosismo. Shiva estava em profundo *samadhi*, então, os deuses pediram a seu servo, Nandi, que o avisasse da sua chegada. Shiva ficou feliz em recebê-los, e eles lhe fizeram seu pedido.

Vishnu disse: "Ó, Senhor! Todos os deuses estão sendo assediados pelo *asura* Taraka. Tendo em conta que você é um celibatário inveterado, ele garantiu uma dádiva de Brahma de que não pode ser morto por ninguém, exceto por uma criança nascida de suas entranhas. Parvati, a filha da montanha, está, no momento, fazendo penitência severa na esperança de conseguir fazer com que você seja seu marido. Só você pode salvar o mundo da perseguição do demônio Taraka aceitando a mão de Parvati em casamento. Por causa de seu *tapasya*, intenso, todos os três mundos estão sendo aquecidos. Salve-nos, Senhor! Desista de sua penitência, pelo bem do mundo".

Shiva respondeu com um comentário astuto: "Se Parvati fosse aceita por mim, Kama reviveria e isso seria prejudicial a todos vocês e também para os sábios, pois sua presença poderia estragar sua meditação. Como vocês sabem, a luxúria sempre leva ao inferno. Da luxúria vem a raiva, da raiva vem a desilusão, e a desilusão destrói a penitência. Por que você ainda insiste em me casar com Parvati?" Depois de dizer isso, Shiva ficou em silêncio.

Vishnu voltou a falar:

"Você não sabe que Parvati não é ninguém além de Sati, que renasceu como a filha das montanhas? Ela está fazendo penitência intensa, e todos os três mundos foram engolfados pelo calor de seu *tapasya*. Nós estamos todos ansiosos para ver a consumação de seu casamento com Parvati. Só o filho dessa união é capaz de matar o demônio Taraka. Por gentileza, aceite o nosso pedido e traga felicidade a nós e também a Parvati".

Shiva disse: "Ó, Vishnu! O casamento é uma grande restrição para um *yogin*. Há muitas correntes no mundo, mas a associação com mulheres é a mais forte de todas. A salvação fica inacessível para aquele que é arrastado aos prazeres mundanos. Minha razão me diz que não devo aceitar seu pedido, mas meu coração diz o contrário. Sempre fui escravo de meus devotos e não posso recusar nada a eles. Estou disposto a abrir mão de meus interesses para servir aos seus. Apesar de não estar interessado em casamento, devo me casar com Parvati para satisfazer vocês e ter um filho".

Dizendo isso, ele ficou em silêncio e os deuses voltaram às suas respectivas moradas. Shiva, então, chamou os sete sábios celestiais e pediu-lhes para irem testar a determinação de Parvati. Eles foram ao pico chamado Gaurishikar, para testá-la. Ao verem sua forma macilenta reluzir com o brilho da austeridade intensa, eles se curvaram diante dela e a aconselharam a desistir de sua penitência, pois Shiva nunca concederia seu pedido.

"O sábio Narada, que a aconselhou a fazer *tapasya,* é um enganador. Ele sempre tenta tirar as pessoas do caminho mundano para uma vida de austeridade. Ele deteve os mil filhos de Daksha e os forçou a seguir o caminho do ascetismo, para o desgosto de seu pai, que os havia enviado para ter filhos. Ele até aconselhou o garoto *asura*, Prahlada, a ser devoto de Vishnu, com o resultado de que ele foi forçado a suportar grande dor e censura de seu pai. Agora, ele está fazendo o melhor que pode para desviá-la também. Shiva é indiferente às mulheres e não é capaz de dar amor. Na verdade, ele é o inimigo de Kama. Sua aparência é mais inauspiciosa e ele não tem nome nem linhagem. Portanto, pare com essa tarefa infrutífera, volte a seus pais e se case com alguém mais adequado à sua natureza tranquila".

Parvati riu e respondeu: "Ó, sábio, sem dúvida o que você disse é verdade, de acordo com sua compreensão, mas não pode afetar minha determinação, nem um pouco. Como você sabe, eu sou a filha da montanhas e não posso ser abalada com tanta facilidade. Por isso, meu nome também é Achala. Shiva é o *yogin* supremo. Ele não está interessado em embelezamentos. Ele é o Brâman Supremo e se ele não se casar comigo, continuarei a ser virgem. Eu juro. O Sol pode nascer no oeste, o fogo pode esfriar, e o monte Meru pode ser visto se deslocando e as flores se abrindo na rocha, mas minhas palavras nunca serão falsas. Continuarei a cultuar Shiva até ele vir a mim. Ou desistirei de meu corpo aqui e agora".

Os sábios ficaram encantados com a determinação de Parvati. Eles voltaram e contaram o diálogo todo a Shiva. Agora, o próprio Shiva foi para o eremitério de Parvati para testá-la. De fato, ele estava bem convencido de sua tenacidade, mas queria vê-la com suas roupas de asceta. Shiva apareceu para ela disfarçado como um sábio muito velho, carregando uma sombrinha e um cajado. Parvati se levantou para honrar o velho e o adorou com toda a reverência devida, e ele lhe perguntou sobre seu nascimento e parentesco e por que ela estava se submetendo àquela penitência tão severa. Parvati respondeu: "Sou Parvati, filha de Himavan e de Mena. Estou fazendo penitência apenas visando conseguir Lorde Shiva como meu marido. Porém, parece que meu *tapasya* tem sido em vão, pois ele não vem. Decidi lançar este meu corpo ao fogo e torcer para nascer de novo. Em cada nascimento, vou continuar a fazer penitência até Lorde Shiva me aceitar".

Shiva ficou secretamente feliz com a resposta, mas para testar ainda mais sua determinação, ele a incentivou a desistir de sua atitude extrema. Sem se deixar abater, Parvati apenas sorriu e depois de cumprimentá-lo, saltou na fogueira que tinha deixado pronta. Contudo, o fogo se tornou tão frio quanto o creme de sândalo. O idoso, sorridente, a impediu de fazer outra fogueira e a incentivou a repetir a história toda para ele. Parvati não conseguiu falar por causa das lágrimas que embargavam sua voz. Seu amigo Vijaya narrou a triste história.

O asceta, então, exigiu ouvir tudo de novo dos lábios de Parvati. Parvati repetiu e implorou para que o idoso a orientasse.

O velho disse: "Ó, delicada moça, por que você deseja ter Shiva como seu marido? O corpo dele está sempre sujo de cinzas dos campos de cremação. Seus cabelos estão sempre embaraçados e ele tem serpentes se retorcendo em volta do pescoço. Às vezes, ele se veste com o couro de tigre e de elefante, e outras vezes fica nu. Ele se desloca, ou em isolamento ou seguido por fantasmas e duendes. É um marido dos mais inadequados para alguém tão bela como você. Ele teve uma esposa chamada Sati, a filha de Daksha, que foi abandonada pelo pai por causa de sua associação com Shiva. Por fim, a pobre garota teve que abrir mão de sua vida. Você é uma joia entre as mulheres. Por que quer se casar com esse homem estranho? Por que rejeita os prazeres de um palácio na esperança de perambular pela floresta com um homem assim? Ele não tem uma única qualidade que poderia atrair uma mulher. Ele matou seu amigo Kama e insultou-a indo para outro lugar. Eu a aconselho a voltar sua mente para longe dele e encontrar um noivo mais adequado".

Parvati ficou furiosa quando ouviu aquilo e respondeu: "Por que você veio aqui com essas insinuações insuportáveis contra meu Senhor? Você nunca conseguirá me tirar do meu caminho. Uma pessoa sem discernimento como você nunca poderá conhecer a verdadeira forma de meu Senhor, que é a do Brâman Supremo, sem atributos. Você diz que ele tem muitas qualidades inauspiciosas, porém, sei que só de pensar nele, tudo se tornará auspicioso. Errei muito sendo hospitaleira com uma pessoa que, obviamente, odeia meu Senhor. Independentemente do que Shiva possa ser, eu o amo. Ele é meu Senhor e não quero nenhum outro".

Virando o rosto, ela pediu ao seu amigo que afastasse aquele falso profeta que sem dúvida continuaria despejando calúnias sobre seu Senhor. Virou-se, enojada, e estava a ponto de fugir dele quando Shiva assumiu a própria forma e segurou sua mão.

"Aonde você vai, me deixando sozinho? Não serei rejeitado por você com tanta facilidade, ó, Parvati!", ele disse, de modo provocador. "Eu estou feliz com sua persistência e vim aqui apenas para lhe conceder todas as dádivas que deseja. Você pagou o preço pelo meu amor com sua penitência. A partir de hoje, sou seu escravo. Mande e obedecerei. Você é minha eterna companheira e sempre foi. Perdoe-me por testá-la dessa forma insuportável, mas você passou em todos os testes e sou seu escravo ardente. Venha comigo para minha morada no Himalaia." Dizendo isso, ele puxou a mão que já estava segurando a dela.

Parvati ficou encantada e respondeu: "Meu Senhor, antes, fui a filha de Daksha, mas naquela época, nossos ritos de casamento não foram realizados adequadamente. Os planetas não tinham sido propiciados. Dessa vez, eu lhe imploro que se aproxime de meu pai e peça pela minha mão, e deixe nosso casamento ser realizado com todos os ritos e toda a parafernália".

"Ó, doce Parvati", disse Shiva, "este mundo todo é um mundo de ilusão. Eu estou acima de todas as profecias e planetas, mas se você quiser realizar nossos ritos de casamento propiciando todos os planetas do modo costumeiro, assim será feito, pois não posso lhe negar nada. Devo ir até seu pai e implorar por sua mão, como você deseja". Parvati voltou feliz para sua casa e Shiva para a dele. Os deuses e *ganas* comemoraram.

Parvati foi recebida de novo com todas as honras depois de completar sua missão com sucesso. Logo depois, Shiva se disfarçou de dançarino mendicante e foi à corte de Himavan. Ele cantou e dançou tão lindamente que todos ficaram encantados. Tocou corneta e tambor. Mena ficou hipnotizada. Parvati também, mas, de repente, ele permitiu que ela visse sua forma maravilhosa como Shiva. Ao vê-lo, ela desmaiou e teve de ser reanimada. Para Parvati parecia que ele estava perguntando: "Você quer uma dádiva ou um noivo?". Ela sussurrou: "Eu já escolhi a dádiva. Quero você como meu noivo" Ninguém mais teve o privilégio de ouvir esse diálogo íntimo.

Mena ficou encantada com o dançarino e lhe ofereceu dinheiro, além de muitas pedras preciosas. Porém, ele recusou tudo. Por fim, ela lhe perguntou o que ele queria, e ele respondeu que queria sua filha. Ela ficou furiosa quando ouviu isso e ordenou a seus servos que o levassem para fora da cidade, mas nenhum pôde tocá-lo. Ele queimava as pessoas que o tocavam. De repente, ele desapareceu diante dos olhos assustados de todos.

Os deuses ficaram surpresos com o *lilas* de Shiva e imploraram-lhe para que, mais uma vez, concedesse seus desejos e pedisse a Himavant pela mão de sua filha. Dessa vez, Shiva foi disfarçado de nobre Brâmane, um membro da casta sacerdotal. Ele tinha uma guirlanda de contas de cristal nas mãos e um *saligrama* (pedra representando

Vishnu) em volta do pescoço, e repetia o nome de Vishnu. Apenas Parvati via através de seu disfarce, mentalmente fez uma reverência para ele e riu da piada. O Brâmane aconselhou Himavan fortemente a não entregar sua filha a um mendigo como Shiva. Então, ele saiu como tinha chegado.

Ao ouvir isso, Mena implorou ao marido que não entregasse sua filha a alguém tão estranho.

Enquanto isso, Shiva chamou os sete sábios celestiais e mandou que eles fossem a Himavan e o incitassem a dar sua filha a Shiva, pois aquele era seu desejo e ele já tinha concedido a ela essa dádiva. Felizes, eles foram até Himavan e disseram: "Shiva é o pai do Universo e Parvati, a mãe. Portanto, convém que você dê sua filha apenas a ele. Com esse presente, sua vida estará realizada".

Himavan respondeu: "Eu também estou ansioso para fazer isso, mas desde que certo Brâmane chegou e denunciou Shiva, minha esposa tem sido contra e se recusa a entregar a nossa filha a ele".

Depois, Arundhati, esposa de Vasishta, se aproximou de Mena e aconselhou-a a dar Parvati a Shiva, pois esse era o desejo dos deuses, e apenas pela consumação dessa união o terrível demônio Taraka poderia ser morto.

Os sábios disseram a Himavan: "Parvati nasceu para ser a esposa de Shiva. Ela é o grande intelecto cósmico, mãe do Universo. Você terá honra e glória apenas se entregá-la em casamento a Shiva". Depois de ouvir tudo isso, Mena ficou em paz e concordou com o noivado. Os sábios voltaram e deram as notícias ao grande deus, e todos os preparativos foram iniciados para a consumação do alegre acontecimento.

> *Prostrações ao das pedras e pó. Prostrações ao na grama seca e verde. Prostrações ao dos desertos e campos.*
>
> "Sri Rudrum", *Yajur Veda*
>
> *Aquele cuja existência e realidade brilham sempre e uniformemente em todos os estados do corpo, como a infância, e assim por diante. E de nossa mente, como despertar, e assim por diante. E quem revela o maior conhecimento*

do Atman apenas mostrando o jnanamudra (símbolo do conhecimento espiritual) para Dakshinamurthy, o Ser Supremo, incorporado no Guru benigno, eu ofereço minha profunda saudação.

"Dakshinamurthy Stotram"
de Adi Shankara

Aum Namashivaya!

ॐ

Aum Srikandaya Namaha!

12

O Casamento Cósmico

Costa, mar e montanhas, e minhas palavras também
  Ele permeia,
O inigualável, Ele da Terra de Rudra,
Marido da bela senhora do monte,
Rei dos divinos.

SAINT VANTHODAR

Himavan estava determinado a fazer com que o casamento fosse o maior evento já realizado no Universo. Todos os deuses e os sábios, bem como as montanhas e os rios, foram convidados. A cidade toda foi decorada de maneira incrível. As ruas foram varridas e molhadas. Bananeiras, festões de seda e folhas de manga forravam as ruas. Itens auspiciosos foram colocados em cada esquina, e botões de flores de jasmim e de lótus se espalhavam pelo chão. Himavan convidou o arquiteto divino para criar um estrado especial com imagens de todos os deuses, para acomodar o casal de noivos. Ele fez um estrado tão realista que todo mundo pensou que os deuses já tinham chegado. Diferentes mansões foram feitas para cada um dos deuses, com a melhor delas reservada para o noivo, Shiva.

No dia marcado, todos os deuses se reuniram em Kailasa para poderem acompanhar o noivo. Eles imploraram a Shiva para que se vestisse de modo condizente a um noivo. Ele sorriu e concordou com o pedido. A Lua crescente tomou o lugar de uma coroa, seu terceiro olho se tornou uma bela joia na testa, as serpentes perto de suas orelhas se transformaram em brincos e as serpentes ao redor de seu pescoço se tornaram colares. As cinzas converteram-se em pasta de sândalo cheirosa e o couro de elefante se tornou uma peça de seda. Assim, eles partiram com grande alegria. *Ganas* de todos os mundos se reuniram à procissão, dançando e saltitando à frente. Os deuses também estavam num clima muito jovial, cantavam e dançavam. O som turbulento de *damarus* (tambores), *dundhubhis* (instrumentos de percussão) e conchas tomou o local. Vishnu, sentado no Garuda (veículo-águia de Lorde Vishnu) acompanhado por Lakshmi, seguia na frente; Indra no Airavata (elefante branco) em seguida, assim como Brahma no cisne com Saraswati ao seu lado. As mães do universo, as virgens celestiais e as esposas dos deuses iam todas com muita alegria para estarem presentes ao casamento de Shiva. Lorde Shiva, sentado em seu touro branco de pureza e beleza cristalinas, o símbolo de *dharma,* brilhava com um lustro divino no meio da multidão auspiciosa.

Quando eles chegaram aos arredores da cidade das montanhas, Himavan saiu com um grande séquito para encontrá-los. Ele estava encantado ao ver a forma divina de Shiva, totalmente diferente do que tinha esperado. O Senhor estava lindo em sua forma como Sundaramurti, o belo. Ele estava sentado no touro, sorridente, enfeitado com ornamentos e vestido com roupas de seda delicadas. Seu sorriso iluminava o lugar todo com seu encanto. Himavan ficou feliz e deu as boas-vindas ao grupo divino com toda a devoção.

Mena, curiosa para ver a pessoa por quem a filha tinha feito tanta penitência, observou da varanda quando o grupo do noivo entrou. Shiva sabia de seu orgulho e, como sempre, decidiu fazer uma piada com ela; seu *lilas* sempre tinha como objetivo reduzir o orgulho de seus seguidores. Ele pediu que Vishnu e os outros fossem na frente, e prometeu que iria em seguida. Mena ficou encantada ao ver a esplêndida procissão. Primeiro, vieram os *gandharvas,* os músicos celestiais conhecidos pela elegância em sua indumentária. Ninfas divinas agitando bandeiras de cores brilhantes os acompanhavam. Mena pensou que um dos *gandharvas* devia ser Shiva e exclamou em felicidade, mas lhe contaram que eles eram apenas seus seguidores.

Depois, vieram os *yakshas,* cuidadores de todos os tesouros, e mais uma vez, Mena pensou que seu chefe devia ser Shiva. Novamente, contaram-lhe que aqueles eram apenas seus servidores.

Ele deve ser muito lindo, se seus seguidores são tão fantásticos, ela pensou. Em seguida, surgiu Agni, deus do fogo, brilhando como ouro derretido; e Yama, deus da morte, de esplendor ímpar, e todas as vezes Mena se sentiu decepcionada por saber que aquele não era Shiva. Quando Vishnu apareceu, Mena quase desmaiou, de tão bonito que ele era. Ela tinha certeza de que ele devia ser Shiva, o noivo mais adequado para sua filha adorável, mas de novo, ficou decepcionada.

Em seguida, apareceu Shiva acompanhado pelos *ganas.* "Aí vem o noivo que sua filha desejou", alguém sussurrou no ouvido dela. Mena olhou surpresa para o grupo estranho que agora surgiu. Os *bhutas, pretas* e *pishachas* vieram primeiro – os espíritos, fantasmas e demônios. Alguns emitiam sons sibilados na forma de violentas rajadas de vento, alguns tinham rostos tortos e corpos deformados, outros eram mancos e outros, cegos. Alguns mancavam com uma das pernas, e outros levavam cajados e tridentes nas mãos. Alguns não tinham rosto, enquanto outros tinham semblante deformado e distorcido. Alguns não tinham olhos, enquanto outros tinham muitos olhos. Mena ficou aterrorizada ao ver aquelas criaturas mutiladas e horríveis que, supostamente, escoltavam o noivo. Ela estava certa de que só podia haver algum engano e implorou para alguém mostrar Shiva para ela.

"Ali está Shiva! Ali está o noivo!", ela ouviu alguém gritar.

Ao vê-lo, Mena estremeceu e quase desmaiou. "Essa é a pessoa por quem minha filha fez *tapasya*?", ela se perguntou.

Shiva tinha cinco faces e três olhos. Seus cabelos eram embaraçados e havia uma Lua crescente neles. Seu corpo estava todo manchado de cinzas. Ele tinha dez mãos com um crânio em uma delas, o tridente, a espada e muitas outras armas ensanguentadas nas outras. A peça que vestia na parte superior do corpo era um couro de tigre, e na de baixo, de elefante. Estava totalmente desmazelado e desarrumado, com olhos intrigantes e uma expressão selvagem, como se estivesse embriagado. Todo o grupo do noivo parecia estar intoxicado e cambaleando em uma orgia alcoólica. De vez em quando, eles gritavam: "Glória a Shiva! Glória a Shiva!", e lançavam crânios, ossos e répteis no ar, em vez de flores.

"Esse é o noivo", sussurrou uma voz atrás dela. Mena olhou e desmaiou. Assim que se recuperou, chorou, gemeu e jurou que de jeito nenhum entregaria a filha àquela criatura.

"O que eu vou fazer? Aonde devo ir?", ela lamentou. "A minha família está humilhada. Mnha vida, arruinada. Onde estão aqueles sábios que se dizem celestiais? Vou arrancar suas barbas com as minhas mãos. Eles nos enganaram." Virando-se para a filha, ela gritou: "Esse é o fruto de sua penitência? Com certeza seu intelecto ficou transtornado. Você jogou fora a pasta de sândalo e esfregou lama em seu corpo. Deixando o arroz cozido de lado, você terá de comer as cascas! Ó, o que eu fiz para merecer tal destino?" Dizendo isso, a pobre senhora chorou descontroladamente e se lamentou.

Narada e os sábios tentaram argumentar com Mena, mas ela não ouviu. Por fim, seu marido chegou e disse que aquilo tudo foi só um truque de Shiva, e que ele estava tentando testá-la. Parvati ficou desesperada ao ver a condição da sua mãe e lhe disse suavemente: "Ó, mãe! Por que essa desilusão tomou conta de você? Por favor, entregue-me a Lorde Shiva. Eu fiz um juramento a ele, mental, verbal e fisicamente. Nunca me casarei com nenhum outro".

Brahma veio e falou com Mena: "Lorde Shiva tem muitas formas e nomes. Ele gosta de divertir-se de várias maneiras. Ele é o mestre da ilusão. Sabendo disso, não hesite em dar sua filha a ele".

Ainda assim, Mena se recusou e, desse modo, o próprio Vishnu veio e lhe disse: "Você é a filha amada dos *manes*, mas receio que você não tem ideia da grandeza de Shiva. Ele fez isso apenas para testá-la. Ele é dono de todos os atributos, e ainda assim, não os tem. Ele é forma e sem forma. É tenebroso e também lindo. Ninguém consegue descrever sua forma real. Foi apenas graças à grande penitência de sua filha que ele concordou em se tornar seu genro. Considere-se muito afortunada por ele tê-la abençoado desse modo. Portanto, ó, esposa de Himavan, seque as lágrimas e aceite-o como seu genro. Tudo ficará bem".

Ao ouvir essas palavras agradáveis do Senhor Vishnu, Mena cedeu um pouco e disse: "Só lhe darei minha filha se ele assumir um aspecto agradável. Caso contrário, independentemente do que você disser, não consentirei com este casamento. Esta é minha decisão". Dizendo isso, ela virou o rosto e manteve-se em silêncio.

Vishnu partiu e deu a notícia a Shiva enquanto Parvati rezava a Shiva com todo o coração, e implorava-lhe para que ele viesse em uma forma que alegrasse sua mãe. Shiva concordou rindo e, quando as portas do palácio foram abertas, ele entrou e, para surpresa de Mena, sua forma estava impressionante.

Todas as partes de seu corpo eram requintadas. Ele estava claro, lindo e brilhava com uma radiância divina. Seus olhos escuros e brilhantes se viraram na direção de Mena e penetraram as profundezas de sua alma. Ela o considerou a personificação da beleza masculina. Seus cabelos escuros e sedosos desciam até seus ombros largos. Os membros compridos e flexíveis estavam cobertos com seda. O pescoço estava adornado com muitos ornamentos e ele usava uma guirlanda de jasmins fragrantes. De fato, ele era o próprio Sundaramurti, o homem mais lindo que ela já havia visto. Shiva esboçou um sorriso quando viu a confusão de Mena.

O oitavo *siddhis* (poderes sobrenaturais) dançava na frente dele, cobrindo o caminho com pétalas de rosas. Os rios Ganges e Yamuna se estendiam dos dois lados, abanando-o com leques de rabos de iaque. Vishnu, Brahma e os outros deuses o seguiam.

Mena deu um passo à frente com Himavan para recebê-lo e disse: "Ó, grande Senhor, minha filha de fato é abençoada. Graças à virtude de sua penitência, o senhor chegou à nossa soleira". Dizendo isso, Mena o cultuou com pasta de sândalo e grãos de arroz misturados com cúrcuma. Outras mulheres casadas se aproximaram com lamparinas a óleo e cânfora e balançaram suas chamas auspiciosas diante dele. Os *gandharvas* entoaram belas canções enquanto as *apsaras* dançavam em alegre abandono.

Depois disso, as esposas dos sábios acompanharam Parvati cerimoniosamente ao templo de sua divindade familiar. A beleza de Parvati encantou a todos os presentes. Sua pele era escura como carvão; seus cabelos densos e pretos estavam presos em tranças, cobertos com flores e joias. Colares cobriam seus seios, e pulseiras e braceletes, suas mãos. Os seus lábios, que tinham sido pintados com tinta vermelha, se abriram levemente e revelaram seus lindos dentes que brilhavam como pérolas. Pastas de sândalo, almíscar e açafrão tinham sido esfregados em seu corpo. Seus pés rosados tilintavam com o som das tornozeleiras quando ela caminhava. Levava um espelho requintado com um conjunto de pedras preciosas em uma das mãos e um lótus na outra. Ao ver a forma fascinante da mãe do Universo, todos os deuses fizeram reverência. Por um milésimo de segundo, seus olhos encontraram os de Shiva e ela deu um sorriso secreto e discreto, como uma mensagem silenciosa de amor entre eles. Depois ela saiu da cidade para cultuar a deusa familiar. Quando voltou, recebeu outro banho auspicioso e foi coberta por adornos que Shiva levou-lhe.

Na casa do noivo, ritos parecidos estavam sendo realizados para Shiva.

Depois de tomar banho e ser untado, ele conduziu o touro até o salão do casamento. O guarda-chuva branco da realeza foi mantido acima dele, e os dançarinos e cantores seguiram na frente. Ele foi seguido pelos deuses e acomodado com cerimônia no palco muito decorado reservado para o casal de noivos. Então, no momento auspicioso, Parvati foi acompanhada até o palco e sentou-se no altar especialmente preparado. A cerimônia começou quando todos os planetas estavam em uma posição favorável.

Himavan segurou a mão da filha e repetiu essas palavras: "Ó, Lorde Shiva, estou dando esta jovem garota, meu filha, a você como sua esposa. Por favor, aceite-a". Com essas palavras, ele colocou a mão de Pavarti na de Shiva e repetiu o mantra *Tasmai Rudraya Mahate*.

Shiva segurou a mão de lótus de Parvati e repetiu os mantras adequados. A pedido do sacerdote oficiante, Shiva aplicou pó vermelho auspicioso na testa de Parvati. Segurando sua mão trêmula nas suas, ele deu três voltas em torno do fogo sagrado com ela, para selar a fidelidade entre eles. Assim, entoando os mantras védicos pertinentes, Lorde Shiva, como Sundaramurti, se casou com a divina deusa Parvati. Depois, eles foram acomodados no mesmo assento decorado, enquanto todos os convidados vinham e cultuavam o casal cósmico, que era, de fato, duas metades de um todo.

Depois que a cerimônia terminou, houve grandes comemorações e alegria na terra. O rito final foi quando o noivo foi levado para a câmara nupcial lindamente decorada. Parvati foi trazida pelas 16 mães celestiais e entregue a ele. Acreditando ser o momento propício, Rati, esposa de Kama, se aproximou deles e implorou para que Shiva ressuscitasse seu marido. Shiva sorriu e concordou e, para alegria de Rati, Kama apareceu diante deles em sua forma anterior.

Como era o costume, depois de passar quatro dias na casa da noiva, o casal partiu para a morada do noivo. Mena chorou e implorou a Shiva para que cuidasse muito bem de sua amada filha. As mães celestiais aconselharam Parvati a respeito das obrigações de uma esposa casta. Parvati fez uma reverência aos pais e derramou algumas lágrimas ao pensar na partida. Acompanhada pelos deuses e pelos seus *ganas*, Shiva voltou ao Kailasa com Parvati. Depois de cerimoniosamente deixar o casal ali, os deuses voltaram para suas próprias moradas.

Aum Namashivaya!

ॐ

Aum Shivaapriyaya Namaha!

13

O Casal Cósmico

Eu o vi, eu o vi,
O desejo do coração do belo Uma.
Ele me escravizou, Ele me escravizou,
Eu adornei minha cabeça com os pés do Senhor.

SAINT SUNDARAR

Parvati foi transportada do palácio confortável de seus pais para as cavernas geladas do Himalaia. A partir de então, essas cavernas seriam sua alcova. Ela não se arrependia de nada; tinha escolhido seu caminho e, a seus olhos, tudo estava perfeito. O pico imaculado e brilhante do Kailasa foi o lugar escolhido por Shiva como sua nova morada. Perto dali ficava o lago cintilante chamado Manasarovar, ou lago da mente, onde donzelas celestiais se entretinham com seus amores. Nessas águas gélidas, Parvati se banhava. Ela estava encantada pela beleza austera de sua nova residência. A falta de confortos não a desanimava nem um pouco. Ela estava preparada para aquilo. Com sua beleza e sagacidade, havia conquistado o coração daquele grande *yogin*, aquele estranho asceta com quem havia se casado. Ela se entretinha com ele nos picos e nas encostas das montanhas do Himalaia, e se banhava nas águas frias do lago em meio a lótus e cisnes reais. Era tão delicada e graciosa quanto ele era selvagem e vigoroso. Seu *Lasya* delicado e lento, ou movimentos femininos, e *thandava* dele forte e masculino, ou dança cósmica, juntos encantavam o universo todo. Sua beleza o inspirava a criar todas as formas de arte, música e dança. Ele se tornou o mestre de todos os *kalas*, ou formas de arte.

Eles dançavam e faziam amor para as vibrações do universo. Envolvida em seus braços, ela viajava no touro Nandi, atravessando os céus.

Quando chovia, ele a levava acima das nuvens e, quando esquentava, ele a levava para dentro das cavernas. Assim se passaram muitos *eons*, enquanto o casal cósmico se divertia junto no pico do Kailasa e em várias outras esferas celestiais.

Conforme o tempo foi passando, dois demônios vieram ao mundo, os irmãos chamados Shumba e Nishumba. Como resultado de seu *tapasya*, Brahma concedeu-lhes a dádiva que pediram. Eles insistiram em conhecer a morte apenas pelas mãos de uma mulher. Ela deveria ser uma virgem, nascida de uma parte de Shiva, e deveria ser tão linda a ponto de eles se apaixonarem por ela. Brahma concordou e os irmãos se tornaram tão corajosos, que começaram a perturbar deuses e humanos; eles tinham certeza de que uma mulher como aquela nunca viria. Os deuses foram até Brahma, que por sua vez foi até Shiva e implorou para que ele criasse uma mulher que fosse uma parte dele e extremamente bonita. Shiva concordou e esperou o momento certo para deixar Parvati irada, para que ela pudesse emitir sua cor e se tornar a deusa virgem Kali, que era a única que teria as qualificações para matar os demônios.

Muitos anos se passaram enquanto o grande *yogin* parecia estar totalmente domado pela beleza e pelo encanto requintados de Parvati. Sua sagacidade e sabedoria o estimulavam a dividir com ela todo o conhecimento que ele havia adquirido com seu intenso *tapasya*. Por causa dela, o mundo todo ganhou esse conhecimento, que chegou a nós por meio dos *Puranas*, *shastras* e *tantras*. Não havia fim para sua sede de conhecimento nem havia fim para a sabedoria dele. Ela era a aluna perfeita e ele, o professor perfeito, Dakshinamurthy. Ela fazia muitas perguntas relacionadas a sociedade, natureza, vida, casamento, obrigações de todos os tipos de pessoas; sobre música, dança, quiromancia, astrologia, ciências ocultas; sobre aves, feras e a vida depois da morte, além de diferentes métodos para se libertar das amarras mortais. Não havia assunto que ela não abordasse nem pergunta que ele não respondesse. A riqueza dos seus discursos divinos chegou a nós de diversas maneiras por meio das mentes dos sábios que meditaram sobre ele.

Parvati seduzia-o de modos sutis e ele percebeu que quem fugisse da vida sem lidar e superar as dualidades nunca atingiria a libertação. Por outro lado, quem ficasse totalmente imerso nos prazeres mundanos sem um pensamento sobre a verdade suprema subjacente a tudo era um tolo que nunca conseguiria paz mental, muito menos libertação. A harmonia ou equilíbrio entre esses opostos era o que levava à verdade – harmonia entre Purusha e Prakriti, matéria e espírito; harmonia entre o casal cósmico, Shiva e Parvati.

Certa vez, eles fizeram um concurso de dança em que ela tinha que imitar todas as poses de Shiva. Ela conseguiu realizá-las com a mesma perfeição dele, mas para provocá-la, ele fez a postura difícil conhecida como *urdhva-thandava*. Nessa postura, ele ergueu a perna direita reta acima da sua cabeça. Ela teve de admitir que havia perdido, pois não conseguiu fazer a postura. Então, adotou uma postura perfeitamente feminina e linda diante dele. Ela era tão escura que pareceu ser como uma estátua de ébano. Shiva riu e a provocou por causa de sua cor. Aquele era uma boa oportunidade para deixá-la com raiva, ele pensou.

"Você é mesmo Kali", ele disse, "a deusa da noite, deusa da morte, deusa que remove todos os males da era de Kali".

Magoada com as palavras dele, ela decidiu mudar de cor. Despedindo-se de Shiva, ela foi para a mesma floresta onde tinha feito *tapasya* para conseguir tê-lo como marido. Shiva permitiu que ela fosse, já que sabia que aquela despedida fazia parte do plano para matar os dois demônios. Na floresta, ela começou um rigoroso *tapasya*. Em dado momento, um tigre enorme se aproximou dela com a intenção de satisfazer sua fome, mas ao chegar perto, seu corpo ficou anestesiado e ele não conseguia se mexer. Ele congelou na posição agachada na qual tinha ficado antes de atacá-la. O tigre ficou naquela posição, sem tirar os olhos de sua forma. Depois de muito tempo, ela abriu os olhos e, ao vê-lo, sentiu pena e concedeu-lhe sua graça. O tigre se arrependeu e percebeu a natureza da divindade em que ele tinha meditado, sem perceber, por tanto tempo, ao manter o olhar sobre ela. A sensação de anestesia desapareceu e, a partir de então, ele se tornou seu fiel escravo e permaneceu perto dela, protegendo-a de ataques de outros animais selvagens.

Ao vê-la envolvida em penitência rigorosa, Brahma chegou à cena e a louvou. Ele lhe implorou para que ela assumisse outra forma e livrasse o mundo dos dois demônios, Shumba e Nishumba, que estavam aterrorizando a todos.

"Ó, mãe! Concedi uma dádiva a esses dois demônios arrogantes e apenas você é capaz de acabar com eles. Eu lhe imploro que os destrua. Só você pode eliminá-los."

Ao ouvir isso, a deusa Parvati abandonou sua pele escura e se tornou clara, ganhando, assim, o nome Gauri, ou a radiante. A pele escura externa ganhou a forma de Kali, a deusa virgem, com o lustro de uma nuvem escura de chuva. Ela segurava a concha e o disco de Vishnu, bem como o tridente de Shiva em seus vários braços, pois ela tinha a força de ambos. Ela tinha três olhos e a lua, como Shiva. Tinha três naturezas – delicada, terrível e uma mistura das duas. Ela era uma virgem, bela e invencível. Parvati disse-lhe para ir com Brahma para matar os demônios. Kali pegou um enorme leão malhado que apareceu na cena como seu veículo. Fazendo uma reverência à mãe, Parvati, ela montou o leão e foi à cordilheira Vindhya que agora seria sua morada.

Os dois demônios, Shumba e Nishumba, foram ao local onde ela havia fixado morada e ficaram encantados com sua beleza. Eles tentaram molestá-la, mas ela os matou com facilidade, como tinha sido profetizado por Brahma.

Dizem que parte da cor escura de Parvati entrou no rio Yamuna, ou Kalindi, como foi chamado mais tarde, quando foi do Himalaia para a floresta de Vrindavana, onde Krishna se divertiria com as *gopis* (amas de leite) em um período ainda por vir, a era de Dwapara.

Gauri voltou para o Kailasa e alegrou seu senhor mais uma vez em seu novo papel como a deusa com a cor de ouro derretido.

Ao ver que ela ainda estava um pouco irritada com ele por ter permitido que ela fosse para a floresta sem protestar, Shiva disse:

"Ó, minha amada! Você não sabe que nunca podemos ficar separados um do outro? Foi apenas para satisfazer o pedido dos deuses que eu ridicularizei sua cor. Esse Universo de formas é conhecido apenas por meio de palavras. Você é a forma das palavras e eu sou o sentido das palavras. Como é possível que o sentido seja separado da palavra? Você é a forma de conhecimento e eu sou o objeto de todo conhecimento. Quem pode nos separar?" Assim, com sua leve provocação e argumentação racional, ele a convenceu até que ela voltasse a ficar feliz, como sempre. De novo, ambos se deixaram levar por todos os seus divertimentos prediletos.

Às vezes, eles jogavam dados em seu retiro da montanha. Em um dos jogos, Shiva apostou seu tridente e Parvati, as suas joias. Ele perdeu, então apostou sua serpente e foi derrotado de novo. Parvati parecia estar numa maré de sorte e logo Shiva tinha perdido tudo. Ele fingiu estar descontente e foi embora sozinho para dentro da floresta. Vishnu o encontrou ali e prometeu ajudá-lo a ganhar se ele conseguisse convencer Parvati a jogar outra partida.

Parvati concordou, já que tinha certeza de que manteria sua sorte, mas ela começou a perder de modo constante e Shiva conseguiu reaver tudo o que havia perdido previamente. Parvati ficou muito desconfiada daquela mudança de sorte repentina e o alertou a respeito das consequências de trapacear. No meio da discussão acalorada, Vishnu apareceu e acalmou Parvati, contando a verdade. Ele admitiu que tinha influenciado os dados, garantindo, assim, a vitória de Shiva. Ele também lembrou os dois que a vida era como um jogo de dados – às vezes nós ganhamos, às vezes perdemos, pois a vida e os jogos de azar são imprevisíveis. Não devemos contar demais com uma vitória ou uma derrota, mas seguir com o jogo. Aquele conselho salutar acalmou Shiva e Parvati. Shiva proferiu uma bênção a todos aqueles que decidissem jogar dados naquele dia em especial. Aquele dia passou a ser conhecido como Diwali, o festival de luzes.

Certa vez, o casal cósmico discutiu sobre a realidade do mundo. Shiva, o perfeito renunciador, tinha a visão *advaitica* de que o mundo era apenas uma ilusão e de que nada existia além do Brâman. Parvati defendia a visão Sankhya e insistia que Prakriti era igualmente real. Ela mesma era Prakriti, então nada podia existir sem ela. Para provar seu argumento, ela decidiu sair dos picos congelados do Himalaia e se retirar em sua própria natureza sutil. Naturalmente, seu desaparecimento causou caos no mundo. Tudo parou. A terra ficou infértil, as estações não mudaram nem havia alimentos para ninguém. Animais, humanos, demônios e deuses passavam fome. Eles choraram para que Prakriti os salvasse desse destino cruel. Até os sábios declararam que sem alimento nada era possível, menos ainda a realização do Brâman. A Mãe Divina foi incapaz de resistir aos apelos de seus filhos e decidiu se manifestar no local sagrado chamado Kasi, ou Varanasi. Lá, ela montou uma cozinha para alimentar os seus filhos famintos, e todos eles chegaram em diferentes formas e receberam muito dela. Até mesmo Shiva, o *yogin* perfeito, foi até ela na forma de um *bikshu*, ou pedinte, e pediu esmola. Ela o alimentou com as próprias mãos. Por conseguinte, ela passou a ser conhecida como *Annapurna*, ou aquela que dá alimento.

Muitos foram os *lilas* representados pelo casal cósmico para envolver o mundo. Dizem que, certa vez, Shiva se cansou de tamanha alegria conjugal e foi para a floresta para retomar seu *tapasya*. Parvati o acompanhou, mas ele não lhe deu atenção. Ela orou a Vishnu pedindo ajuda, e ele a aconselhou a assumir a forma de uma mulher tribal e encantar seu marido. Assim, ela distraiu Shiva e ele a seguiu de volta para sua própria caverna. Inspirado por sua beleza, ele compôs muitas músicas com seu instrumento preferido, o *rudra veena*.

Em outra ocasião, quando Shiva estava ensinando coisas a ela, ele percebeu que Parvati prestava atenção a um peixe no lago.

"Se contemplar peixes é mais interessante para você do que as minhas palavras, seria melhor você se tornar uma pescadora", ele disse. Suas palavras se tornaram realidade e Parvati nasceu como a filha do líder de um vilarejo de pescadores. Ela era intensa, linda, e conseguia pescar e conduzir barcos melhor do que qualquer homem. Seu pai, o chefe, ficou feliz e se perguntou como poderia encontrar um marido que fosse bom o suficiente para sua linda filha, pois ela era muito diferente das pessoas do vilarejo de pescadores. Do pico do Kailasa, Shiva observava o progresso de sua amada com interesse e ficou se perguntando como ele poderia reavê-la. Um de seus *ganas*, Manibhadra, decidiu ajudar seu mestre. Ele assumiu a forma de um tubarão e começou a perturbar os pescadores no mar perto da costa onde Parvati vivia. Ele virou barcos e comeu todos os pescadores desavisados que se aventuravam nas águas. Os pescadores ficaram deprimidos e com medo de pescar por causa dessa criatura assustadora. Por fim, o chefe declarou que sua filha seria entregue como noiva de qualquer um que matasse o tubarão. Shiva, disfarçado de pescador, foi para o vilarejo e matou o tubarão com facilidade. Depois, ele se casou com Parvati e a levou de volta ao seu retiro no Himalaia.

Foram Shiva e Parvati que ensinaram ao mundo os segredos de *kundalini shakti*, a serpente de poder espiritual que se encontra na base da espinha. A própria Parvati era a energia de *kundalini*, a energia espiritual primária em todos os humanos que procuram a união com Shiva, o espírito puro. Ela está enrolada na base da espinha no fundo da passagem conhecida como *sushumna* (canal para a energia psíquica). Shiva, o espírito puro, está no topo dessa passagem no vórtex de energia, ou *chakra* chamado *sahasrara*, no topo da cabeça. Parvati é Shakti, a manifestação de toda energia, e Shiva, a manifestação do espírito puro. Ela é matéria ou Prakriti, e ele, consciência. Ele é conhecido como Bhava, ou ser eterno, e ela, Bhavani, ou transformação eterna. Eles são polos opostos e complementares de existência. Quando se unem em união cósmica, a alma individual, ou *jivatma*, deixa de existir e se funde ao *paramatma*, ou alma cósmica. Parvati se desenrolou e subiu pelo *sushumna nadi* como uma cobra que se estende e segue em direção à sua presa. Acertando os seis chakras, ou rodas de energia espiritual situadas na coluna, conhecidas como *mooladhara, swadishtana, manipura, anahata, vishuddhi* e *ajna*, ela se elevou para se unir a seu Senhor, a pura consciência cósmica, no sétimo chakra, o *sahasrara*, o lótus de mil pétalas no topo da cabeça. Esses sete chakras são os centros psíquicos de medo, desejo, fome, ira, comunicação e introspecção, e aquele que toca todos eles se eleva acima das emoções e se torna a consciência pura que é Shiva. Conforme Parvati tocou cada um desses chakras, eles desabrocharam como as flores de lótus com pétalas de diferentes tons. Quando ela chegou ao último chakra, não existiu mais como um ser separado. Nesse estado de união perfeita, havia alegria. Não havia dualidade, apenas unidade – *Shivoham, Shivoham* (eu sou Shiva). Assim, eras se passaram enquanto o casal cósmico ficou submerso em união prazenteira de Purusha com Prakriti, o que foi totalmente improdutivo em termos de progênie. Nesse estado, não havia criação nem destruição; tudo era só alegria. Quando não há desejo nem cobiça, como os filhos podem nascer? Os deuses ficaram confusos. Eles estavam ansiosos para que a união de Shiva e Parvati produzisse um filho que matasse o *asura*, Taraka, e parecia que o casal tinha se esquecido totalmente do propósito de seu casamento. Os deuses abordaram Vishnu e imploraram que ele intercedesse por eles e lembrassem a Lorde Shiva de sua promessa.

Aum Namashivaya

ॐ

Aum Laladakshaya Namaha!

14

Kartikeya Derrota o Demônio

Eu faço uma reverência a Subramanya, filho de Shiva,
  general dos deuses,
Que tem seis faces e é adornado com pasta de sândalo,
E que usa o avestruz como veículo.

"SRI SUBRAMANYA PANCHARATNAM"

A criação e a destruição são os polos opostos da existência. São complementares um ao outro e ambos são necessários para se viver uma vida completa. A dualidade é a própria natureza da existência; sem ter vivido a escuridão, nunca conseguiremos valorizar a luz. Dessa forma, vemos que os *Puranas* são repletos de histórias de guerras entre deuses e demônios, os *devas* e os *asuras*. Os *devas* são criaturas de luz. Os *asuras*, de escuridão. Seus papéis mutuamente antagônicos garantem sua inimizade eterna. Às vezes, os deuses saem vitoriosos e, em outros momentos, os demônios vencem. Esse pêndulo fornece o dinamismo pelo qual nosso cosmos dualista se mantém. Orações e sacrifícios de seres humanos dão sustentação ao poder dos deuses e, em geral, conseguem manter o equilíbrio cósmico entre bem e mal. Mas, às vezes, quando o mundo está passando por um período particularmente negativo, quando as propensões malignas dos seres humanos se elevam acima das benéficas, então um demônio de poder e maldade extraordinários nasce.

Quando isso acontece, os deuses são forçados a recorrer a Vishnu e a Shiva para ajudá-los. No entanto, nem mesmo os deuses têm acesso direto a esses seres cósmicos, podendo se aproximar deles apenas por meio da mediação do Criador, Brahma. O *asura* Taraka nasceu em um período assim da história cósmica, quando a negatividade estava no ápice. Ele foi um demônio de poder admirável que os deuses não conseguiam derrotar sozinhos, então eles procuraram Brahma, que procurou Vishnu, e foi assim que a união de Shiva e Parvati ocorreu. Agora, mais uma vez, eles procuravam Brahma, que levou seu pedido a Vishnu, e todos eles foram ao Kailasa para pedirem que Shiva cumprisse sua promessa de ter um filho, o único que poderia matar Taraka.

Os *ganas*, que estavam posicionados fora da caverna onde Shiva e Parvati permaneciam juntos, tinham ordens para não deixar ninguém entrar, então bloquearam os deuses. Do lado de fora, na entrada, os deuses começaram a louvar Shiva.

Shiva e Parvati tinham ficado em êxtase cósmico por eras e não tinham consciência da passagem do tempo. Por fim, Parvati despertou desse abraço cósmico e surgiu em sua mente a ideia de que seria maravilhoso ter um filho de Shiva. Shiva adivinhou o desejo de Parvati e estava preparado para realizá-lo. Contudo, naquele ponto exato do tempo, os deuses chegaram à sua porta. Quando Shiva escutou seus gritos angustiados, controlou-se e foi para fora. Logo que ouviu seu pedido, liberou a semente que vinha guardando por tantos éons. A semente ardente caiu na terra. A terra não suportou o calor e implorou a Agni, o deus do fogo, para ajudá-la. Agni assumiu a forma de uma pomba e engoliu a semente ardente.

Enquanto isso, Parvati foi deixada, totalmente devastada. Ela saiu brava e amaldiçoou os deuses. "Ó, seus egoístas! Vocês só estão interessados em conseguir o que pretendem e nunca pensam na infelicidade dos outros. Graças a vocês, tornei-me infértil. Eu amaldiçoo a todos vocês para que todas as suas esposas sejam inférteis!"

Agni considerou o calor da semente insuportável. Ele a descartou no Himalaia, no meio da neve e do gelo, na esperança de que esfriaria, mas ela continuou a queimar a montanha. Himavan, rei da montanha, foi incapaz de tolerar o calor intenso da semente e a jogou dentro do rio Ganges. O rio transportou a semente para sua margem e a depositou em um pedaço de grama. Essa grama se tornou o ventre para a semente de Shiva e nutriu o feto. No sexto dia, na metade brilhante do mês lunar chamado Margashirsha, o filho de Shiva nasceu. Os deuses tocaram música celestial e fizeram chover flores sobre a criança divina, que era brilhante como uma chama.

Nesse momento, quando a criança divina estava gorgolejando e dando chutes na grama, o grande sábio Visvamitra aproximou-se e ficou maravilhado ao ver seu brilho. O sábio compreendeu que a criança queria que ele realizasse os ritos essenciais de purificação feitos em recém-nascidos. O sábio entendeu a mensagem, que foi transmitida mentalmente e, em seguida, fez tudo o que tinha de ser feito. A criança o abençoou e disse que no futuro ele seria conhecido como *brahmarishi*. Quando lhe perguntaram sobre seu pais, a criança respondeu: "Saiba que eu sou Guha (o misterioso) e que isso seja mantido em segredo". Ele também passou a ser conhecido como Sarabhu (nascido entre os juncos).

Logo depois, Agni chegou ao local e reconheceu o garoto como seu filho, já que ele havia carregado a semente dentro de si. Ele o presenteou com uma lança, ou *vel*, que, então, se tornou a arma de Guha. Assim, ficou conhecido como Velayudha (aquele com a lança). Ele também foi chamado de Pavakatmaja (filho do fogo).

Enquanto isso, seis senhoras denominadas Krittikas que, na verdade, são a constelação conhecida como Plêiades, desceram à terra, viram o garoto e ficaram encantadas com ele. Todas queriam cuidar dele e começaram a discutir entre elas quem o alimentaria primeiro. Sabendo de seu desejo, a criança assumiu seis faces e bebeu leite dos seios de todas elas. Então, ele se tornou conhecido como Shanmukha (aquele de seis faces). As Krittikas o levaram para sua morada, e o alimentaram e cuidaram com todo o coração. Por serem praticamente mães dele, elas o chamaram de Kartikeya. Ele se tornou seu maior tesouro e elas não tiravam os olhos do garoto, nem mesmo por um minuto.

Enquanto isso, Parvati foi até seu Senhor e implorou-lhe para que descobrisse o que havia acontecido com sua semente que havia caído no chão, que ela sabia que nunca poderia ser destruída. Shiva chamou os deuses e disse-lhes para descobrirem o que tinha acontecido com a semente e quem a estava escondendo. Agni confessou que ele a havia engolido, já que a terra não pôde suportar seu calor, mas que ele mesmo tinha sido incapaz de aguentar o calor e a colocou na montanha, que, por sua vez, a havia jogado dentro do Ganges. Nem mesmo o Ganges conseguiu esfriar a semente ardente e a depositou em suas margens em meio a uma moita de bambus *saras*. O deus do vento retomou a história e disse a Parvati que as donzelas conhecidas como Krittikas tinham levado o menino para sua morada, onde estava sob sua custódia. Elas o estavam alimentando com muito amor, como se ele fosse seu próprio filho. Ao saber disso, Shiva mandou seus *ganas* até a morada das Krittikas. Os emissários de Shiva cercaram a residência das Krittikas, que ficaram aterrorizadas ao verem aquelas criaturas extraordinárias e imploraram para que Kartikeya as salvasse. Ele lhes disse para não terem medo, já que poderia dominar os *ganas* com facilidade. Antes que pudesse confrontá-los, Nandiswara, comandante dos *ganas*, parou diante dele e recontou toda a história de seu nascimento, incentivando-o a voltar para o Kailasa onde Shiva, Parvati e todo o grupo de deuses esperavam por ele. Kartikeya concordou e deixou suas mães postiças, as Krittikas, e partiu com Nandiswara para o Kailasa. Um grupo enorme estava ali, pronto para recepcioná-lo e para levá-lo a uma reunião. Louvando-o, eles levaram o garoto, também conhecido como Kumara, à presença de seus pais divinos. Quando ele entrou na reunião, todos ficaram surpresos ao verem sua incrível presença. Ele tinha a cor de ouro derretido e o brilho do sol, com uma auréola ao redor de sua cabeça. Shiva e Parvati ficaram tomados de alegria quando viram seu filho e o abraçaram com muito amor. Parvati manteve o garoto no colo, e o alimentou e acariciou. Depois, Kumara sentou-se no colo de Shiva e brincou com as serpentes em torno de seu pescoço.

Após um tempo, os deuses encorajaram Shiva a coroar o garoto; então, Shiva o sentou em um trono cravejado de joias e os sábios o cultuaram com cânticos védicos. Vasos adornados com joias e cheios de água de todos os rios sagrados da terra foram levados, consagrados por *mantras*, e o líquido foi despejado na cabeça do garoto, enquanto cânticos védicos eram entoados. Brahma realizou sua cerimônia *upanayanam* e deu-lhe sua corrente sagrada, um vaso com água, a flecha invencível chamada *brahmastra* e o famoso mantra Gayatri. Ele também lhe deu todo o conhecimento dos *Vedas*.

Vishnu presenteou-o com uma coroa e muitas pulseiras, incluindo seu próprio *vanamala* (guirlanda). Shiva deu-lhe um tridente, o arco chamado *pinaka*, um machado e o míssil chamado *pasupata*. Indra, rei dos deuses, deu a Kartikeya sua própria arma, o raio, e um elefante real. Varuna, o rei das águas, deu-lhe o guarda-chuva branco da realeza e um colar de pedras preciosas. O Sol deu-lhe uma carruagem rápida como a mente e um casaco de escudo invisível. A Lua deu um vaso cheio de néctar. Kubera deu-lhe um porrete, e Kama, a arma do amor. Sua mãe, Parvati, o abençoou com todo o poder e prosperidade. Lakshmi, deusa da riqueza, deu-lhe riqueza divina; e Savitri, a deusa dos *siddhis*, ou poderes sobrenaturais, deu-lhe o conhecimento desses poderes. O poderoso galo foi dado a Kartikeya como sua insígnia e se tornou o emblema de sua bandeira, e o pavão, seu veículo.

Assim, abençoado por todos os deuses, Kartikeya estava pronto para enfrentar o demônio. Shiva disse aos deuses para que o levassem como seu general para matar o demônio Taraka. Portanto, ele também é conhecido como Devasenapathi (general dos deuses). Sentado em um veículo aéreo celestial, Kartikeya levou os deuses à região dos *asuras*. Taraka levou os demônios para fora, totalmente armados com todos os tipos de armas. Virabhadra, líder dos *ganas*, correu até o *asura* e travou uma batalha terrível com Taraka. Por fim, Virabhadra foi derrotado e os *asuras* exultaram. Então, Indra apareceu, lutou com Taraka e foi derrotado. O aparentemente invencível Taraka derrotou todos os deuses, um a um. Quando Vishnu se preparou para lutar com ele, Brahma o aconselhou a não brigar, pois apenas o filho de Shiva poderia matá-lo; aquela tinha sido a dádiva que Brahma havia dado a Taraka. Os deuses louvaram Kartikeya, imploraram-lhe para que os salvasse do flagelo daquele demônio terrível. Em seguida, aconteceu um duelo tenebroso entre Kartikeya e Taraka. Eles atacaram um ao outro como touros enlouquecidos com as suas lanças erguidas. Enquanto batalhavam, o vento parou de soprar, o Sol ficou fraco e a terra chacoalhou. Por fim, quando o momento específico para a morte de Taraka veio, Kartikeya ergueu a lança e o acertou no peito com força. O *asura* caiu com um tremendo rugido e morreu diante do olhar de todos os espectadores atônitos. O restante dos *asuras* fugiu com medo, enquanto Shiva e Parvati vieram parabenizar seu filho amado e o mundo todo se alegrou.

Bana, outro demônio, tinha fugido da batalha. Agora ele começou a assediar a montanha Krauncha, que foi a Kartikeya para pedir ajuda. Kartikeya matou Bana e libertou a montanha. Para comemorar a matança de todos aqueles *asuras*, Kartikeya instalou três *lingas* de Shiva. Em seguida, ele libertou Kumuda, o filho das serpentes, do assédio do *asura* Pralamha. Depois disso, os deuses, em júbilo, acompanharam Kartikeya de volta ao Kailasa, a morada de seu pai, Shiva. Ele foi recebido com grande deleite por seus pais e permaneceu com eles durante um tempo nas montanhas.

O significado esotérico do nascimento e da vida de Kartikeya vale a pena ser investigado. Ele nasceu para destruir as forças demoníacas do mundo; portanto, ele tinha de vir da semente de Shiva, que personifica o aspecto destrutivo da trindade. Seu nascimento, na verdade, é uma representação alegórica da história da criação. No início, a luz do Brâman preencheu tudo. A partir daí, ela morreu para se tornar o ar, o fogo, a água e a terra. Esta é a etimologia do nascimento de Kartikeya – a descida do Brâman sem forma (incorporado como Shiva) nas formas dos cinco grandes elementos (*pancha bhutas*) da natureza. Ele nasceu da semente de Shiva que foi lançada ao espaço etérico e transportada pelo ar (*vayu*) para Agni (fogo), que a jogou nas águas do rio Ganges. A semente foi depositada em sua margem em uma moita de bambus. Assim, os cinco elementos – éter, ar, fogo, água e terra – combinaram de nutrir a semente de Shiva. As duas grandes forças da natureza são a gravidade e o eletromagnetismo. Ganesha é a força da gravidade e Kartikeya, o deus do eletromagnetismo. Seu poder é elétrico. Seu *vel*, ou lança, age profundamente dentro de nós como a força poderosa que une elétrons e nêutrons. Dizem que esse poder emana de sua lança como as partículas de energia se expandindo e preenchendo o universo na forma de ondas de som e de luz. A semente foi fortalecida pelo contato com o fogo e depois esfriada na pureza do Ganges. O bebê foi alimentado pela constelação celeste chamada Krittikas. Suas seis faces representaram as seis estações, de forma que ele era o mestre do tempo. Ele mamou nos seios de donzelas celestiais e, foi, portanto, sustentado pelo poder de seus corpos celestiais. Sua arma foi a lança, com a qual ele guiou todas as forças demoníacas. Seu veículo, o pavão, é conhecido por sua vaidade. Kartikeya é a juventude eterna, o mais lindo de se ver, mas sua vaidade está totalmente sob controle, pois ele viaja nela. Sua insígnia é o galo, famoso por sua virilidade e arrogância. O homem de força e beleza que dominou a si mesmo não sente orgulho em nenhum desses traços de personalidade e está sempre imerso na bem-aventurança do Supremo. Ele se casa com uma moça tribal, pois vê todos os seres humanos como iguais. O rei dos deuses o recompensam com sua própria filha como consorte. O próprio céu recompensa aquele que está acima da ilusão da beleza e da força físicas e que se concentra apenas na verdade suprema, que é a fonte de onde todos nós viemos.

> *O universo em movimento e em não movimento não passa da manifestação de sua forma sutil e não manifestada. Ele, pelo olhar de quem todas essas manifestações desaparecem com a percepção de que nada existe, exceto o Brâman Supremo:*
> *a esse Dakshnamurti, o Ser Supremo incorporado no bondoso Guru, ofereço as minhas saudações profundas.*
>
> "Dakshinamurthy Stotram"
> por Adi Shankara

Aum Namashivaya!

ॐ

ॐ

Aum Sharvaya Namaha!

15

Ganesha, Removedor de Obstáculos

Faço reverência a Lorde Ganesha de uma única presa,
Que tem um corpo enorme, brilhando como ouro,
E uma barriga grande e lindos olhos.

"GANASHTAKAM"

Um dia, enquanto Parvati se banhava, Shiva entrou em seus aposentos sem pedir permissão. Parvati sentiu-se um pouco tímida e, delicadamente, o repreendeu por ter entrado sem pedir licença. Logo depois, suas duas amigas, Jaya e Vijaya, vieram até Parvati e a incentivaram a manter um servo que fosse totalmente subserviente a ela e a mais ninguém. À luz do incidente anterior, ela decidiu que deveria fazer exatamente aquilo. Além disso, ela desejava ter um filho sozinha, já que Kartikeya estava sempre ocupado com guerras. Na vez seguinte em que ela foi se banhar, besuntou-se com pó de açafrão e cúrcuma e depois raspou os pós de seu corpo, formando uma bola, moldando-a na forma de um menininho, em quem soprou a vida. A criança era grande e bonita, cheia de força e vigor. Ela deu-lhe o nome de Vinayaka, "o líder", deu-lhe roupas e ornamentos, e disse: "Você é meu filho e, a partir de agora, também será meu guarda-costas".

O menino ficou muito feliz ao ouvir aquilo e pediu à sua mãe para lhe dar ordens. Ela lhe disse que seu primeiro trabalho seria guardar sua porta enquanto ela tomasse um banho ou quisesse ficar sozinha em seu quarto. Também o presenteou com um bastão para repelir os intrusos. No dia seguinte, quando ela foi tomar banho, colocou o garoto do lado de fora da porta e disse-lhe que ninguém deveria ter permissão para entrar. Logo depois, também aconteceu de o Senhor Shiva aparecer na cena e tentar entrar. O menino impediu-o com seu bastão. Shiva não conseguiu acreditar que um menino pequeno pudesse ser tão audacioso e perguntou-lhe, com seriedade: "Quem é você e quem lhe deu permissão para me impedir de entrar no quarto de minha esposa?"

O menino respondeu: "Senhor, minha mãe está tomando banho e me deixou aqui, pedindo para que eu mantivesse todos os intrusos afastados".

Shiva respondeu: "Você não me conhece? Eu sou Shiva e Parvati é minha esposa. Agora, deixe-me passar". O menino recusou-se com educação e barrou o caminho de novo. No início, Shiva achou graça naquilo e tentou afastar o bastão e entrar, mas o menino o golpeou com o bastão. Aquilo foi demais. Shiva controlou sua raiva e voltou para seus aposentos, e disse aos seus *ganas* para retirarem o menino à força. O menino confrontou os *ganas* destemidamente e disse-lhes que não deixaria ninguém entrar, nem mesmo Brahma, o próprio Criador. Eles foram forçados a se retirarem, já que não queriam matar um menino tão bonito. Os *ganas*, desapontados, voltaram a Shiva e lhe informaram sobre o ocorrido. Shiva mandou que eles voltassem e tentassem todas as suas artes de persuasão, mas Vinayaka não se deixava levar por palavras.

Ao ouvir a agitação do lado de fora do banheiro, Parvati mandou suas aias perguntarem o que estava acontendo. Elas disseram que Vinayaka estava confrontando com bravura todo o regimento de *ganas*. Ela ficou feliz ao ouvir isso e disse-lhes para encorajarem Vinayaka.

Vinayaka ficou feliz ao escutar essas palavras de incentivo e destemidamente disse aos *ganas*: "Vocês são os *ganas* de Shiva e eu sou o *gana* de Parvati, então somos equivalentes. Minha mãe me disse que ninguém deve entrar em seus aposentos, nem pela força nem com humildade. Então, vocês podem ir embora".

Diante disso, os *ganas* voltaram a Shiva e pediram pelas ordens seguintes. Ele não estava feliz por ter de admitir a derrota pelas mãos do único *gana* de sua esposa, por isso acompanhou seus guardas de volta ao local e seguiu-se uma terrível escaramuça entre Vinayaka, de um lado, e Shiva e seus *ganas*, de outro. Ao ver que seus *ganas* estavam todos sendo derrotados, Shiva ergueu seu tridente e decepou a cabeça do garoto.

Quando Parvati soube disso, ficou furiosa e criou muitos *shaktis*, e ordenou-lhes que fossem lutar com os *ganas*. Agora, os deuses entraram na batalha e foram ajudar os *ganas*. A batalha ocorrida foi terrível e, por fim, os deuses imploraram a Parvati para que os perdoasse e acabasse com aquilo.

Ela respondeu: "Meu filho foi morto e nunca perdoarei, a menos que ele volte a viver". Os deuses levaram essa mensagem a Shiva, que lhes disse para irem em direção ao norte e deceparem a cabeça da primeira criatura que vissem, para prender ao corpo de Vinayaka. Acontece que a primeira criatura encontrada por eles foi um elefante. Logo, eles decapitaram o animal e prenderam sua cabeça ao corpo sem a cabeça do garoto. Eles entoaram mantras para a ressuscitação do corpo, borrifaram água sagrada nele e, imediatamente, o corpo de Vinayaka se ergueu com a cabeça de elefante.

Parvati ficou feliz ao ver seu filho voltar à vida, apesar de estar com a cabeça de um elefante. Dizem que certa vez, há muito tempo, ela havia ido a uma galeria de arte dos deuses. Quando viu a gloriosa figura do Aum, ficou encantada e ficou ali, fascinada, diante do *mantra*. Foi nesse momento que a figura de Vinayaka surgiu em sua mente e ela, sendo a Deusa Mãe, fez a figura ganhar vida. Assim, a figura de Vinayaka é uma representação dinâmica, antropomórfica do mantra Aum, o símbolo do Brâman. Ela ficou encantada ao ver como sua concepção se aliava com a forma do Aum.

Ela beijou Vinayaka e o abençoou, e disse aos deuses que no futuro ele seria o removedor de todos os obstáculos na vida mundana e em compromissos espirituais, por essa razão, deveria ser cultuado primeiro, antes do início de qualquer outro culto. Shiva e os outros concordaram, e assim é que até hoje Vinayaka deve ser cultuado antes de se realizar qualquer ritual. Parvati também insistiu para que ele se tornasse o líder dos *ganas,* assim ele passou a ser conhecido como Ganesha, ou Ganapati. Desde que ele nasceu, no quarto dia da metade escura do mês de Bhadra (Bhadra é o nome de um mês que corresponde a agosto/setembro), Shiva declarou que, a partir daquele momento, aquele dia seria celebrado por todos como o aniversário de Ganesha, e o quarto dia de cada quinzena lunar também seria conhecido como um dia especial para ele. Shiva, Parvati e todos os outros deuses derramaram muitas outras dádivas sobre Ganesha.

Certa vez, na infância, Ganesha brincava com um gato. Ele puxou seu rabo e fez o gato rolar na lama. O animal, irado, soltou um uivo de dor e escapou. Ganesha correu para sua mãe e subiu em seu colo, mas percebeu, assustado, que ela estava muito suja de lama e com os olhos cheios de lágrimas. Ansiosamente, ele lhe perguntou qual era a causa de sua tristeza e ela lhe ensinou uma lição importante sobre a unidade de toda a vida. "Você, e mais ninguém, é a causa de minha tristeza", ela disse.

"Como é possível? Nunca fiz nada para machucá-la." "Você não puxou meu rabo e me fez rolar na lama?", ela perguntou. Então, Ganesha percebeu esta grande verdade: que qualquer dano causado a qualquer criatura era equivalente a causar dano à sua mãe, que também era a Mãe Cósmica.

Antes de prosseguir com a história de Ganesha, seria bom explorar o significado de sua forma e origem. Parvati é Shakti, ou o poder do Senhor Shiva, o Supremo. A origem de Ganesha vem da sujeira e de outros materiais raspados de seu corpo. Como tal, ele representa a consciência que evolui da matéria e se expande para seu estado mais elevado de liberdade espiritual. Na forma de Ganesha, encontramos o símbolo da emergência da vida da terra e do desdobramento da consciência a partir da matéria. Ele representa o poder espiritual inicial que subjaz a tudo; portanto, ele deve ser cultuado primeiro. Ele é a primeira letra do alfabeto dos deuses. Também é o poder espiritual iniciante em todos os estágios da evolução. Se analisarmos com atenção sua figura com a tromba cheia de ondulações, podemos ver a figura[ॐ]. A figura de Ganesha simboliza a ideia da emergência da vida a partir da terra e o desabrochar da consciência a partir da matéria. Sua forma dupla de animal e de humano indica que nós também podemos aspirar ao nível suprametal, mesmo tendo evoluído do animal. Ele também é Ganapathy, ou Ganesha, Senhor dos *ganas*, que são as forças sutis e obstrutivas do Universo. Já que ele é seu soberano, também é Vigneswara, o Senhor que limpa todos os empecilhos ou forças obstrutivas que agem como obstáculos no caminho de nosso progresso espiritual. No ser humano, ele está localizado no *mooladara chakra*, na base da espinha, potente com forças espirituais. O *shakti kundalini* só pode ser despertado quando a graça de Ganesha for concedida.

O veículo de Ganesha é um rato, o que é muito surpreendente. Imagine a poderosa figura do elefante sentada tranquilamente em um pequeno rato! Qual é o sentido disso? Um rato nasce da terra e tem sua existência em buracos e covas terrestres. A consciência, de acordo com a crença indiana, está entranhada até mesmo nos grãos de areia; ela converge para um estado inteligente depois de passar por formas rudimentares. O rato é um símbolo adequado para isso. Ele tem uma inteligência primitiva presa na ignorância e, portanto, é incansável, avarento e temeroso.

Por outro lado, o elefante é o símbolo da força e da sabedoria, e dizem que ele tem memória impressionante e poder de discriminação. A tromba do elefante é um símbolo de sabedoria criteriosa que pode separar o joio do trigo. Sua tromba pode pegar uma agulha pequena no chão e também erguer as lenhas mais pesadas da floresta. A cabeça do elefante sugere força, expansão e reverência às forças poderosas escondidas na natureza.

A figura de Ganesha sobre o rato sugere que o ser humano incorpora as duas características: o elefante, calmo e composto, uma criatura majestosa com imenso potencial de força; e o rato, um animal inquieto, correndo constantemente para todos os lados em sua busca frenética por alimento. O ser humano tem o poder de ser calmo e majestoso, com a consciência sempre em expansão estendendo-se ao infinito, mas ele continua sendo um rato a correr para lá e para cá na "corrida de rato" da vida, lutando e brigando por trivialidades. Esses dois animais simbolizam os dois estágios da consciência, o estado primitivo e o estado expandido. O corpo humano está entre esses dois e os une.

O laço na mão de Ganesha é para controlar os sentidos que perdem o foco como cavalos desenfreados. Na outra mão, ele segura o gancho, que costuma ser usado por *mahouts* (cuidadores de elefantes) para controlar animais em fúria. Nossas paixões podem ser comparadas a elefantes enlouquecidos, e só o gancho pode subjugá-los e trazê-los à ordem.

A serpente em torno da barriga de Ganesha sugere o despertar da energia kundalini no ser humano, a energia psíquica que surge quando certas técnicas de yoga são usadas. As duas presas representam os pares de opostos na vida, e a presa quebrada mostra que o homem de perfeição não está sob influência desses opostos. Ele segura sua presa na mão direita como uma caneta, denotando a capacidade criativa do homem de sabedoria. O *modaka*, ou doce redondo que ele segura na outra mão, indica a felicidade e a doçura da vida, que só a pessoa iluminada pode saborear.

Um dia, o sábio Narada foi visitar o casal cósmico e ver as crianças divinas. Ele levou uma romã e a ofereceu às crianças, mas como era um fruto muito especial, o fruto da sabedoria cósmica, ele não podia ser cortado. Apenas um deles poderia comê-lo. Então, Shiva disse aos seus filhos, Ganesha e Kartikeya, que aquele que pudesse dar a volta em todo o universo e voltar primeiro ganharia o fruto. Kartikeya saiu na hora montado em seu pavão, com a certeza de que teria o fruto. A montaria de Ganesha era o humilde rato que nunca conseguia deixar o pavão para trás, mas ele não se preocupou nem um pouco com isso. Calmamente, ele deu a volta em seus pais e estendeu as mãos para pegar a fruta.

"De que modo você se qualificou para esta fruta?", seus pais perguntaram, divertindo-se.

"Vocês dois constituem todo o universo. Por que eu deveria dar a volta no universo material?", ele perguntou.

Shiva e Parvati o aplaudiram por sua sabedoria e apresentaram a fruta para ele. Quando Kartikeya voltou, ficou chocado ao ver seu irmão comendo a romã. Com raiva, questionou os pais a respeito e eles contaram o motivo para a aparente parcialidade. Kartikeya ficou muito bravo com o truque do irmão com ele, e declarou que deixaria o Kailasa e iria meditar em outro lugar para atingir sabedoria suprema.

Ele pediu permissão a Shiva para ir e dizem, na literatura tâmil, que Shiva respondeu: *"Palam nee"*, que quer dizer: "Você é o fruto". Esta é a grande afirmação upanishadic, *"Tat twam asi"*, ou *tu és*. Diz a lenda que Kartikeya saiu de Kailasa e foi ao monte no sul conhecido como Palani, onde praticou penitência para descobrir essa verdade.

Existe outra versão dessa história que explica a partida de Subramanya. Nessa versão, quando seus dois filhos alcançaram a idade de se casar, Shiva e Parvati quiseram casá-los. Agora, surgiu a questão sobre qual filho deveria se casar primeiro. Shiva declarou que o primeiro que desse a volta ao mundo seria a primeira escolha. Kartikeya imediatamente partiu em seu pavão, enquanto o inteligente Ganesha tomava seu banho de purificação, dava três voltas ao redor dos pais e exigia ter a preferência. Quando questionado sobre a adequação de sua conduta, ele declarou que Shiva e Parvati continham, dentro deles, todo o universo de coisas móveis e imóveis, por isso, correr ao redor deles era equivalente a dara volta no universo.

O casamento de Ganesha foi celebrado antes mesmo de seu irmão voltar. Prajapatti Viswarupa tinha duas filhas, Siddhi e Buddhi, e ele pediu para o Senhor Shiva aceitá-las como esposas de Ganesha. Assim, Kartikeya ficou muito enraivecido com os pais e partiu para a montanha conhecida como Palani, apesar do pedido sincero de seus pais para que não fosse.

O significado esotérico das duas esposas de Ganesha é como segue: Ganesha representa o homem liberto, o *sthitha prajna* do *Bhagavad Gita*; e tal pessoa é casada com Buddhi, ou o intelecto discriminatório, e alcança Siddhi, ou poderes superconscientes. A pessoa evoluída será abençoada por ter esses dois como companhias.

As duas esposas de Ganesha tiveram filhos. O de Buddhi foi chamado de Kshema, ou bem-estar e prosperidade; e o filho de Siddhi, Labha, ou ganho – o alcance de um estado mais elevado de consciência. Aquele que percebeu o Eu supremo não sente falta de nada, nem mesmo de prosperidade material.

Kartikeya, enquanto isso, vivia no monte chamado Palani, na cadeia de montanhas do sul. Lá, ele passou a ser conhecido como Muruga, ou o jovem divino. Enquanto viveu entre os membros das tribos, ele se apaixonou por uma bela garota da tribo chamada Valli e casou-se com ela. Mais tarde, Indra, o rei dos deuses, deu sua própria filha, Devayani, para o grande herói que tinha vencido a guerra para os deuses.

Certa vez, quando Shiva fez um discurso sobre yoga, todas as criaturas do mundo correram para o Kailasa. Como resultado desse êxodo em massa, o mundo todo começou a se inclinar na direção do Himalaia. Toda a sabedoria e o conhecimento tinham ido para o norte e não havia nada para manter o equilíbrio do mundo. Shiva mandou Agastya, o mais sábio dos seus discípulos, ir para o sul, levando com ele todas as histórias sagradas e seculares que Shiva havia lhe ensinado. Agastya concordou, mas implorou a Shiva para lhe dar algo que o lembrasse do Himalaia. Shiva deu-lhe duas enormes montanhas para ele levar para o sul. O demônio Ettumba foi encarregado de levá-las. Ele fez um enorme arco, prendeu os montes nos dois lados e os carregou nos ombros. Quando chegou a Palani, ele colocou as montanhas no chão e foi ao rio. Quando voltou, não conseguiu pegá-las de novo. Olhou em volta e encontrou um belo garoto sentado em uma das montanhas. O demônio ficou muito bravo e mandou o menino descer da montanha para que ele a pudesse levá-la ao seu destino. O garoto se recusou e Ettumba ficou furioso. Naquele instante, Agastya apareceu em cena e reconheceu o menino como ninguém menos do que Kartikeya. Ele se inclinou diante dele e Kartikeya disse: "Manterei estas montanhas aqui porque elas me fazem lembrar de minha casa no norte". Agastya concordou e, assim, Kartikeya mora nos montes e Agastya nas planícies. O equilíbrio do cosmos foi restaurado.

Dizem que Parvati ficou tão infeliz por ser separada de seu filho mais velho que pediu a Shiva para ir para o sul. Ele concordou e eles foram ao famoso *jyotirlinga* (um dos 12 templos de Shiva) em Sri Shaila, chamado Mallikarjuna. Daquele lugar ficava fácil para ambos visitarem seu filho Kartikeya.

Descrições dos casamentos dos filhos de Shiva variam. No norte da Índia, supõe-se que Kartikeya é o filho mais velho, e no sul, Ganesha. No norte, supostamente, Kartikeya é celibatário porque ele via sua mãe em todas as mulheres. No sul, Ganesha é o *nitya brahmachari,* ou celibatário eterno, porque ele nunca encontrou uma mulher em nenhum lugar que pudesse ser comparada com sua mãe. No sul, Kartikeya, ou Muruga, é cultuado por todo lado. Ele é visto como a personificação da beleza e da virilidade masculina, e está sempre acompanhado por suas duas esposas, uma do céu e uma da terra. De novo, isso traz mais uma lição, sem dúvida. No norte, o culto a Kartikeya quase não existe mais. Ganesha, por seu lado, tem um lugar especial tanto no norte quanto no sul, e as suas esposas, Siddhi e Buddhi, são consideradas parte essencial dele. Os dois filhos de Parvati, a Mãe Cósmica, denotam os dois aspectos do ser humano evoluído – força e sabedoria.

> *Eu faço reverência a Sri Dakshinamurthy,*
> *Senhor e mestre dos três mundos,*
> *Que despedaça os grilhões dolorosos do nascimento e da morte e sobre quem se deve meditar,*
> *Sentado sob uma figueira-de-bengala e concedendo a*
> *Sua graça de conhecimento supremo aos sábios.*
>
> "Dakshinamurthy Stotram", de Adi Shankara
>
> *Não sou o prana nem as cinco forças vitais, não sou os sete elementos do corpo nem as cinco cobertas, não sou os órgãos de fala, nem da procriação nem da excreção, sou a essência da consciência e do êxtase – Shivoham! Shivoham!*
>
> "Nirvanashtakam", de Adi Shankaracharya
>
> *Ó, Shiva! Ó, Pashupata! Tu, Senhor de Parvati!*
> *Por favor, me salva, estou desamparado,*
> *Vindo da floresta sem trilhas desse mundo miserável.*
>
> *Aum Namashivaya!*

ॐ

ॐ

Aum Tripurantakaya Namaha!

16

As Três Cidades Demoníacas

Prostrações ao grande Senhor, mestre do universo,
o grande Deus, o de três olhos, destruidor das três cidades,
Extintor dos três fogos e também do fogo no momento
  da morte,
o de pescoço azul, o conquistador da morte,
  Senhor de todos,
o sempre pacífico, Deus glorioso de todos os deuses!

"SRI RUDRUM", *YAJUR VEDA*

Os três filhos do demônio Taraka se chamavam Tarakaksha, Vidyunmali e Kamalaksha. Furiosos com a morte do seu pai, decidiram oferendar a Brahma para receberem suas dádivas, com as quais pudessem aniquilar os deuses. Fizeram *tapasya* por muitos anos e, por fim, Brahma apareceu e prometeu dar-lhes as dádivas que almejavam. Com uma mentalidade verdadeiramente asúrica, imediatamente, pediram a imortalidade do corpo. Brahma disse que não estava em seu poder conceder a imortalidade, que todas as coisas que nascem têm uma morte uma hora ou outra, e os aconselhou a pedirem outra coisa. Depois de ponderar um pouco, eles criaram outro esquema brilhante. Cada um deles pediu para ter uma cidade incrível para si, que fosse inexpugnável e nunca fosse destruída por ninguém. Tarakaksha pediu uma cidade dourada que atravessaria as regiões celestiais; Kamalaksha solicitou uma cidade de prata que se deslocasse pelo céu; e Vidyunmali optou por uma cidade magnética de aço, que pudesse se mover em liberdade pela terra. Contudo, para cumprir o decreto de Brahma de que ninguém nem nada poderia ser totalmente indestrutível, eles concordaram que as três cidades poderiam ser destruídas quando elas se alinhassem simultaneamente. O fenômeno aconteceria apenas uma vez em mil anos, ao meio-dia, quando a constelação de Pushya estivesse em ascensão. Eles também insistiram que apenas uma única flecha que pudesse acertar as três cidades ao mesmo tempo poderia destruí-las. Essa flecha tinha de ser lançada por Shiva. Brahma, com sua fraqueza costumeira, concordou com todas essas condições, e o arquiteto divino Mayan construiu três cidades invulneráveis e as entregou aos três irmãos.

Asuras são egoístas e cruéis por natureza, então quando a força deles foi aumentada, com a aquisição dessas cidades milagrosas, seria esperado que os três irmãos começassem a causar destruição em suas respectivas regiões – a terra, o céu e o paraíso. Por fim, os deuses frustrados foram até Brahma e lhe pediram para que os salvasse, e também a terra e as regiões terrestres dos ataques daqueles irmãos cruéis. Brahma, claro, podia apenas *conceder* aquelas dádivas absurdas; ele foi incapaz de desfazê-las. Então, eles foram até Shiva, como sempre, e colocaram seu pedido diante dele. Shiva disse-lhes que não seria instrumento para a destruição de seus devotos, e os demônios astutos que sabiam que Shiva era o encarregado de matá-los tinham começado o culto de Shiva em todas as três cidades.

Então, os deuses, liderados por Brahma, foram até Vishnu, salvador do mundo. Vishnu também disse que não tinha poder para destruir os seguidores de Shiva. Sempre que os *asuras* cometiam um crime, imediatamente eles apaziguavam Shiva com alguns sacrifícios e, com isso, eliminavam os efeitos de seu *carma*. Desse modo, tornavam-se invencíveis. A única forma de torná-los fracos era impedi-los de realizar seus ritos.

Vishnu criou um asceta que foi às três cidades e espalhou histórias heréticas, totalmente em desacordo com o culto védico antigo. O sábio aconselhou os moradores da cidade a pararem de cultuar deuses como Shiva, que eram, ele disse, muito fracos quando comparados com os *asuras*. Ele iniciou os demônios nesse dogma e logo todo o culto a Shiva foi proibido nas cidades; os ritos dos virtuosos acabaram e o comportamento maléfico reinou supremo. Em cada uma das três regiões onde eles dominavam, os demônios atacavam suas vítimas desafortunadas e as levavam à morte. Mais uma vez, os deuses se aproximaram de Shiva e lhe contaram sobre os últimos desenvolvimentos, e imploraram para que ele os salvasse de seus apuros. Shiva concordou, mas havia muitos obstáculos para matar os demônios das cidades. Brahma lembrou aos deuses que os demônios só podiam ser mortos com uma única flecha, que teria de acertar as três cidades ao mesmo tempo. Era uma tarefa muito difícil, uma vez que elas estavam sempre voando em diferentes esferas. Os deuses ficaram perplexos com esse dilema. Vishnu, como sempre, foi em seu socorro e lhes disse que as cidades se alinhavam uma vez a cada mil anos, e que esse momento estava perto de acontecer.

Shiva concordou em matá-los se recebesse uma carruagem adequada e uma flecha. Vishvakarma, o arquiteto divino, fez uma carruagem cósmica incorporando todas as forças da natureza. Ela era dourada e brilhante. A roda direita era o Sol e a esquerda, a Lua. A roda direita tinha 12 raios para os 12 meses do ano, e a esquerda tinha 16, correspondendo aos 16 dígitos da Lua. As seis estações eram os aros das rodas. O próprio tempo era a velocidade. Todos os grandes *mantras* ficavam pendurados como sinos nos raios. O senhor Brahma era o condutor, e os deuses, liderados por Indra, seguravam as rédeas. Vishnu penetrou a flecha, e Agni, a cabeça da lança. Os *Vedas* eram os quatro cavalos. Shiva, ou Sharva, era o arqueiro cósmico.

Enquanto ele entrava na carruagem, a terra se chacoalhou e as montanhas tremeram. Todos os deuses entoaram seus louvores. Brahma guiou a carruagem com a velocidade da mente, com os deuses acompanhando. Shiva caçou as três cidades de esfera a esfera, mas elas não estavam alinhadas. Então, veio uma voz celestial que lhe disse para cultuar Ganesha se ele quisesse a vitória. Shiva relembrou de seu filho Ganesha, e lhe pediu para remover todos os obstáculos de seu caminho. Assim que ele os removeu, as três cidades se alinharam. Mil anos tinham se passado e o tempo especificado por Brahma havia chegado. Shiva ficou de pé na carruagem, prendeu a flecha em seu arco e esticou o fio. No momento auspicioso chamado *abhijit,* ele soltou a flecha, que voou com um tremendo som sibilante. Uma vez que o próprio Vishnu estava na flecha, e Agni era sua ponta de aço, ela partiu como um meteoro e incendiou as cidades em que os demônios estavam escondidos. Com a proeza, Shiva recebeu o nome Tripurantaka, matador das três cidades. Os deuses o exaltaram, mas o rosto de Shiva estava sério. Pegando as cinzas dos restos queimados das cidades voadoras, ele desenhou três linhas horizontais em sua testa e proclamou: "Marquem minhas palavras! Um dia, o mundo todo se tornará tão corrupto quanto essas três cidades. Nesse dia, pegarei meu arco mais uma vez e destruirei o cosmos todo. Deixem essas cinzas em minha testa lembrarem a todos da morte, o destruidor. No futuro, todos os meus seguidores devem ter essa marca em suas testas".

A história dos Tripuras é a história da redenção humana, da vida demoníaca à vida divina. Shiva é o arqueiro divino, ou Espírito Supremo, residindo dentro dessa fortaleza. As três cidades representam as três camadas – o corpo, a mente e o intelecto. Elas também ilustram os três *gunas*, ou modos da natureza – *sattva*, *rajas* e *tamas*. A cidade dourada é *sattva*, a prateada é *rajas* e a de ferro, *tamas*. Elas chegaram a um estado de equilíbrio em uma formação reta antes de o arqueiro divino poder lançar a flecha do conhecimento e matar todas as três e, com isso, proporcionar redenção ao *jivatma*, ou alma incorporada. Quando chegar a hora para tal libertação, todos os deuses ou forças cósmicas virão em nosso socorro e a alma humana, presa dentro da fortaleza do corpo, será libertada.

Certa vez, Shiva e Parvati foram às montanhas Mandara e se divertiram entre os picos. Parvati, brincalhona, tapou os olhos de Shiva com suas palmas como flores de lótus. Logo que ela os cobriu, uma profunda escuridão se espalhou por todo o universo. Como os olhos dele tinham o calor escaldante do fogo, as mãos dela começaram a transpirar. Gotas de suor caíram no chão. Desse calor e desse suor apareceu um ser terrível e não humano, preto, deformado e cego. Ele tinha tufos de pelo embaraçados pelo corpo todo. Uivava, dançava e estalava a língua várias vezes, como uma serpente, e rugia como um leão.

Parvati tirou as mãos dos olhos de Shiva e a luz chegou ao mundo de novo. Ela ficou aterrorizada ao ver aquela criatura estranha e perguntou ao seu Senhor o que poderia ser.

Shiva respondeu: "Quando você fechou os meus olhos, ó, amada, o seu suor caiu no chão e combinou-se com o calor de meus olhos, produzindo essa criatura. Então, você é a causa dessa criatura. Ele será chamado de Andhaka, ou o cego, e você deve cuidar dele como se fosse seu próprio filho".

Parvati concordou e o garoto foi criado pelos *ganas*. Naquela época, o *asura* Hiranyaksha estava fazendo *tapasya* a Shiva para ter um filho. Ao final de seu *tapasya*, Shiva apareceu diante dele e Hiranyaksha pediu-lhe a dádiva de um descendente. Shiva estava satisfeito com suas austeridades, mas disse que ele não estava fadado a ter um filho; mas que mesmo assim, ele, Shiva, apresentaria Andhaka a ele como seu descendente. O *asura* ficou feliz e voltou a seu reino levando Andhaka consigo.

Mais tarde, o Senhor Vishnu matou Hiranyaksha e seu irmão Hiranyakashipu. Apesar de Prahlada ser filho de um *asura*, Hiranyakashipu, ele era um fervoroso devoto do Senhor Vishnu e tornou-se o rei do submundo depois da morte de seu pai. Hiranyaksha tinha sido o irmão mais velho, mas seu filho, Andhaka, era cego e, por isso, não poderia se tornar rei. Andhaka foi provocado por seus primos por sua ineficiência e inabilidade de governar o reino de seu pai. Incapaz de tolerar essas provocações, Andhaka partiu para a floresta e começou a cumprir penitência severa, jurando cortar partes de sua carne e sacrificar os pedaços ao fogo se Brahma não aparecesse. Por fim, Brahma apareceu e pediu para que ele escolhesse uma dádiva.

Imediatamente, Andhaka pediu imortalidade e invencibilidade na guerra. Claro que Brahma era impotente para lhe ofertar imortalidade, e só poderia dar a ele uma escolha em relação ao método de morte. Andhaka pensou um pouco e teve uma ideia brilhante. Concordou que a morte poderia atingi-lo se ele cobiçasse uma mulher como sua mãe, que era a mais linda do mundo. Brahma acedeu e tocou em seu corpo emaciado, que logo se tornou forte e belo. Ele também passou a enxergar.

Andhaka ficou encantado. Ele vagou do céu para o submundo, conquistando toda a região, e tornou Indra e os deuses subservientes à sua vontade. Orgulhoso de sua proeza, ele desprezou os *Vedas*, os deuses e os brâmanes. Envolveu-se em relações sexuais com muitas mulheres belas. Certa vez, por acaso, decidiu passar um tempo no Himalaia, no pico Mandara. Seus ministros se aproximaram e contaram-lhe sobre uma imagem linda que tinham visto.

"Ó, Senhor dos demônios", eles disseram, "vivendo em uma caverna não muito longe daqui, vimos um sábio em meditação profunda. Seus cabelos embaraçados tinham a Lua crescente no topo, e ele usava um couro de elefante ao redor do quadril. Serpentes estavam enroladas em seu corpo e um colar de crânios adornava seu pescoço. Ele estava manchado de cinzas. Porém, o que lhe interessa é o fato de a moça mais divinamente encantadora estar sentada ao lado dele. De que serve sua visão se você não pode fartar os olhos nela? Entretanto, devemos alertá-lo de que duas criaturas guardam a caverna deles. Uma delas é um touro velho e a outra é uma criatura com traços simiescos".

Ao ouvir isso, o demônio ficou animado e mandou seus emissários irem pedir ao sábio para lhe entregar sua esposa pacificamente ou, caso contrário, se preparar para lutar. O *yogin* não era ninguém menos do que Shiva e os emissários do demônio foram dizer-lhe que não era adequado para um *yogin* manter uma jovem ao seu lado. Eles lhe pediram que renunciasse imediatamente a ela e a entregasse ao rei dos *asuras*.

Shiva, sorrindo, pediu-lhes que voltassem a seu mestre e lhe dissessem para cuidar da sua vida. Depois, Shiva anunciou a Parvati que estava entrando em uma floresta impenetrável para fazer penitência severa. Enquanto fizesse a penitência, ele teria de se manter celibatário, então seria melhor se Parvati não o acompanhasse. Deixando seus *ganas* para guardá-la, o Senhor partiu para a floresta densa. Exatamente nesse momento, Andhaka veio com seu exército e travou uma batalha feroz com os *ganas* que estavam aquartelados à entrada da caverna. Quando Parvati viu que a batalha estava contra eles, orou a Vishnu para que viesse em seu resgate. Vishnu assumiu diferentes formas de milhares de mulheres arrebatadoras que, imediatamente, cercaram Parvati, de modo que Andhaka foi incapaz de distinguir qual delas era a esposa de Shiva. Ele não soube o que fazer e bateu em retirada. Logo depois disso, Shiva voltou e mais uma vez ocorreu uma batalha feroz entre os *ganas* e os *asuras*. Por fim, Shiva decidiu que a hora da redenção de Andhaka havia chegado, pois ele tinha cobiçado sua própria mãe, Parvati, que era a mais linda em todo o mundo. Shiva empalou Andhaka com seu tridente e o ergueu nos ares. O tridente de Shiva é conhecido por suas qualidades purificadoras, e assim que Andhaka foi empalado no tridente, recobrou os sentidos. Todo o mal foi retirado dele e ele implorou para que Shiva e Parvati o perdoassem. Shiva nunca foi de guardar rancor, então logo o perdoou e lhe pediu que escolhesse uma dádiva. Andhaka implorou para que Shiva o tornasse sua companhia constante. Shiva concordou e fez dele o chefe dos *ganas*. Os *ganas*, como vimos, eram um grupo de esquisitos, feios e indesejados, portanto, Andhaka era um candidato adequado para aquele posto.

Aum Namashivaya!

ॐ

Aum Shoolapanaye Namaha!

17

A Queda dos Demônios

Ó, Senhor, com cabelos em que o Ganges é mantido,
Ó, Senhor dos duendes, e morte à Morte!
Ó, fogo destruidor de Cupido.
Ó, Senhor com a garganta cheia de veneno,
Ó, Senhor dos elementos,
Seja bondoso para comigo.

SAINT SUNDARAR

Certa vez, Indra e os outros deuses, acompanhados por Brihaspati, preceptor dos deuses, foram ao Kailasa para ver Lorde Shiva. Este último queria testá-los e assumiu a forma de um enorme *yaksha* (guardião do tesouro) e barrou seu caminho. Quando o gigante se recusou a sair, Indra, com a arrogância nascida do poder, ergueu sua arma, o raio, para matá-lo. O *yaksha*, que não era ninguém além de Shiva, quis humilhar seu orgulho. Ele segurou uma folha de grama em suas mãos e perguntou aos deuses se algum deles poderia tirar a grama dali. Os deuses desdenharam desse pedido infantil e cada um deles pensou que seria uma simples questão de amassar a grama. Um a um, eles tentaram mover a grama. O deus do vento, Vayu, foi o primeiro a tentar, porém por mais que soprasse, não conseguia fazer a folha de grama voar com a rajada. Em seguida, Agni, o deus do fogo, fez o melhor que pôde para queimar a folha de grama com sua chama, mas ela permaneceu intacta. Por fim, Indra lançou seu raio à folha de grama, mas nem o *yaksha* nem a grama pareciam minimamente afetados.

Os deuses ficaram perplexos e perguntaram ao *yaksha:* "Qual é o significado disso? Quem é você?"

O *yaksha* respondeu: "Esqueceram-se de que existe outro poder acima de vocês? Sem o apoio desse poder, nenhum de vocês consegue fazer nada".

Indra ficou enraivecido e ergueu seu *vajra* mais uma vez e o arremessou no *yaksha*. Shiva abriu seu terceiro olho. A chama intensa que saiu de seu olho teria reduzido Indra a cinzas se Brishaspati não tivesse interferido e implorado para que Shiva perdoasse Indra. Shiva o perdoou, mas o fogo que havia emanado de seu terceiro olho teria queimado o mundo se tivesse caído na terra, por isso Shiva o lançou no mar na confluência do Ganges com o oceano. Lá, a chama tomou a forma de um belo garoto-demônio. Ao ouvir os uivos ferozes da criança, todos os três mundos chacoalharam de medo. Os deuses correram até Brahma e pediram que ele fizesse algo sobre aquela criatura estranha. Brahma foi ao mar e pegou o garoto no colo. Imediatamente, o demônio passou os braços em torno do pescoço de Brahma e tentou enforcá-lo, até que lágrimas começaram a sair dos olhos do Criador. Ele teve muita dificuldade para se livrar do abraço estrangulante do garoto-demônio. O oceano, que pareceu ter um interesse parental no garoto, pediu para Brahma realizar ritos pós-natais para a criança, e para dar-lhe um nome e prever seu destino.

Brahma, cujos olhos estavam cheios de lágrimas por causa do aperto do demônio, respondeu: "Já que ele foi capaz de fazer meus olhos lacrimejarem, será conhecido como Jalandara. Esse nome é duplamente adequado, já que nasceu na água. Ele será invencível, heroico e majestoso como o próprio oceano, e vai se tornar o imperador dos demônios. Ninguém além de Shiva será capaz de matá-lo. Ele terá uma esposa que será incrivelmente linda e nobre em todos os sentidos".

O oceano ficou muito satisfeito, levou o garoto para sua morada e o alimentou com muito afeto. Ele cresceu e se tornou um belo e esplêndido jovem. O oceano pediu ao *asura*, Kalanemi, para que desse sua filha Vrinda ao jovem em casamento.

Jalandara tornou-se rei e comandou os demônios por muitos anos. Quando decidiu conquistar os deuses e mandou uma ordem a

Indra para que se submetesse a ele, ou então se preparasse para lutar, Indra decidiu lutar, mas foi derrotado por Jalandara. Como sempre, Indra correu a Brahma para pedir ajuda, mas este lhe disse para ir a Vishnu e buscar seu auxílio. Os deuses aproximaram-se de Vishnu, mas Vishnu disse que Jalandara era seu cunhado, e assim, não podia matá-lo. A consorte de Vishnu, a deusa Lakshmi, nasceu do oceano assim como Jalandara, e Jalandara alegou que Lakshmi era sua irmã e Vishnu, seu cunhado. Portanto, Jalandara tinha conseguido uma dádiva de Vishnu de que ele não o mataria. Os deuses agora pediram ao sábio celestial, Narada, que fosse a Jalandara e tentasse convencê-lo a enfurecer Shiva; caso contrário, o grande Senhor não concordaria em matá-lo.

Imediatamente, Narada foi até a morada de Jalandara, tocando seu alaúde. Ele o enalteceu e parabenizou por sua grande sorte por ter subjugado os três mundos. Narada continuou: "Entendo que não há ninguém que se iguale a você em todos esses mundos, mas acabei de vir do Kailasa, a morada do Senhor Shiva, e tenho de confessar que a esposa do Senhor Shiva é a mulher mais linda que já vi. Sei que você é conhecedor dos encantos femininos e tenho certeza de que vai querer possuí-la".

Ao ouvir isso, Jalandra ficou muito animado. Se havia uma coisa que todos os demônios tinham em comum era o desejo por lindas mulheres e, invariavelmente, a paixão desenfreada era o que os levava à ruína.

Jalandara não foi exceção a isso, apesar de sua esposa, Vrinda, ser um paradigma de todas as virtudes. Ele enviou seu emissário a Shiva e exigiu que este lhe entregasse de bom grado sua esposa ou enfrentaria as consequências de sua ira. Shiva achou graça de sua audácia e mandou o emissário de volta a seu mestre com uma reprimenda dura. Quando Jalandara ouviu a reprimenda, enviou seu exército para lutar com Shiva.

Aproveitando essa oportunidade, Jalandara assumiu a forma de Shiva e entrou nos aposentos privados de Parvati, onde ela estava sentada com suas acompanhantes. Ao ver seu Senhor entrar, ela se aproximou. Quando viu sua beleza divina, Jalandara não conseguiu se controlar e seu disfarce caiu. Imediatamente, Parvati transportou-se para as margens do lago Manasarover e orou a Vishnu para que viesse à sua ajuda. O Senhor gentilmente veio a ela e lhe perguntou o que queria dele. Ela contou a história de como o *asura* Jalandara havia tentado desrespeitar sua intimidade e capturá-la. Então implorou a Vishnu para que fizesse o mesmo com a esposa de Jalandara, Vrinda. Ele prometeu ajudá-la e foi à floresta, perto do palácio de Vrinda, disfarçado como um asceta.

Enquanto Vrinda caminhava pelo parque, ela se assustou com o súbito aparecimento de dois macacos de aparência feroz. O asceta, que não era ninguém menos do que Vishnu, salvou-a. Mais tarde, o asceta assumiu a forma de seu marido, Jalandara, como Jalandara assumira a forma de Shiva para confundir Parvati. Ele chegou perto de Vrinda e a abraçou. Quando Vrinda notou que aquele não era seu marido, mas o Senhor Vishnu, ela o amaldiçoou dizendo que um dia sua esposa seria sequestrada por um *rakshasa* disfarçado de asceta, e que ele teria de percorrer a floresta procurando por ela. Macacos e ursos seriam seus únicos ajudantes. O Senhor riu e aceitou a maldição, pois sabia que tudo isso estava fadado a acontecer em seu *avatara* como Rama. Em seguida, Vrinda imolou-se no fogo. Seu espírito ergueu-se em uma chama e se uniu à aura em torno de Parvati. Todos os deuses jogaram flores em volta dela e a aplaudiram por sua grande castidade e pureza.

Enquanto isso, incapaz de ver Parvati, Jalandara voltou ao campo de batalha e desafiou Shiva à luta. Shiva começou a remexer o oceano com o dedão do pé. Enquanto ele girava o dedão do seu pé, uma roda enorme saiu das águas. Era o famoso *chakra* Sudarshana, que ele entregou mais tarde a Vishnu.

Shiva disse ao demônio: "Ó, Jalandara, se quiser lutar comigo, terá de erguer esta roda com o dedo do seu pé. Só então você será considerado competente para pelejar comigo".

Jalandara riu com desdém e insultou Shiva, e se gabou de sua perícia. Contudo, por mais que tentasse, Jalandara foi incapaz de erguer a roda. Os olhos de Shiva emitiram faíscas de chama azul e vermelha e, pegando a roda, ele a rodou no ar e decepou a cabeça do monstro arrogante. O esplendor que saiu do corpo de Jalandara se misturou com o esplendor em torno de Shiva, assim como o espírito de Vrinda tinha se misturado à aura de Parvati. Todo o universo agora voltou ao seu estado anterior de normalidade, e os deuses e outros seres celestiais retornaram às suas moradas sem medo.

Outra história parecida sobre Shiva tem a ver com o demônio Shankachuda. Um *asura* chamado Dambha não tinha filhos. Ele foi a seu preceptor, Shukra, e pediu seu conselho. Shukra deu-lhe o grande mantra do Senhor Krishna e disse-lhe que o repetisse e praticasse austeridades no lago chamado Pushkara. O Senhor Vishnu ficou contente com sua devoção e surgiu diante dele, e lhe pediu que escolhesse uma dádiva. Dambha solicitou um filho. Logo depois, sua esposa concebeu e um bebê nasceu. Em sua vida anterior, aquela alma havia sido um companheiro próximo do Senhor Krishna e se chamava Sudama. Ele tinha sido amaldiçoado por Radha e agora foi forçado a nascer como um demônio. Seu nome era Shankachuda e, quando cresceu, seguiu os passos do pai e foi ao lago Pushkara e praticou *tapasya* severo para agradar a Brahma. O Criador apareceu diante dele e lhe pediu que escolhesse uma dádiva. Shankachuda disse que queria ser invencível e capaz de derrotar os deuses. Brahma concordou e o presenteou com o divino amuleto de Sri Krishna para ele usar em seu braço. Ele o aconselhou a ir ao local sagrado chamado Badrikashrama no Himalaia, onde encontraria uma moça chamada Tulasi, que seria a combinação ideal para ele. Shankachuda seguiu o conselho e se casou com Tulasi. Agora, Shankachuda se tornou o chefe dos *asuras*. Com as bênçãos de seu *guru*, Shukra, ele derrotou os deuses e apoderou-se dos céus e de todos os três mundos, tornando-se um grande imperador. Todos estavam felizes porque ele era um ótimo governante. Apenas os deuses estavam infelizes, pois tinham sido expulsos do céu. Eles levaram suas reclamações a Brahma, que foi com eles e pediu ao Senhor Vishnu para que os ajudasse.

Vishnu lhes disse: "Ouçam, ó, deuses! Esse Shankachuda foi um grande devoto meu em meu *avatara* como Sri Krishna. Ele se chamava Sudama e foi um ilustre amigo de Sri Krishna. Ele foi amaldiçoado por Radha e agora assumiu a forma de um *asura*. Krishna ordenou que ele seja morto pelo tridente de Shiva, por isso vocês devem ir a Shiva e pedir-lhe ajuda".

Os deuses foram ao Kailasa e pediram a Shiva para que os ajudasse. O Senhor concordou e enviou seus emissários a Shankachuda e ordenou-lhe que devolvesse o céu aos deuses. Shankachuda se recusou a devolver e disse-lhes que teriam de lutar pelo céu. Logo, a guerra foi declarada e os *ganas* de Shiva marcharam para o reino de Shankachuda.

A essa altura, Shankachuda começou a se lembrar de seu nascimento anterior e soube que o momento certo para sua libertação havia chegado. Ele colocou o filho no trono e separou-se com carinho de sua esposa amada Tulasi, antes de ir para o campo de batalha. Seguiu-se uma luta poderosa entre os exércitos opositores, na qual Shankachuda se mostrou invencível. Por fim, o Senhor Vishnu foi a Shiva e contou-lhe o segredo da invencibilidade de Shankachuda – ele havia recebido um escudo impenetrável. Mais ainda, tinha uma esposa totalmente pura que estava sempre orando por sua segurança, e enquanto ela orasse, ele não morreria.

Shiva pediu a Vishnu que iludisse Shankachuda com sua *maya*. Sem demora, Vishnu assumiu o disfarce de um velho mendigo e foi a Shankachuda, pedindo que lhe desse seu escudo. Shankachuda jamais poderia negar nada a um mendigo e, imediatamente, tirou seu escudo e o deu a ele. Usando esse escudo, Vishnu procurou a esposa de Shankachuda, Tulasi, e fez amor com ela, fingindo ser seu marido. Imediatamente, Shankachuda ficou sem todos os seus poderes e pôde ser morto com facilidade pelo tridente de Shiva. Shankachuda foi libertado de sua maldição e retomou sua forma anterior, e voltou ao Goloka para ficar com seu amado Sri Krishna. Dizem que todas as conchas do mundo que são usadas no culto a Vishnu são feitas com os ossos de Shankachuda. Quando Tulasi soube da fraude de Vishnu, ficou totalmente desolada e decidiu abrir mão de sua própria vida. Ela amaldiçoou Vishnu a ser transformado em uma rocha. Foi quando Shiva apareceu e disse-lhe para não se preocupar, pois Vishnu havia feito isso apenas para ajudar os deuses, que eram seus devotos.

"Ó, querida senhora", ele disse, "abandone esse seu corpo e receberá uma forma mais virtuosa. Nessa terra você se tornará a planta sagrada conhecida como *tulasi*. Será adorada por Krishna e Vishnu e cultuada por todos. A concha e as folhas de *tulasi* serão partes essenciais do culto a Krishna e Vishnu. Seu corpo também assumirá a forma do rio Gantaki. Por causa de sua maldição, Vishnu se tornará uma rocha nesse rio. Montes de minhocas de dentes afiados penetrarão e erodirão essa rocha e as partes serão conhecidas como *saligramas*, e serão usadas no culto a Vishnu. Quem mantém um *saligrama*, uma concha, e folhas de *tulasi* em sua casa será amado por Vishnu". Com esse pronunciamento, Shiva desapareceu e Vishnu levou Tulasi consigo para sua morada. Ela abandonou seu corpo, que se tornou o rio Gantaki, e Vishnu se tornou uma rocha em suas margens.

※

O grande sábio Atri era filho de Brahma. Ele era casado com a mulher mais perfeita de todas, Anasuya. Como o casal não tinha filhos, eles foram à floresta e meditaram no grande Deus, independentemente de quem ele pudesse ser, para conseguir progênie. Depois de muitos anos de penitência, o corpo de Atri emitiu uma chama brilhante que ameaçou consumir o mundo todo. Os deuses foram a Brahma como sempre, e ele, por sua vez, foi a Vishnu, e todos foram à casa de Shiva. Como Atri não tinha mencionado o nome de nenhum deus em seu *tapasya*, todos os três decidiram visitá-lo e conceder seu pedido. O sábio ficou muito surpreso ao ver todos eles e educadamente perguntou o motivo de sua visita.

Eles responderam: "Vocês meditaram no grande Deus e, como somos igualmente grandes, decidimos conceder a vocês três filhos, e cada um deles terá papel em nossa glória". Dizendo isso, voltaram às suas moradas. Em pouco tempo, Anasuya concebeu. A criança que fazia parte de Brahma se tornou a Lua, Chandra. A parte de Vishnu nasceu quando o filho deles ficou famoso no mundo como Dattatreya; ele ensinou ao mundo a grandeza do caminho da renúncia. A parte de Shiva nascida como seu filho foi conhecida como Durvasa, e se tornou um grande sábio, famoso por percorrer o mundo testando as pessoas. É verdade que ele era conhecido por seu mau humor, mas pode-se notar que todas as vezes em que perdeu a paciência foi por um bom motivo, e a pessoa que ele amaldiçoou ganhou algo com a maldição. Por exemplo, o rei sábio Ambarisha ficou famoso por sua piedade graças ao temperamento de Durvasa. No fim da vida de Sri Rama na terra, Durvasa testou até mesmo Rama para mostrar ao mundo como o rei estava preparado para renunciar a seu amado irmão para manter sua palavra.

Existe outra história interessante sobre a esposa de Atri, Anasuya, que foi, como vimos, um modelo de castidade. Certa vez, Brahma, Vishnu e Shiva decidiram testar sua castidade. Eles assumiram a forma de mendigos e foram ao seu eremitério para pedir esmola. Ela saiu para lhes dar um pouco de comida, mas eles falaram com muita educação que haviam feito a promessa de que só seriam servidos por uma mulher nua. Anasuya ficou em um dilema. Era considerado muito impróprio se recusar a dar alimento a um homem santo, ainda mais porque pareciam nobres e talvez a amaldiçoassem se ela se recusasse. Por outro lado, seria totalmente contra os votos de castidade que ela fosse à presença dos três homens nua. Anasuya pensou por um tempo. Então, pela força de sua grande castidade, transformou os três deuses em três bebês pequenos e os levou para dentro da casa. Depois, ela tirou as roupas e calmamente passou a alimentá-los.

Com isso, eles foram forçados a permanecer em seu *ashrama* por muito tempo. Enquanto isso, Lakshmi, Saraswati e Parvati, que eram as consortes dos três deuses, ficaram bem preocupadas com o desaparecimento prolongado de seus maridos. Por fim, descobriram que eles estavam no *ashrama* de Atri. Quando foram ao eremitério, encontraram três bebês brincando com Anasuya. Quando questionada, ela admitiu que os três não eram bebês de verdade, mas mendigos errantes que tinham chegado em busca de alimentos. As três deusas confessaram envergonhadas que os mendigos não eram ninguém além de seus maridos. Com seus poderes de *yogin*, Anasuya fez os mendigos voltarem à sua forma original. Eles ficaram muito felizes com o sucesso de seu teste, abençoaram Anasuya e Atri, e voltaram às suas respectivas moradas.

> *Não ganho nenhum mérito pela execução do bem,*
> *Nem perco nada por fazer o mal.*
> *Não tenho felicidade nem infelicidade.*

Não ganho nada com cantos, peregrinações, yajnas ou o estudo dos Vedas.
Não sou quem come, a comida, ou o ato de comer.
Eu sou a essência da consciência e da alegria.
Shivoham! Shivoham!

"Nirvanashtakam" de Adi Shankaracharya

Não tenho morte, nem nascimento nem casta.
Não tenho pai nem mãe, pois não nasci.
Não sou nem amigo nem parente, nem guru nem discípulo.
Eu sou a essência da consciência e da alegria
– Shivoham! Shivoham!

"Nirvanashtakam" de Adi Shankaracharya

Aum Namashivaya!

ॐ

ॐ
Aum Neelakandaya Namaha!

18

Agitando o Oceano de Leite

Ó, misericordioso,
Que consumiu o forte veneno
Para que os moradores do céu pudessem recuperar sua juventude,
Tenha misericórdia de mim e restaure minha visão.

SAINT SUNDARAR

Certa vez, aconteceu de Indra, rei dos deuses, ser amaldiçoado pelo sábio Durvasa. O sábio tinha recebido uma guirlanda divina de Vaikunta e a presenteou a Indra. Sem perceber o profundo valor desse presente, Indra jogou a guirlanda sem cuidado sobre a cabeça de seu elefante. O elefante chacoalhou a cabeça, a guirlanda caiu no chão e foi pisoteada na lama. Quando Durvasa viu isso, ficou furioso e amaldiçoou Indra dizendo que ele, com seu grupo de deuses, ficaria velho e doente. Imediatamente, todos os deuses perderam sua juventude e seus poderes sobrenaturais. Como sempre, eles correram até o Criador, Brahma, e lhe pediram que interviesse com o Senhor Vishnu em seu nome. Eles foram em massa a Vaikunta e imploraram ao Senhor Vishnu para que os ajudasse.

O Senhor apareceu em toda a sua glória e falou com eles. "Ó, deuses", ele disse, "o tempo é o mestre controlador de todas as coisas. No momento, o tempo está favorável aos *asuras* que são seus arqui-inimigos. A roda do tempo gira lentamente, mas um dia ela vai virar a seu favor. Isso acontecerá apenas se vocês agitarem o oceano de leite e conseguirem o elixir da vida, o *amrita*. Quem o beber ganhará juventude eterna, mas em seu estado de decrepitude, vocês nunca serão capazes de fazer isso sozinhos, terão de conseguir ajuda dos *asuras*. Em situações desesperadoras, não há mal em aceitar a ajuda nem mesmo de seus inimigos confirmados. Depois de alcançarem seu objetivo, poderão voltar a seu estado original de inimizade.

Aquele que bebe *amrita* se tornará imortal, então, agitem o oceano sem demora. Vão, imediatamente, aos *asuras* e lhes peçam ajuda. Vocês não têm opção que não seja concordar com os termos que eles sugerirem. Muitos objetos preciosos sairão do oceano quando ele for agitado. Não sintam atração nem repulsa ao que surgir. Tomem apenas o que for dado a vocês e não percam a paciência se forem impedidos de possuir qualquer um deles. Vocês podem usar a montanha Mandara como a vara de bater e a serpente Vasuki como a corda. Remetam todos os tipos de plantas medicinais, arbustos e plantas rasteiras para dentro do oceano de leite para poder talhá-lo. Só assim ele vai produzir os benefícios desejados". Dizendo isso, Vishnu desapareceu da vista.

Os deuses solicitaram auxílio aos demônios, que concordaram em ajudá-los desde que recebessem uma porção justa da *amrita*. Imbuídos com a confiança em suas habilidades, os dois grupos foram e ergueram a montanha, Mandara, e começaram a carregá-la para o oceano. Em pouco tempo, não puderam mais suportar o peso e a montanha dourada acabou desabando, matando muitos deuses e também demônios. O Senhor Vishnu apareceu em seu veículo-águia e a ergueu com uma mão. Equilibrando a montanha com facilidade nas costas da águia, ele a levou para o oceano e a colocou no ponto correto. Os deuses então pediram que Vasuki, o Senhor das Serpentes, agisse como a corda para virar a vara, com a compreensão de que ele, também, receberia uma parte justa do *amrita*. Com grande entusiasmo, os deuses e os demônios enrolaram a serpente na montanha e começaram a puxar aquela vara enorme para um lado e para o outro. Como os deuses eram velhos e fracos demais para fazer muito esforço, o Senhor Vishnu segurou a cabeça da serpente e os demônios receberam a ordem de segurar a cauda. Os demônios ficaram muito mortificados com aquele insulto aparente. Eles se recusaram a tocar a cauda e declararam que era muito degradante para pessoas nobres como eles serem forçados a pegar a parte posterior da serpente! O Senhor Vishnu sorriu e desistiu da cabeça, erguendo a cauda com a ajuda dos deuses atrás dele. Assim, os dois lados começaram a agitar o poderoso oceano com grande vigor. Infelizmente, como a montanha não estava apoiada por baixo, ela começou a afundar. Um grito soou nas fileiras dos *devas* e dos *asuras*. O Senhor Vishnu os confortou, assumiu a forma de um cágado enorme e nadou por baixo da montanha, erguendo-a de modo a deixá-la com uma base firme. Essa foi a encarnação do Senhor Vishnu conhecida como Kurmavatara. O cágado primordial de comprimento e força infinitos aguentou aquela enorme montanha nas costas com tanta facilidade como se ela fosse apenas um seixo. Dizem que o Senhor, como cágado, ficou encantado com a sensação agradável da montanha raspando em seu casco enquanto girava ritmicamente sobre ele, enquanto os dois grupos agitavam com vigor. Apesar de seus melhores esforços, o trabalho ainda avançava com muita lentidão, então o Senhor Vishnu assumiu uma forma dual, a de um *deva* e a de um *asura*, e entrou em suas fileiras para encorajar ambos os lados a fazerem maiores esforços. Ele também entrou na serpente, Vasuki, na forma de um tipo de anestesia para poder protegê-la da agitação torturante que ela teve de suportar. Quando a rotação vigorosa pareceu perturbar o equilíbrio da montanha, o Senhor assumiu uma forma gigantesca e se posicionou no topo da montanha para manter o equilíbrio, pressionando cada um dos lados como e quando necessário. Desse modo, o Senhor assumiu várias manifestações para fortalecer a determinação de todos os envolvidos. Vapores e lufadas quentes sendo emitidos pela serpente cansada agora estavam queimando os *asuras* que, estupidamente, tinham escolhido a cabeça. Os *devas* também receberam sua parte dos vapores, que começaram a se espalhar por todos os lados. Então, o Senhor fez a chuva cair sobre eles, esfriando os dois lados e dando alívio também à serpente.

No entanto, apesar de seus melhores esforços, nenhuma *amrita* apareceu e os dois grupos começaram a perder a esperança. Para incentivá-los, o Senhor assumiu uma forma enorme com milhares de mãos, ficou no meio dos dois grupos e começou a bater no mar com quinhentas mãos dos dois lados. Aquilo foi lindo de ver e tanto os *devas* como os *asuras* assistiam, fascinados. Finalmente, as coisas pareciam estar se movimentado. Muitas criaturas aquáticas começaram a aparecer na superfície.

A essa altura, a pobre serpente estava muito cansada de tudo aquilo e começou a vomitar o temido veneno *halahala*, também chamado Kalakuta. Seus vapores fatais e penetrantes começaram a se espalhar por todos os lados. Gritando alto, aterrorizados, os deuses, encorajados pelo Senhor Vishnu e liderados por Indra, correram até Shiva e imploraram-lhe para que ele os salvasse daquele novo horror. Se o veneno caísse no chão, todo o universo seria destruído. Shiva, o misericordioso, imediatamente apareceu em cena com Parvati, pegou o veneno letal antes de ele cair no chão e o bebeu sem hesitar. Então, ficou conhecido como o salvador do mundo. Ele estava pronto a sacrificar sua própria vida para salvar o universo. Parvati sabia muito bem que seus poderes eram imensuráveis e que nada poderia afetá-lo, mesmo assim seu amor por ele a deixou fraca. Exclamou horrorizada e agarrou o pescoço do seu marido para impedir que o veneno descesse pela garganta. O veneno, portanto, ficou preso na garganta e a deixou da cor azul. O Senhor Vishnu exaltou Shiva como Neelakanda, ou aquele de pescoço azul, enquanto os deuses e os demônios se uniram para louvá-lo.

A habilidade de sacrificar o próprio bem-estar pelo bem dos outros é a forma mais sublime de culto ao Supremo, e todos os *devas* e *asuras* elogiaram Lorde Shiva. Era crença comum que aquele que consumisse veneno não poderia dormir durante a noite, então, todos eles ficaram acordados em momentos diferentes da noite, cantando louvores ao Senhor Shiva. Até hoje, essa noite é comemorada como Mahashivaratri, ou a grande noite de Shiva, e todos os devotos de Shiva fazem vigília durante esse período, entoando hinos ao Senhor todo misericordioso. As poucas gotas de veneno que caíram das mãos do Senhor se transformaram em serpentes, escorpiões e outras plantas e criaturas venenosas.

No dia seguinte, os *devas* e os *asuras* mais uma vez, animados, começaram a agitar o oceano de leite. A primeira a aparecer foi a vaca sagrada, Kamadhenu. Ela foi presenteada aos *rishis* para seus rituais. Depois, veio o cavalo branco, Ucchaisravas. Apesar de os *devas* olharem para ele com cobiça, o Senhor os estimulou a entregá-lo ao *asura* Bali. Em seguida, surgiu o elefante branco de quatro presas, Airavata, que foi agarrado por Indra. Depois, veio a joia, Kaustubha, que foi entregue ao Senhor Vishnu para adornar seu pescoço. Em seguida, veio a árvore celestial de realização de desejos, conhecida como Parijata, e também ninfas celestiais chamadas *apsaras*. Todas essas foram pegas pelos deuses.

Por fim, a deusa Lakshmi, sentada em uma brilhante flor de lótus vermelha, emergiu do oceano. Ela era a personificação da beleza, cheia de auspiciosidade. Ao ver sua aparência deslumbrante, os *devas* e os *asuras* pararam o que estavam fazendo e correram atrás dela, e ficaram ali, admirando-a. Os deuses de todos os cantos trouxeram itens preciosos para adorná-la. Quando ela já estava adornada com toda a elaboração como uma noiva, os deuses lhe imploraram que escolhesse um marido entre eles. Vestida com roupas régias, ela levava a guirlanda nupcial em suas mãos delicadas e passou ondulando entre os personagens augustos que se aglomeravam às margens do oceano. Porém, ela não encontrou ninguém que a atraísse! De acordo com ela, todos os deuses tinham algum defeito. Por fim, a deusa espiou o Senhor Vishnu sentado com displicência às margens do oceano, mergulhando os seus pés na água, totalmente despreocupado com ela. Então percebeu que ele era o único consorte adequado para ela e, timidamente, foi em sua direção, colocando a bela guirlanda de flores de lótus em torno de seu pescoço. O Senhor aceitou-a com graça e deu-lhe a posição mais cobiçada em seu coração, e daquela posição, ela lançou seu olhar gracioso aos devotos dele e os abençoou com todos os bens mundanos e espirituais. Daí, dizem que Lakshmi, a deusa da riqueza, não vai àqueles que correm atrás dela, mas apenas àqueles que correm atrás de seu marido.

Em seguida, veio Vaaruni, a divindade da intoxicação. Os *asuras* alegremente a levaram para o meio deles. Depois de mais esforços árduos, de repente, surgiu a bela figura de um homem segurando o vaso de néctar, o divino *amrita*. Conhecido como Dhanwantari, ele era um *avatara* parcial do Senhor Vishnu e é o pai da ciência da *ayurveda*. Logo que os *asuras* o viram, perceberam que aquela era a bebida imortal pela qual eles estavam esperando. Com ganância, decidiram se apropriar de toda a bebida para si e, logo a seguir, pegaram o recipiente e fugiram com ele. Os *devas* estavam fracos e atordoados demais para reagirem. Depois de terem passado por um trabalho tão exaustivo, ficaram desolados ao descobrirem que seus esforços tinham sido em vão e que os *asuras,* como era esperado, não tinham cumprido sua parte no acordo. Eles correram até o Senhor Vishnu com a história de seu infortúnio.

Ele os confortou e prometeu ajudá-los. "Todos aqueles que trabalharam para o cumprimento da tarefa devem receber sua recompensa justa e uma parte do néctar, mas como os *asuras* foram gananciosos e pegaram todo o recipiente para si, serão punidos e não receberão nada. Essa é a eterna lei do *dharma,* que não pode ser contrariada." Dizendo isso, ele desapareceu de vista e em seu lugar apareceu uma mulher muito fascinante, adorável além de toda descrição. Com movimentos ondulantes do seu quadril amplo, ela deslizou para o meio dos *asuras*, que agora estavam brigando entre si para determinar quem deveria receber mais *amrita*. Quando viram a bela donzela, deixaram o recipiente de néctar e correram para ela, perguntando quem era e por que tinha vindo, e lhe imploraram que distribuísse o néctar imparcialmente entre eles e, com isso, colocasse fim às suas brigas.

Ela disse que se chamava Mohini, e com um olhar sedutor oblíquo de seus lindos olhos, disse de maneira provocante: "Na verdade, sou uma mulher muito baixa, uma meretriz, pode-se dizer. Como podem confiar em mim?"

Os *asuras* riram animados com os gracejos da mulher e juraram que eles confiariam nela implicitamente. Mohini disse: "Vou dividir o néctar entre vocês apenas se prometerem cumprir minha decisão, independentemente de qual seja, e não comecem a discutir em seguida".

Concordaram sem problemas e a donzela fez com que eles sentassem virados para o Oriente nos tapetes de grama kusa. Ela chamou os *devas* e lhes pediu para se sentarem do outro lado, de frente para os *asuras*. Os *asuras* não ousaram dizer nada, já que ela os tinha feito jurar obediência. Quando os dois grupos estavam prontos e docilmente sentados em duas fileiras organizadas, Mohini entrou trazendo o recipiente de ouro cheio de néctar. Todos os olhos estavam fixos nela quando Mohini apareceu. Eles ficaram tão fascinados com sua aparência e com seu comportamento de flerte que se esqueceram de ver o que ela estava fazendo. Vishnu não queria dar o néctar da imortalidade aos *asuras*, que eram cruéis por natureza. Dar-lhes imortalidade teria sido fatal. Enquanto Mohini passava pelas fileiras dos *asuras*, ela só lhes lançava olhares carinhosos. Ela deu o néctar apenas aos *devas*. Os demônios sequer notaram o que estava acontecendo, pois estavam mesmerizados por seus olhares e atitude. Cada demônio acreditou que Mohini havia se apaixonado por ele. Por fim, quando todo o néctar foi consumido, ela reassumiu sua forma original, para a consternação dos *asuras* que perceberam que tinham sido enganados com habilidade.

Imediatamente, eles começaram a atacar os *devas*. Os últimos, agora, já tinham tomado o néctar e recuperado a juventude perdida, rebateram com vigor duplicado e, por fim, derrotaram os *asuras*, que voltaram para casa para lamber suas feridas e planejar novas maneiras de derrotar seus arqui-inimigos.

Essa história, como a maioria das histórias dos *Puranas*, tem um sentido esotérico. O oceano de leite é a mente. Os deuses e os demônios são os pensamentos negativos e positivos na mente, que a agitam com tanta intensidade. A montanha Mandara é a carga de ignorância que levamos de nascimento a nascimento. A corda da serpente é nosso orgulho. Quando nós tentamos dominar essa mente com algum tipo de *sadhana*, ou prática espiritual, como a meditação, a primeira coisa que surge é o veneno acumulado de paixões – luxúria, ganância, raiva, medo e assim por diante – que pode ser removido apenas pelo próprio Senhor. Só depois a ambrosia da sabedoria surge. Mesmo nesse ponto, é preciso tomar muito cuidado para manter o ego controlado, caso contrário, essa sabedoria será sequestrada de nossa boca por nossas emoções negativas. Nosso ego assúrico agarrará essa oportunidade para se declarar supremo. Mais uma vez, somente o Senhor pode nos salvar. A oração e o esforço sinceros podem nos ajudar a retomar essa sabedoria perdida, e só então nós podemos nos tornar seres libertos.

Ela tem outro significado esotérico. A montanha Mandara representa o espaço e a serpente, o tempo. Usando a vara do espaço e a corda do tempo, cada um agita seu próprio mundo a partir do "campo (mar) de todas as possibilidades", como é mencionado na física quântica.

Lorde Shiva havia voltado ao Kailasa depois de ter salvado o mundo engolindo o veneno. Lá, ele soube como Vishnu salvou a situação assumindo a forma de Mohini, a mulher mais fascinante do mundo. Ele passou a querer muito ver essa forma sedutora do Senhor. Acompanhado de Parvati e da sua hoste de duendes, ele foi a Vaikunta para ver aquela forma encantadora.

Shiva disse: "Tive a oportunidade de ver muitas de suas encarnações maravilhosas, mas nunca o vi como uma mulher. Eu estou ansioso para ver isso, então, por favor, mostre-se a mim como Mohini".

Vishnu sorriu e disse: "Tem certeza de que quer ver? É uma forma calculada para despertar paixão em toda pessoa, mas é claro que você é um *yogin* perfeito, então ela não lhe fará mal". Dizendo isso, o Senhor desapareceu de vista. De repente, Shiva sentiu que estava em um belo jardim em que a primavera havia acabado de chegar. Ali, em meio à floração desordenada, ele viu a jovem mais linda e encantadora brincando com uma bola dourada. Seus olhos de corça dardejavam de lá para cá, seguindo os movimentos imprevisíveis da bola, que voava em torno dela como se enfeitiçada por sua beleza. A bola não era a única a estar sob esse encantamento. Shiva descobriu que tinha até se esquecido da existência de sua esposa, que estava ao seu lado. Esqueceu-se de tudo, exceto da jovem fascinante brincando com a bola diante dele, e começou a persegui-la. A donzela lançou-lhe um tímido olhar de soslaio quando passou apressada por ele, arrastando suas roupas transparentes que pareciam estar deslizando de seus seios tentadores. Ela encenou a tentativa de se esforçar para segurar as roupas com a mão esquerda enquanto batia a bola com a direita, e dançava com um olhar provocador para Shiva. Até mesmo Shiva, o grande *yogin*, estava totalmente empolgado pela *maya* de Vishnu, o grande poder de ilusão do Senhor, então, como seria possível que mortais comuns fossem culpados por caírem no feitiço daquela *maya*? Diante do olhar surpreso de Parvati, Shiva correu atrás de Mohini. Por fim, cansado da brincadeira, Vishnu, como Mohini, se permitiu ser envolvida em um abraço intenso de Rudra, cuja paixão tinha sido inflamada por sua beleza. Ela se libertou e saiu correndo, e a semente divina de Shiva caiu no chão, enquanto ele a perseguia. Onde quer que a semente de Shiva caía, minas de ouro e de prata surgiam. De repente, Shiva reapossou-se de seu discernimento e percebeu como ele tinha sido enganado pela *maya* do grande Vishnu. Ele se tornou sereno de novo e Mohini retomou a forma original como Vishnu.

Vishnu parabenizou Shiva por ter sido capaz de vencer sua *maya* que era tão difícil para qualquer um dominar. Ele perguntou: "Quem além de você pode superar o fascínio de minha *maya* por seus próprios esforços e retomar seu bom senso original?"

Dizem que dessa união de Hari e Hara, ou Shiva e Vishnu, nasceu o *avatara* de Dharma Shasta. O garoto deveria ter nascido da coxa do Senhor Vishnu, combinando as qualidades dessas duas divindades nele.

Dizem que até Hanuman é uma manifestação de Shiva. O resto da semente divina de Shiva foi levado em uma folha pelos sete sábios e entregue a Vayu, o Deus vento, para ser depositada em um útero adequado. Vayu carregou a semente com ele para as montanhas do sul. Lá, ele viu a donzela conhecida como Anjana, que pertencia a uma família de macacos. Ele depositou a semente nela e a criança que nasceu veio a ser chamada de Hanuman. Ele foi o que ajudou o Senhor Vishnu em sua encarnação como Sri Rama a derrotar o rei-demônio, Ravana.

Aum Namashivaya!

ॐ

Aum Gangadaraya Namaha!

19

A Descida do Rio Ganges

Ó, olhos meus, vejam Hara,
Com a garganta que engoliu o veneno lançado no
  Senhor que dança eternamente,
Balançando os seus oito braços ritmicamente
Ó, olhos meus,
Contemplem-no.

SAINT APPAR

Era uma vez um rei da raça solar chamada Sagara, que fez o *aswamedha yaga*, ou sacrifício do cavalo, para cultuar o Ser Supremo. O cavalo sacrificial para o *yaga* podia ficar solto pelo campo e tinha de ser seguido de perto pelo exército do rei. Quem quisesse questionar a destreza do soberano teria de obstruir o cavalo e lutar com os homens do rei. Dizem que qualquer um que executasse cem *aswamedha yagas* seria capaz de governar os deuses. Quando Sagara começou seu centésimo *yaga*, Indra, o rei dos deuses, ficou com medo de Sagara tirá-lo de sua posição, então roubou o cavalo sacrificial e o escondeu nas regiões inferiores perto do local onde o grande sábio Kapila estava meditando. Quando o cavalo desapareceu, Sagara mandou seu povo procurá-lo, mas o animal não foi encontrado. Os cem filhos do rei foram procurar o cavalo e revolveram a terra toda em seus esforços. Por fim, encontraram o cavalo no submundo, pastando feliz ao lado do grande sábio Kapila. Com as mentes atordoadas por suas próprias propensões maléficas, pensavam que o sábio fosse o ladrão e o agrediram. Kapila abriu os olhos e, imediatamente, o fogo da austeridade que saiu deles os consumiu. Ao ouvir essa notícia, o neto do rei, Amsuman, foi recuperar seus tios-avós. Ele foi ao local onde o cavalo estava amarrado, imediatamente reconheceu o sábio como uma alma iluminada, e lhe implorou que soltasse o cavalo e perdoasse seus tios-avós. O sábio o abençoou e disse-lhe para levar o cavalo embora e completar o sacrifício de seu avô.

"Seus tios-avós podem ser purificados apenas pelas águas sagradas do rio Ganges, que fica nos céus", disse Kapila. Amsuman voltou e completou o *yaga*, mas não conseguiu fazer nada em relação a levar o Ganges para a terra em sua vida. Seu filho Dileepa também fez grande *tapasya*, mas foi incapaz de levar o Ganges à terra.

O seguinte na fila da gloriosa dinastia Ikshvaku foi o príncipe Bhagiratha, filho de Dileepa. Quando soube dos grandes esforços feitos por seu pai e por seus ancestrais, ele se determinou a ter sucesso onde os outros tinham fracassado, e a forçar o Ganges celestial a vir para a terra e, assim, proporcionar a salvação para seus ancestrais. Cheio de determinação, o jovem príncipe foi ao Himalaia e fez penitência rigorosa por muitos anos no local conhecido hoje como Gangotri.

Por fim, a deusa Ganga (representação do rio Ganges) ficou feliz e disse-lhe que estava disposta a descer para a terra. "Estou satisfeita com sua penitência, ó, Bhagiratha", disse, "mas se eu descer, a força de minha descida esmagará a terra e ela não será capaz de sobreviver ao impacto de meu peso imenso. Então, você terá de encontrar alguém que seja capaz de impedir minha queda e suportar meu peso. Além disso, quando eu chegar a terra, todos seres humanos lavarão os seus pecados em minhas águas puras e me tornarei poluída. Quem estará lá para me purificar?"

Bhagiratha modestamente respondeu: "Ó, deusa, sempre que um homem santo vier e tomar banho em suas águas, ele vai limpá-la de seu contato com pecadores. Um homem santo é um repositório de toda a pureza. O Senhor, que é a essência da pureza, sempre vive nos corações dos santos, e nenhuma impureza pode permanecer em sua presença. Quanto à sua primeira dificuldade, somente Lorde Shiva é capaz de amortecer sua queda. Ele é o protótipo da compaixão. Quando ele souber do grande benefício que agregará a toda a humanidade se você vier a terra, com certeza ele concordará em me ajudar".

Dizendo isso, Bhagiratha começou outro período de penitência pesada por meio da qual agradou o compassivo Shiva e lhe implorou que o ajudasse em sua empreitada. Shiva concordou e Bhagiratha mais uma vez implorou ao Ganges para que descesse.

O Ganges celestial costuma ficar retido no *kamandalu,* ou recipiente de água do Criador, Brahma. Em seu *avatara* como Vamana, Vishnu assumiu uma forma universal em que um de seus pés adentrou o mundo de Brahma. O Criador ficou muito feliz ao ver os pés de lótus do Senhor e com reverência derramou a água do Ganges nos pés de Vamana. Aquela era a água sagrada, purificada com a lavagem dos pés do Senhor Vishnu, que agora veio com todo o arrojo, descendo com toda a força para a terra. O Ganges brincalhão decidiu testar a força de Shiva e caiu com toda a força no planeta. Shiva abriu seus cachos e agarrou-o em sua queda impetuosa para que não restasse nem uma gota, subjugando seu orgulho com essa ação. Ele desapareceu totalmente nos cabelos de Shiva. Por mais que lutasse, nem uma gota conseguiu sair dos cabelos de Shiva, que ele calmamente amarrou de novo. Pobre Bhagiratha! Mais uma vez, foi forçado a meditar para o Senhor de três olhos e implorar para que ele soltasse pelo menos uma parte do Ganges celestial para que seus ancestrais pudessem ter paz. Por ter refreado o orgulho de Ganges, o Senhor ficou feliz em conceder o pedido de Bhagiratha e permitiu que um pouco de água escapasse de seu coque.

Esse é o Ganges que vemos hoje. O que era apenas um fio de água para Shiva é uma torrente poderosa para nós. O Ganges saiu de seu glaciar conhecido como Gomukh, que tem a forma da boca de uma vaca, nas regiões elevadas do Himalaia. Como o Ganges foi trazido por Bhagiratha, seu nome naquelas regiões é Bhageerathi. Como foi mantida nos cabelos de Shiva, ela se tornou sua segunda esposa e Shiva passou a ser chamado de Gangadara.

Bhagiratha cavalgou depressa pelas encostas do Himalaia com o rio logo atrás. Ele tinha um longo caminho a percorrer antes de chegar ao mar, onde estavam depositadas as cinzas de seus ancestrais. Dizem que a caminho ele passou pelo eremitério do sábio Jhanva, e como o rio estava prestes a destruir seu *ashrama*, o sábio, calmamente, levou-o para dentro de si usando de seu ouvido esquerdo.

Bhagiratha olhou para trás e viu que o Ganges tinha desaparecido, e adivinhando o motivo, ele voltou e implorou para que o sábio o libertasse. Jhanva ficou muito feliz em fazer-lhe o favor e permitiu que o Ganges saísse por seu ouvido direito. Dessa forma, adquiriu o nome Jhanavi, ou filha de Jhanva.

As histórias dos sábios servem apenas para nos dar uma ideia da grandiosidade desses homens santos que estavam em controle tão perfeito de si que eles podiam manipular as forças da natureza. Tais sábios formavam um todo com o centro supremo do universo e, assim, não havia nada que não pudessem comandar. Ganga foi lembrada da garantia de Bhagiratha de que se uma alma pura a tocasse, todas as transgressões que ela havia acumulado por causa dos pecadores que tinham lavado seus pecados em suas águas seriam destruídas. Assim, o Ganges surgiu diante de Bhagiratha, purificando tudo em seu caminho até chegar ao oceano perto da moderna Calcutá. As cinzas dos filhos de Sagara estavam ali e ele passou sobre elas, concedendo o pedido de Bhagiratha de obter salvação para seus ancestrais. Apesar de seu pecado por ter insultado uma pessoa das mais santas, esses príncipes chegaram ao céu por meio do contato indireto de suas cinzas com as águas sagradas do Ganges. O nome de Bhagiratha passou a ser sinônimo de esforço sobre-humano e de valor para conseguir fins impossíveis. É para sua glória que o Ganges está aqui conosco hoje, pronto para abençoar todos aqueles que se banham em suas águas ou oram para elas com devoção. Todos os devotos hindus esperam que depois da morte suas cinzas sejam imersas no Ganges celestial por seus filhos, pois ali está a salvação definitiva.

Não tenho forma, nem modificação ou atributos.
Eu sou todo pervasivo e livre.
Sou sempre o mesmo o tempo todo, nem amarrado nem liberto. Sou a essência da consciência e da bem-aventurança – Shivoham! Shivoham!

"Nirvanashtakam" por Adi Shankaracharya

Aum Namashivaya!

Aum Somaya Namaha!

20

Destruído pela Própria Mão

Venha, Pai!
Em vez de contemplar seus divinos pés dia e noite,
  devo cismar em derramar este corpo sobre a terra,
E entrar no paraíso de seus pés.
Essa é minha servidão.

SAINT MANIKKAVACHAKAR

Certa vez existiu um demônio chamado Bhasmaka que queria ter controle sobre todo o mundo. Ele decidiu agradar Lorde Shiva com seu *tapasya*. Quando o demônio tinha praticado austeridades severas por muitos anos, Shiva ficou feliz em lhe conceder qualquer dádiva que ele pudesse escolher. Bhasmaka, que só tinha um pensamento em sua mente, de imediato, disse: "Conceda-me a dádiva de que qualquer um cuja cabeça for tocada pela minha mão, instantaneamente, se transforme em um monte de cinzas". A própria palavra *"bhasma"* significa cinzas, e talvez seu nome possa tê-lo incitado a pedir essa estranha dádiva. Shiva, que é conhecido pelo amor que sente por seus devotos, concedeu a dádiva sem pensar nas consequências de tal ato. Com a natureza asúrica verdadeira que não hesita em morder a mão que a alimenta, o demônio, imediatamente, decidiu testar a eficiência da dádiva colocando a mão na cabeça do benfeitor! Ele deu dois passos para a frente antes de Shiva notar as suas intenções. A única coisa a fazer foi correr dele, o que Shiva fez, com Bhasmaka perseguindo-o. Shiva correu até Vaikunta e implorou a Vishnu para que o ajudasse. De pronto, Vishnu assumiu a forma de Mohini, a tentadora do mundo todo, e ficou na frente do demônio que deteve sua mão no alto em antecipação ávida de matar. Quando viu Mohini bloqueando seu caminho, esqueceu-se de suas intenções e implorou que ela se casasse com ele. Vishnu, o maior enganador que consegue seduzir todo o universo com sua *maya*, olhou com timidez para o demônio cheio de luxúria e abaixou a cabeça em aparente sinal de vergonha.

"Eu fiz uma promessa, ó, nobre, de que entregarei meus favores apenas à pessoa que possa me derrotar na arte da dança."

"Ó, eu sou especialista em dança", gritou o apaixonado *asura*, apesar de ser "gracioso" como um búfalo.

"Muito bem", disse a donzela. "Eu farei algumas poses e você deve acompanhá-las da melhor maneira que puder."

"Com certeza!", disse o demônio, "mas, por favor, seja breve porque estou com pressa de envolvê-la em meus braços!"

Mohini abriu seu sorriso secreto. Sem perder tempo em conversas, começou a fazer poses e mais poses. Ela parecia tão encantadora naquelas belas poses estatuescas que Bhasmaka mal podia se conter de agarrá-la, mas ele conseguiu controlar seu ardor e tentou imitá-la da melhor maneira. Ele estava com tanta pressa para prosseguir e tão encantado com sua beleza que mal olhou para o que Mohini estava fazendo, apenas tentou dar seu melhor para copiá-la. Por fim, Mohini fez uma pose com a mão direita em sua própria cabeça. Sem pensar, Bhasmaka fez a mesma coisa e foi reduzido a um monte de cinzas.

Shiva é conhecido por sua impetuosidade, generosidade e ingenuidade. Diz-se dele que se esquece da própria segurança em sua ansiedade para servir aos seus devotos. Ele abençoa todos e não tenta afastar ninguém, nem mesmo os demônios. Fica com raiva rápido e se acalma depressa. Vishnu, por outro lado, é conhecido por sua sagacidade e por sua habilidade para tramar todas as circunstâncias, de modo a sempre ter sido o mestre da situação, nunca a vítima. Assim, Vishnu salvou Shiva, e Shiva ficou muito grato.

Aum Namashivaya!

Aum Sadashivaya Namaha!

21

Markandeya e Agniswara

"Ó, Puro, ó, Virtuoso!
Ó, Senhor do touro orgulhoso de olhos vermelhos!
Ó, mel límpido!
Ó, água da vida!
Ó, Senhor de belos olhos!
Ó, leão entre os imortais!
Eu oro, diga-me quem é meu parente aqui?"

SAINT SUNDARAR

Uma vez existiu um pobre brâmane chamado Mrikandu, que não tinha filhos. Ele e sua esposa oraram para Lorde Shiva para que lhes desse um filho. Shiva apareceu a eles em um sonho e perguntou: "Vocês preferem ter um filho brilhante em todos os aspectos, mas que morrerá aos 16 anos, ou preferem ter um filho tolo que viverá muito?"

Depois de muito pensar, os pais optaram pela criança nobre. O bebê nascido deles, de fato, era uma criança excepcional. Todo mundo que o via ficava atônito com admiração e alegria. Contudo, conforme o menino foi crescendo, notou que os seus pais eram sempre muita protetores em relação a ele. Por fim, questionou-os a respeito da enorme ansiedade e eles lhe contaram o motivo.

O menino respondeu: "Dizem que Lorde Shiva é a causa da mortalidade e da imortalidade. Não foi ele quem realizou seu desejo de ter um filho? Ele não será capaz de conceder a mim a dádiva da imortalidade se nós orarmos a ele?"

Os pais ficaram impressionados com a fé do menino. Eles o encorajaram a praticar o culto diário ao *lingam*, que foi instalado em seu pequeno templo. O menino praticou o culto do *lingam* com fidelidade, da maneira prescrita. Por fim, o dia de seu 16º aniversário chegou. Os pais ansiosos detestaram o fato de deixar o menino sair de perto deles, mas o filho não estava nem um pouco preocupado. Ele foi, como sempre, ao templo da família seguido por seus pais ansiosos. Naquele momento, ele viu a figura assustadora de Yama, o Senhor da Morte, caminhando ao lado dele, levando a corda em sua mão. O menino correu em direção ao *lingam* e dizem que em cada um de seus passos, um *lingam* de Shiva surgiu, bloqueando o caminho do deus da morte. O menino correu para dentro do templo e segurou o *lingam* de modo firme com os dois braços. Yama apareceu e lançou a corda em volta do menino, mas como ele estava apertando o *lingam*, a corda envolveu a criança e o *lingam*.

O menino assustado gritou: "Ó, Shambho! Salve-me! Salve-me! Estou sozinho e desamparado!"

Imediatamente, o senhor apareceu saído do *lingam* e falou com ele: "Não tema", disse com gentileza. "Não permitirei que a morte o leve embora". Então, virando-se para Yama, ele disse: "Ó Yama, você pode voltar para sua morada. À criança foram dados apenas 16 anos de vida e você veio no momento combinado para cumprir sua obrigação. Você pode ter minha palavra de que foi feito. Agora, eu vou assumir".

Yama fez uma reverência ao Senhor e disse: "Ó, Senhor! É você quem concede a mortalidade e a imortalidade. Você é o Criador, Preservador e Destruidor. O que posso fazer além de obedecer aos seus comandos?" Dizendo isso, ele partiu.

Shiva ergueu a criança, que tinha fechado os olhos, já que estava com muito medo de abri-los e observar o que acontecia. "Minha querida criança", disse o Senhor. "Não tema. Meu devoto nunca pode cair. A própria morte será impotente contra meu devoto. Sua fé e sua devoção não deixarão de ser recompensadas. Eu lhe concedo uma vida muito, muito longa. Você viverá durante todo esse *manvantaram* (ciclo de tempo) e será aclamado como um grande sábio.

Você fixará residência no Himalaia, no Kedar Kanda, no ponto sagrado de Badrikashrama. Viverá lá e fará *tapasya* durante todo este ciclo de criação, depois se unirá à essência sem forma no final desse tempo. Não tema. Ninguém pode mais feri-lo."

Dizendo isso, o Senhor partiu. Depois de ficar com os seus pais por um tempo, Markandeya, como ele passou a ser chamado, partiu para o Himalaia, pois percebeu que o único objetivo da vida era contemplar o Senhor Supremo. Muitos *eons* se passaram com o sábio em contemplação profunda. Como sempre, Indra, o rei dos deuses, ficou com ciúme dele, pois pensou que o desejo de Markandeya era usurpar sua posição. Para atrair o sábio e fazer com que ele caísse presa da paixão, Indra enviou seu séquito, formado por Kama, deus do amor, as *apsaras* e outras donzelas celestiais. Em todos os lugares para onde Kama ia, a primavera vinha em seguida, acompanhada pela brisa perfumada *malaya*. Eles foram para o local sagrado conhecido como Badrikashrama, onde o sábio tinha seu eremitério, e transformaram aquele lugar sombrio em um ponto de beleza. A estação primaveril chegou. A Lua crescente decorou o céu da noite. Flores abriram-se em profusão e as trepadeiras grossas ficaram carregadas de flores de onde pingava mel. Abelhas inebriadas zumbiam por todo lado, embriagadas pelo néctar que fluía em abundância. A atmosfera era suficiente para despertar pontadas de paixão no coração do asceta mais severo. Kama chegou, trazendo seu arco de cana-de-açúcar e acompanhado por um grupo de *apsaras*, dedilhando seus alaúdes e cantando com doçura.

O sábio estava sentado em meditação, com os olhos semicerrados depois de ter terminado de oferecer as suas oblações para as chamas do fogo sacrificial. Ele parecia tão brilhante quanto o próprio fogo. As *apsaras* aproximaram-se e começaram a dançar. Os músicos dedilhavam seus instrumentos com suavidade quando Kama colocou sua flecha de cinco pontas esticada em seu arco. A dançarina celestial Punjikasthali avançou lenta e sensualmente no ritmo da música diante do sábio. Suas roupas transparentes estavam se soltando e seus cabelos esvoaçantes cobriam seu rosto. Foi nesse momento oportuno que Kama lançou suas flechas.

Markandeya abriu os olhos. Indra e seus companheiros, que observavam o que acontecia com discrição, atrás da segurança de um arbusto, ficaram pálidos, pois não tinham se esquecido do que havia acontecido a Kama quando ele ousou fazer algo como aquilo ao Senhor Shiva, a seu próprio pedido. Dessa vez, Kama estava tentando o mesmo truque em um dos devotos de Shiva e eles estavam um pouco inseguros sobre as consequências de suas ações. Eles estavam prontos e em posição para fugir se as coisas parecessem estar saindo do controle, mas por incrível que pareça o sábio foi a alma mais delicada. Viu as dançarinas paradas acanhadas diante dele e sorriu para elas. Ele era um com o Supremo e soube o que se passava na cabeça delas. Fez um gesto para Indra, que estava espiando atrás do arbusto. Indra deu um passo à frente, com vergonha, e prostrou-se diante dele, pedindo a Markandeya para que o perdoasse. O sábio garantiu a Indra que ele não tinha o menor desejo de usurpar sua posição e que seu único desejo era cultuar a Deus sem interferência.

Quando Indra partiu, as encarnações de Vishnu conhecidas como Nara e Narayana aproximaram-se de Markandeya para abençoá-lo. Eles lhe disseram para pedir qualquer dádiva, e depois de muita persuasão, o sábio pediu para ter um vislumbre da *maya* divina do Senhor. Aquele, de fato, foi um pedido estranho. Todos nós temos o hábito de pedir ao Senhor que retire o véu de *maya*, mas Markandeya, que sempre estava imerso na bem-aventurança atímica, não sabia o significado de *maya*. O Senhor sorriu diante desse pedido surpreendente e concordou em cumprir o desejo.

Logo que eles que partiram, Markandeya percebeu que nuvens escuras ameaçadoras estavam começando a se acumular no céu. Chuvas torrenciais começaram a cair, e apesar de ele estar sentado no pico de uma montanha, o oceano parecia estar subindo por todos os lados, de modo que Markandeya encontrou seu *ashrama* correndo o risco de ser levado pela enchente. Ele foi incapaz de se salvar de se afogar nas águas e, pela primeira vez na vida, sentiu a emoção chamada medo. Flutuou por um tempo infinito nas águas do dilúvio, torturado por pontadas de fome e pela dor, incapaz de encontrar esperança de escapar. Sentiu como se tivesse estado nadando naquele oceano de *samsara* por todo o tempo. Ele perdeu toda a memória de sua vida anterior. Às vezes, ficava totalmente submerso e outras vezes, boiava.

Ele clamou pateticamente ao Senhor para que o ajudasse e, de repente, viu uma folha delicada de figueira-de-bengala boiando nas águas. Sobre a folha estava um lindo bebê, azul e com os olhos cheios de amor. O bebê segurava um de seus pezinhos com as duas mãos e chupava o dedão. Aquela era uma mensagem silenciosa para Markandeya de que o único recurso para aqueles que estavam se afogando no oceano do *samsara* eram os pés de lótus do Senhor. Ao ver aquele bebê impressionante, o sábio se esqueceu de seus infortúnios e foi arrastado, sem que pudesse resistir, até o bebê. Quando esticou os braços para abraçá-lo, ele se sentiu sendo levado para dentro da criança através de sua respiração. Dentro dela, ele teve a visão do universo como se lembrava de ter visto antes da inundação. O céu com todas as galáxias, os céus, a terra, os oceanos, as florestas e as montanhas estavam todos lá dentro do coração da criança maravilhosa. Seu próprio *ashrama* também estava lá. Enquanto observava a cena, impressionado, ele foi expulso do estômago do bebê por sua respiração. Mais uma vez, ele flutuava nas águas da inundação e o bebê prodigioso estava na água, acomodado na folha de figueira-de-bengala, fora do alcance. Dominado pelo olhar amoroso de soslaio do bebê, o sábio partiu nadando para pegá-lo, mas quando estendeu os braços, o Senhor desapareceu e Markaneya se viu, de novo, de volta a seu *ashrama* no Himalaia, e percebeu que o enorme lapso de tempo que ele imaginou ter passado não foi nada além de um instante. Ele havia acabado de viver a glória da *maya* de Vishnu. O tempo todo não passa de um instante para o Senhor. Para ele, não existe nem passado nem futuro; não existe nada além de um presente glorioso.

Ao ver seu devoto naquele estado exaltado, Lorde Shiva e sua consorte, Parvati, desceram para abençoá-lo. O sábio estava sentado com olhos fechados, meditando sobre a forma de um bebê divino, quando percebeu que a visão tinha sido substituída pelas formas do casal divino. Ele abriu os olhos e os viu parados diante dele.

Shiva era da cor do raio. Seus cabelos embaraçados estavam adornados com a Lua crescente e vestia couro de elefante. Ele estava segurando o tridente, o porrete, o escudo, a espada e o arco, além do rosário de contas *rudraksha*. Parvati, mãe de todos os mundos, estava de pé ao seu lado. Levantando-se depressa, Markandeya prostrou-se diante de ambos e os exaltou. Shiva pediu-lhe que escolhesse qualquer dádiva.

Markandeya, que tinha acabado de sofrer os efeitos de uma dádiva, respondeu: "Acabei de experimentar o efeito drástico da *maya* de Vishnu. Eu não quero mais nada deste mundo. Tudo o que quero é uma devoção firme a seus pés e aos pés do Senhor Vishnu e a todos os seus devotos".

Lorde Shiva respondeu: "Ó, grande e nobre alma! Tudo o que pedir-lhe será dado. Você ficará livre dos tresmalhos da velhice e da morte. Seu tempo de vida se estenderá até a dissolução cósmica, como eu já lhe disse quando o salvei da corda de Yama. Você terá o conhecimento do passado, do presente e do futuro, e também a completa renúncia e a total iluminação. Ver um homem santo pleno de renúncia é suficiente para purificar uma alma. Os próprios deuses anseiam por ver uma pessoa sagrada. Só ao vê-lo, todas as pessoas se tornarão purificadas. Sua fama durará para sempre".

Abençoando-o assim, Lorde Shiva e Parvati saíram do local. Dizem que o sábio, Markandeya, ainda está meditando nas regiões solitárias do Himalaia até hoje, pronto para abençoar todos os devotos do Senhor.

Nas margens do rio Narmada ficava a bela cidade de Dharmapura. Um brâmane chamado Visvanara vivia lá com sua esposa Suchismati. Os dois eram grandes devotos de Lorde Shiva e oraram a ele pela dádiva de um filho. Na verdade, imploraram para que o próprio Shiva nascesse como seu filho. O Senhor concordou e um filho nasceu do casal, e foi chamado de Grahapati. Quando o menino tinha 11 anos, o sábio celestial Narada leu a mão do garoto e previu que uma maldição lhe viria no prazo de um ano, e seria na forma de fogo.

Os pais ficaram muito tristes, mas quando ele soube a causa do seu pesar, o jovem os confortou e lhes disse para pararem de se lamentar, pois ele agradaria ao Senhor e, assim, evitaria o mal que o aguardava. Deixando os pais, ele foi à famosa cidade de Kari, ou Varanasi, que se supõe ser o local preferido do Senhor Shiva. Lá, ele se banhou na famosa *ghat* Manikaran (degraus de banho) e cultuou o *lingam* do Senhor por todo um ano. Quando o período previsto por Narada chegou, Indra, rei dos deuses, aproximou-se dele e disse-lhe para pedir qualquer dádiva. O menino recusou-se dizendo que ele pediria dádivas apenas a Lorde Shiva. Indra ficou furioso e ergueu seu raio para acabar com o garoto imprudente.

O menino levantou os braços em súplica a Lorde Shiva e implorou-lhe para que ele o salvasse. Shiva apareceu diante dele e disse: "Ó, criança, não tenha medo. Fui eu quem apareceu diante de você na forma de Indra para testá-lo. Ninguém pode molestar meu devoto – nem Indra, nem seu raio, nem mesmo a morte. Agora vou lhe dar o nome de Agniswara. Você será nomeado o guardião do sudeste. Quem for seu devoto nunca terá medo do fogo, nem dos raios, nem da morte prematura". Dizem que o fogo é outra forma de Shiva. É o terceiro olho do Senhor.

Aum Namashivaya!

ॐ

ॐ

Aum Kripaanidaye Namaha!

22

As Manifestações de Shiva

Ó, meu coração! Medite no imaculado
Com cachos dourados honrosos,
O consorte de Devi,
Filha da montanha com nuvens no topo,
Ó, meu coração! Medite Nele.

SAINT APPAR

Normalmente, uma pessoa não associa Shiva com encarnações, mas é fato que ele assumiu muitas manifestações a pedido de seus devotos. Agora tentaremos descrever algumas delas.

Uma das encarnações do Senhor Vishnu foi o homem-leão chamado Narasimha. Depois de ele ter matado o demônio Hiranyakashipu, dizem que sua fúria não diminuiu e que o mundo todo tremeu de medo diante do fogo de destruição que emanava da boca de Narasimha. Os deuses aproximaram-se de Shiva e imploraram para que ele interviesse, então Shiva assumiu a forma feroz chamada Sharabha. Ele parecia uma ave gigante com um bico curvo enorme e asas imensas. Suas presas se sobressaíam e seu pescoço era preto. Ele tinha braços fortes, quatro pernas e garras adamantinas. Seus três olhos eram arregalados e brilhavam como as chamas da destruição no fim do mundo. Como um urubu pegando uma serpente, a criatura segurou Narasimha com suas garras e o matou. Depois, todos os deuses cantaram seus louvores.

Shiva assumiu a própria forma e disse: "Assim como não existe mudança na constituição quando o leite é despejado dentro do leite, ou a água dentro da água, ou a manteiga clarificada dentro da manteiga clarificada, também Vishnu e eu somos um e não faz diferença se eu o matar ou se ele me matar. Na verdade, ambos somos imortais e nenhum de nós pode ser morto. Isso é apenas o nosso *lila*. Como atores que vestem roupagens distintas para divertir os espectadores, desempenhamos diferentes papéis pelo bem de nossos devotos".

Certa vez, existiu um sábio chamado Shilada. Ele fez *tapasya* para Indra para ser abençoado com um filho. Quando Indra apareceu, Shilada pediu a dádiva de um filho que fosse imortal, mas Indra disse que era impossível para ele conceder imortalidade. A única pessoa que lhe poderia conceder tal dádiva seria Shiva, então Shilada começou a meditar em Shiva. Depois de muitos anos, quando seu corpo estava reduzido a um simples esqueleto, Shiva apareceu e disse que ele mesmo nasceria como seu filho. Shilada agora começou um *yajna*. Ao fim dele, uma criança emergiu do fogo. Ela tinha três olhos e quatro braços e segurava um tridente e uma clava. Usava um escudo feito de diamantes. Os deuses derramaram flores nessa nova encarnação de Shiva. Como a criança havia trazido alegria a todos, recebeu o nome de Nandi, que é uma abreviação de *ananda* ou bem-aventurança. Contudo, assim que a criança foi levada ao eremitério de Shilada, sua aparência divina desapareceu e ele se tornou uma criança humana comum. Também parecia ter se esquecido de sua origem divina. Apesar de Shilada estar decepcionado, ela se controlou e concentrou-se em dar ao seu filho uma boa educação.

Um dia, dois deuses, Mitra e Varuna, apareceram no eremitério. Eles olharam com atenção para o menino e disseram ao pai que, apesar de ele parecer ter todos os sinais auspiciosos, não passaria dos 8 anos de idade. Shilada ficou naturalmente muito chateado com essa notícia e começou a chorar. Quando Nandi ouviu os motivos para o grande pesar de seu pai, orou para Shiva. O Senhor apareceu e disse a Shilada para não chorar, pois a criança era imortal. Prometeu manter a criança sempre com ele. Shiva tirou seu colar e o colocou em volta do pescoço da criança. Imediatamente, Nandi retomou sua forma divina e Parvati o adotou como seu filho. Ele foi escolhido como um dos *ganapatis,* ou os líderes dos *ganas* de Shiva. Assim, você descobre que Nandi, na forma de um touro, está sempre sentado na frente de Shiva.

Diz-se que Lorde Shiva assumiu incontáveis manifestações para testar seus devotos e abençoá-los. Vamos narrar apenas algumas delas aqui. Uma vez, no vilarejo de Nandigrama, no distrito de Mathurai, vivia uma prostituta muito linda chamada Mahananda, que era uma grande devota de Shiva. Ela era uma adepta de todas as artes, principalmente da arte do amor. Apesar de suas atividades noturnas, ainda encontrava tempo para dançar e cantar para o Senhor de seu coração, que era Shiva. Fora do dormitório, usava roupas simples e usava contas de *rudraksha*, que são adoradas por Shiva, e passava cinzas na testa. Como animais de estimação, ela tinha um macaco e um galo que decorava com *rudrakshas*. Ela os havia ensinado a dançar quando cantava canções ao Senhor. Sua estranha vocação, combinada com sua devoção a ele, deixaram Shiva intrigado, então decidiu testá-la. Ele foi à casa dela disfarçado de um mercador chamado Vaishyanatha. Usando um colar de *rudraksha*, ele entrou na casa entoando os nomes de Shiva. Mahananda ficou feliz em recebê-lo, não só por ser um belo homem, mas também por parecer um devoto de seu Senhor. Quando ela o acomodou e o honrou, seus olhos foram atraídos para a linda pulseira de ouro com pedras preciosas que ele usava.

"Que linda pulseira você tem", ela disse, olhando para o objeto com cobiça. O mercador adivinhou seu desejo de possuir aquela pulseira e falou: "Você pode ficar com ela se quiser, mas aviso que é uma peça de joalheria muito valiosa. Qual o preço que você pode pagar por ela?"

Ela respondeu: "Venho de uma família de prostitutas. De que outra maneira eu poderia pagar senão com a moeda do amor?"

"Muito bem", disse o mercador. "Quanto você acha que ela vale?"

Ela respondeu:

"Se entregá-la a mim, eu serei sua esposa por três dias e por três noites".

O mercador concordou sem demora e lhe pediu que repetisse o juramento três vezes com o Sol e a Lua como testemunhas. Ela fez como dito e o mercador lhe entregou a pulseira. Ele também deu-lhe um *lingam* de Shiva coberto com gemas cintilantes e disse-lhe para mantê-lo em um local muito seguro, já que o *lingam* era muito precioso para ele. Ela pegou a imagem e manteve-a com devoção em um altar no centro do palco onde dançava. O galo e o macaco montavam guarda. Mahananda e o mercador passaram a noite juntos, mas, à meia-noite, foram despertados pelo canto do galo e pelo choro do macaco. Um grande incêndio queimava o palco e todo o local foi consumido, inclusive a imagem.

O mercador ficou devastado quando viu isso e lamentou sua perda. "Eu não desejo viver depois de ter perdido meu ídolo precioso", ele disse. "Prepare uma pira para mim, imediatamente, vou pular dentro dela e acabar com minha vida inútil."

Apesar de Mahananda ter chorado e pedido, o mercador foi firme, e depois de dar três voltas ao redor do fogo, ele se jogou nas chamas. A mulher ficou desesperada quando viu a cena. Embora fosse apenas uma prostituta, era uma grande devota de Shiva, e havia dado a palavra ao mercador de que seria sua esposa por três dias e por três noites, e agora não podia mais manter sua fé.

"Ávida por uma mera joia, fiz um juramento de que seria sua esposa por três dias e por três noites. Agora que ele está morto, não posso mais manter minha palavra. Meu único recurso é guardar o voto de uma esposa casta e entrar nas chamas com ele".

Apesar dos pedidos de seus parentes, ela estava firme em sua decisão e preparou-se para entrar no fogo atrás do marido. Fixando sua mente nos pés de Lorde Shiva, ela deu um passo para trás para poder pular. Naquele instante, Shiva apareceu diante dela em toda a sua glória e a impediu.

Segurando as mãos dela, ele a consolou: "Fui eu que cheguei até você na forma de um mercador para testar sua piedade, coragem e devoção a mim. Fui eu quem produziu o fogo ardente que consumiu seu palco e o *lingam*. Você passou no teste, admiravelmente. Agora, pode pedir qualquer dádiva que quiser".

A prostituta ficou deslumbrada com a graça do Senhor e disse: "Eu não desejo os prazeres desta terra, nem dos céus, nem de qualquer lugar. Tudo o que desejo é o toque de seus pés de lótus. Os meus servos, empregadas e parentes são todos seus devotos. Por favor, leve-os comigo até sua morada sagrada e leve de nós o terrível medo de nascimentos repetidos". Ao ouvir isso, o Senhor ficou muito feliz, e levou ela, seus parentes e seguidores para sua morada.

Essa história nos mostra como o Senhor está mais ciente de nossas intenções do que de nossas ações. A mulher era uma prostituta de nascença. Para ela, a prostituição era um trabalho como qualquer outro, mas sua vida privada era dedicada totalmente ao Senhor. Ela não tinha escolha no que dizia respeito a seu trabalho, mas seu coração sempre estava voltado a Shiva. O Senhor que vê dentro de nossos corações nos julga não pelo que mostramos por fora, mas por nossa pureza interna.

Outra manifestação adorável de Lorde Shiva é Kirata, o caçador. Os Pandavas e Arjuna, em especial, eram todos devotos de Shiva. Seus primos, os Kauravas, os levaram à floresta. Nessa ocasião, o Senhor Krishna foi até eles e aconselhou Arjuna a fazer o melhor uso de seu tempo na floresta, acalmando o Lorde Shiva e pedindo sua arma poderosa, o *pasupata*. Com essa arma, Arjuna seria capaz de derrotar Kauravas em batalha, o que Krishna sabia ser inevitável.

Assim aconselhado por Krishna, Arjuna foi à montanha chamada Indrakila, no Himalaia, perto do local denominado Badrikashrama. Enquanto ele estava meditando com os olhos fechados e os cabelos embaraçados, subsistindo apenas com folhas e frutos, seu primo malvado Duryodana instigou um demônio chamado Muka para ir molestá-lo e distraí-lo de seu *tapasya*. Muka assumiu a forma de um javali e partiu para a floresta. Contudo, Lorde Shiva nunca abandona seus devotos. Assumindo a forma de um caçador, ou *kirata*, ele entrou na floresta e perseguiu o javali. Parvati o acompanhou na forma de uma caçadora, ou *kirati*. Ao ouvir os tremendos sons feitos pelo javali e o caçador, Arjuna abriu os olhos e viu o javali correndo para dentro da clareira onde ele estava sentado. Imediatamente, Arjuna retesou seu arco e atirou na fera quando ela partiu na direção dele, onde estava sentado diante de um *lingam* de lama de Shiva que ele tinha feito para seu culto. No mesmo momento, *kirata* também atirou no javali; as duas flechas encontraram o alvo simultaneamente. Arjuna avançou para recuperar sua flecha e, ao mesmo tempo, Shiva, na forma de *kirata,* saiu do matagal e chegou à clareira. Shiva sempre gostou de provocar seus devotos e Arjuna era amado por ele de forma especial. Com uma voz irada, Shiva disse: "Pare! Não toque a fera. Ela é minha. Acertada pela minha flecha".

Arjuna ficou muito indignado quando ouviu isso e respondeu com desdém: "Você sabe quem eu sou? Sou Arjuna, o famoso arqueiro. Como você, um mero morador da floresta, pode esperar ter a mesma habilidade que eu no arco e flecha? É claro que foi minha flecha que acertou o javali".

A discussão acalorada logo levou a uma briga, e eles decidiram testar sua capacidade com os arcos. Uma batalha assustadora ocorreu entre o Senhor e Arjuna, na qual Shiva, mentalmente, aplaudiu a destreza do devoto. Porém, apesar de toda sua habilidade, Arjuna não foi páreo para o arqueiro divino. Arjuna ficou encantado ao ver que um simples morador da tribo pôde derrotá-lo no arco. Não soube o que fazer e pediu um intervalo. Ele foi concedido e Arjuna, rapidamente, fez uma guirlanda de flores silvestres e adornou o pescoço do *lingam* que ele vinha cultuando com fidelidade por muitos meses, e implorou a Lorde Shiva para salvá-lo. Fortalecido com esperança e coragem renovados, ele se virou para encarar seu oponente e ficou atônito ao ver a guirlanda que tinha acabado de colocar no *lingam* adornando o pescoço do falso caçador. Foi só naquele momento que Arjuna compreendeu que tudo aquilo era jogo do Senhor. Ele correu para se prostrar aos pés do divino caçador e implorar perdão pela grande ofensa que havia feito ao ousar brigar com ele. Então, Shiva revelou sua forma verdadeira, com Parvati ao seu lado e os *ganas* brincando em torno deles. Arjuna prostrou-se muitas vezes e implorou a Shiva para que o perdoasse.

Shiva riu e disse: "Foi uma grande experiência lutar com você. Sinto orgulho de sua perícia. Agora, pode pedir a dádiva que quiser".

Arjuna estava tão envergonhado que não ousou pedir a arma pela qual vinha fazendo *tapasya*. "Só quero ter devoção a seus pés sagrados por toda a minha vida", disse. Shiva, que pôde ver dentro de seu coração, insistiu que ele poderia pedir qualquer coisa que quisesse e seu desejo seria concedido. Por fim, Arjuna pediu a arma de Shiva, a *pasupata*.

O Senhor Shiva respondeu: "Com certeza, eu o presentearei com meu próprio míssil, o poderoso *pasupata*, com o qual você ficará invencível. Você será capaz de derrotar seus inimigos e reconquistar o seu reino". Depois de abençoar Arjuna dessa forma, o Senhor voltou à sua morada e Arjuna se reuniu a seus irmãos e a Draupadi na floresta.

O belo templo de Kanyakumari está situado na ponta do extremo sul do subcontinente indiano. É dedicado à deusa virgem e tem uma linda história ligada a ele. A pedido dos deuses, Parvati, a esposa de Shiva, em uma ocasião foi forçada a nascer na terra para matar alguns demônios. Seu nome na forma terrestre era Punyakshi e, naturalmente, ela era uma grande devota de Lorde Shiva. Desejava, do fundo do coração, casar-se com ele. No entanto, os deuses não queriam que ela se casasse, já que apenas uma virgem tinha o poder de matar demônios. Ela implorou a Shiva para interceder junto aos deuses em seu nome, e que viesse e a tomasse como sua noiva. Sempre disposto a cumprir os desejos de seus devotos, Shiva pediu aos deuses para permitirem que ele se casasse com ela. Os deuses não puderam negar o pedido, mas pensaram em um truque com que pudessem impedir o casamento.

"Quem se casar com ela terá de pagar o preço da noiva", eles disseram.

"Qual é esse preço?", perguntou Lorde Shiva.

"O preço da noiva é um talo de cana-de-açúcar sem anéis, uma folha de bétel sem veios e um coco sem olhos", eles disseram.

Shiva riu de suas artimanhas e conjurou os presentes em um instante. "Agora vocês podem fixar a data para o casamento", disse aos deuses atônitos.

Eles estavam determinados a contrariá-lo de alguma maneira, então disseram: "Você terá de se casar com ela antes de o galo cantar amanhã, caso contrário, terá de esperar até o fim desta era". Esse foi um grande desafio, já que Punyakshi vivia na ponta da península indiana e Shiva, no topo, no Kailasa. Shiva concordou e, imediatamente, partiu para o sul. Um pouco antes de chegar a Kanyakumari, ele ouviu o galo cantar. Os deuses o haviam enganado fazendo o galo cantar à meia-noite. Pensando que já amanhecia, Shiva decidiu que não fazia sentido seguir em frente, uma vez que não seria capaz de chegar à sua noiva antes da hora marcada. Ele interrompeu sua viagem e decidiu ficar na forma de um *lingam* na cidade chamada Suchindram, perto de Kanyakumari. Lá, ele continua esperando pelo fim dessa era para poder cumprir sua promessa à sua amada Punyakshi.

Contaram a Punyakshi sobre a hora das núpcias, ela se vestiu com todos os requintes de noiva e esperou que o Senhor aparecesse. Os convidados chegaram e até mesmo a comida tinha sido preparada para o banquete que viria depois do casamento. Infelizmente, Shiva não conseguiu cumprir sua palavra, já que os deuses tinham cuidado para que ele tivesse seu caminho obstruído. O galo cantou quando o sol surgiu e não havia noivo. Punyakshi sentiu-se terrivelmente desapontada. Ela começou a chorar, chutou os recipientes de comida na areia e jogou seus adornos fora.

Os demônios a espicaçaram dizendo: "Por que você não se casa conosco?" Ela ficou tão furiosa que pegou uma foice e a jogou neles, matando todos, para a alegria dos deuses que tinham planejado todo aquele golpe com muita alegria. Punyakshi fez sua morada na ponta do subcontinente da Índia e passou a ser conhecida como a deusa virgem – Kanyakumari. Lá, ela espera por Shiva até hoje, seu noivo. Os deuses prometeram-lhe que no final desse ciclo de evolução cósmica, ela seria unida ao seu Senhor. O alimento que ela derrubou se misturou com a areia, e até hoje encontramos areia de muitas cores e formatos diferentes na praia de Kanyakumari.

Meenakshi, princesa do antigo reino Tamil de Madurai, nasceu com três seios. Os astrólogos previram que ela perderia o seio do meio só quando ficasse cara a cara com o homem com quem se casaria. Parecia muito improvável que Meenakshi se casasse, uma vez que ela tinha um temperamento muito masculinizado, e preferiu aprender a arte da guerra a aprender as atitudes de uma princesa. Ela se tornou a general do exército de seu pai. Ela o levou para o norte, para o sul, para o leste e oeste, aos quatro cantos do país, conquistando toda a terra até o Himalaia e derrubando todos os reis intrépidos que ousavam se opor a ela.

Enquanto estava no Himalaia, ela ouviu falar de um ermitão que era muito poderoso e se recusava a cumprir as ordens dos *kshatriyas* (casta de guerreiros). Até então, nenhum rei tinha conseguido derrotá-lo. Ela estava determinada a ser quem o derrotaria. Partiu na frente do restante da brigada, mas de repente, foi abordada por um belo ermitão que bloqueou sua passagem. Ela ordenou ao homem que saísse de seu caminho. Ele apenas sorriu e se recusou a obedecer. Furiosa com esse comportamento, ela saltou do cavalo e correu em direção a ele com a espada erguida. Ele riu da cara dela, nem piscou um olho. Quando ela ergueu os olhos indignados para olhar para esse insolente, ficou alarmada a ponto de ficar imóvel. Seu terceiro seio caiu, de repente, e ela sentiu estar derretendo no olhar penetrante do asceta. Ela abaixou o braço que havia erguido e a espada caiu no chão. Curvou-se aos pés do belo ermitão que não era ninguém além de Lorde Shiva. Ela mesma era Parvati, que havia assumido a forma de Meenakshi para jogar o divino *lila*. Os deuses derramaram flores sobre o casal e o casamento de Sundareswara, como foi chamada essa manifestação de Shiva, e Meenakshi foi presidido pelo próprio Vishnu. Até hoje, o casal divino é cultuado no templo de Meenakshi em Madurai, em Tamil Nadu.

Houve uma época em que os sábios que moravam nas florestas e praticavam austeridades severas ficaram tomados pelo ego e, assim, deixaram de agir de acordo com seu rígido código de conduta. Para lhes ensinar uma lição, Shiva assumiu a forma de um belo eremita jovem, o que parece ser um papel que ele adorava, e entrou na floresta. Quando o viram, os sábios e suas esposas correram atrás dele e imploraram para que ficasse com eles, prometendo mudar seu comportamento e fazer o que quisesse que eles fizessem. Shiva riu com desdém diante de seu pedido. Eles ficaram furiosos com a falta de respeito demonstrada pelo jovem eremita e, com seus poderes de magia, criaram um tigre, uma serpente e um duende, e os lançaram ao rapaz. Shiva matou o tigre, tirou sua pele para servir de roupa, enrolou a serpente no pescoço, pulou nas costas do duende e começou a dançar. Era uma dança macabra, abalando a própria base da terra. Suas madeixas soltas bateram nos seres celestiais, seus passos dividiram as montanhas e seus braços rodopiaram entre as estrelas. Os deuses desceram do céu e os demônios abandonaram as regiões escuras para observarem essa dança inspiradora. Conforme a dança prosseguia acompanhada de música celestial, os sábios perceberam que o que Shiva tinha feito foi castigar o tigre de sua ambição, domar a serpente de sua paixão e destruir o duende de seu ego. Sua dança selvagem era a própria essência da vida, o ciclo cósmico de criação, organização e destruição. Ela era a dança dervixe louca dos prótons, nêutrons e de todas as partículas de energia que formam esse mundo de matéria, pulsando com energia. Ele era o Criador, o Preservador e o Destruidor. Em sua mão direita, segurava o chocalho que produz o som que emana da garganta no momento da morte, e também a reverberação no instante do nascimento. Em sua mão esquerda, ele segurava o fogo que arde e destrói, mas também ilumina e cozinha o alimento que mantém a vida. Em torno dele, girava a enorme roda do tempo, a roda do *samsara*, o ciclo de infinitos nascimentos e mortes. Deuses, sábios e outros seres celestiais observavam, enfeitiçados, o espetáculo incrível do Senhor como Nataraja, o dançarino cósmico. Foi essa dança que inspirou o grande tratado de Natyashastra, ou ciência da dança, pelo sábio Bharata. Esse acontecimento está imortalizado em bronze na figura inspiradora de reverência de Shiva como Nataraja, no templo de Chidambaram, no sul da Índia.

Aum Namashivaya!

ॐ

Aum Bhaktavalsalaya Namaha!

23

Shiva, o Adorado

Eu não sou intelecto, mente, ego nem percepção,
Eu não sou o sentido da audição, do paladar, do olfato
nem da visão,
Eu não sou o céu, a terra, o fogo ou o ar,
Eu sou a essência da consciência e da bem-aventurança
– Shivoham! Shivoham!

"NIRVANASHTAKAM", de ADI SHANKARACHARYA

As histórias de Vishnu e Shiva entrelaçam-se de modo que às vezes dizem que Vishnu cultua Shiva, e vice-versa. Certa vez, dizem, Vishnu prometeu cultuar Shiva com 1.008 flores de lótus. As flores de lótus costumam ser usadas no culto do próprio Vishnu. Vishnu disse que repetiria os 108 nomes de Shiva e ofereceria uma flor de lótus para cada nome. Para testar Vishnu, Shiva tirou uma flor de lótus do ramalhete para que, no fim do *puja*, estivesse faltando uma flor. Sem se deixar abater, Vishnu, o de olhos de flor de lótus, tirou um de seus belos olhos e o colocou no *lingam*. Shiva ficou tão satisfeito com o presente de amor e sacrifício que deu a Sudarshana Chakra (a arma do tempo giratória e afiada) ao Senhor Vishnu.

Ravana, o rei demônio, foi um grande devoto de Shiva. Todos os dias, ele viajava em seu veículo aéreo saindo da cidade-ilha de Lanka, que fica perto da costa da Índia, no extremo sul, até a residência de Shiva no Kailasa, que ficava no Himalaia, no extremo norte. Depois de um tempo, ele se cansou dessas viagens diárias e criou um plano: decidiu levar Shiva e todo o seu grupo para Lanka. A maneira mais fácil, pensou Ravana, seria arrancar toda a montanha Kailasa e levá-la para sua própria cidade. Ele colocou as mãos embaixo da montanha e começou a chacoalhá-la. Parvati ficou muito irritada diante desse ultraje e implorou que Shiva impedisse o descaramento de Ravana. Shiva simplesmente pressionou o solo com o dedão do seu pé e a montanha esmagou a mão de Ravana. Ravana urrou de dor e implorou a Shiva para soltá-lo, mas Shiva se recusou a ouvir. Dizem que Ravana, então, compôs o famoso hino *Shiva Thandava*, que impressionou tanto Shiva a ponto de ele largar a mão de Ravana e deixá-lo partir, com sua bênção.

Em seguida, Ravana criou um instrumento musical conhecido como *rudra veena* e o presenteou a Shiva. Este ofereceu uma dádiva a ele. O rei demônio, fiel à sua natureza, imediatamente, pediu Parvati!

Shiva riu e disse: "Que seja. Vá pegá-la. Ela está se banhando no lago de Manasarovar". Com seu humor matreiro de sempre, ele queria saber como sua esposa lidaria com essa situação.

Ravana correu até o lago, mas os atendentes de Parvati já a haviam informado sobre esses acontecimentos intrigantes, e ela estava pronta para Ravana. Então pegou um sapo, ou *manduka*, e o transformou em uma bela fêmea chamada Mandodari. Quando Ravana chegou, ele encontrou essa mulher fascinante sentada em uma pedra ao lado do lago. Por nunca ter visto Parvati e por não ter motivos para duvidar das palavras de Shiva, ele pensou que a mulher fosse Parvati e a levou para Lanka para que fosse sua esposa.

Kubera, um grande devoto de Shiva, na verdade, era irmão de Ravana. Kubera, Ravana e Vibhishana eram os três filhos do sábio Vaisravana. Lanka originalmente pertencera a Kubera, mas Ravana o derrotou, jogou-o para fora da cidade e se apropriou de todos os bens dele, incluindo seu incrível veículo aéreo, Pushpaka. O desalojado Kubera vagou pelo mundo, infeliz e cabisbaixo. Por fim, ele chegou à cidade de Kasi, que é famosa pelo templo de Shiva, e lá meditou no Senhor de três olhos, que apareceu diante dele e lhe concedeu muitas dádivas. Shiva apaixonou-se intensamente por Kubera, pois ele era baixo e sem forma, com uma barriga enorme e apenas um olho; Shiva satisfazia-se em ajudar aqueles que todos os outros evitavam. Ele disse a Kubera que este podia ir viver na cidade de Alakapuri no Himalaia, perto do Kailasa, e fez dele o senhor dos Yakshas e Kinnaras, e protetor de toda a riqueza do submundo.

Kubera gostava tanto de Shiva que quis agradá-lo dando-lhe presentes. Como ele era o guardião de toda riqueza, quis presentear Shiva com uma grande quantidade de joias e dinheiro. Shiva riu do orgulho enorme de Kubera em pensar que ele poderia, de fato, agradar a Shiva, o Grande Senhor dos mundos, com riqueza. Quando Kubera insistiu, Shiva disse-lhe que se estava tão ansioso para fazer algo por ele, poderia alimentar seu filho, Ganesha, que nunca estava satisfeito com o alimento que ele tinha no Kailasa. Kubera concordou, pensando que seria uma tarefa fácil. No dia seguinte, Ganesha foi para Alakapuri, onde um banquete imenso tinha sido preparado especialmente para ele. Kubera recebeu-o com todas as honras e colocou um enorme repasto diante dele, consistindo em todos os tipos de doces que se poderia imaginar, todos preparados em quantidades colossais. Ganesha comeu tudo o que era colocado diante dele e pediu mais. Muito mais foi preparado e servido, mas também desapareceu num instante. Kubera temia que a barriga de Ganesha explodisse.

Ganesha imaginou o que estava ocorrendo em sua mente, apontou a serpente que envolvia seu estômago e disse: "Veja esta serpente. Ela cuidará para que meu estômago não explode, então não precisa se preocupar. Por favor, prepare mais comida, já que minha fome não passou. Você prometeu a meu pai que satisfaria minha fome e agora parece estar voltando atrás em sua barganha".

Esse banquete continuou até Kubera exaurir toda a sua riqueza, e ainda assim o apetite de Ganesha não pôde ser saciado. Por fim, Kubera percebeu seu erro e caiu aos pés de Ganesha. Kubera implorou o perdão de Ganesha por ter sido tão presunçoso e supor que sua riqueza era tão grande a ponto de poder comprar qualquer coisa, incluindo os deuses. Ganesha é conhecido por ensinar as pessoas a controlar seu ego.

O demônio Bana foi outro grande devoto de Lorde Shiva. Ele tinha mil mãos e costumava agradar a Shiva tocando mil instrumentos de percussão, enquanto Shiva dançava o *thandava*. Shiva estava satisfeito com a dedicação de Bana, que assumia a forma desse acompanhamento incomum à sua dança, e lhe disse que escolhesse uma dádiva. Bana, com verdadeira astúcia demoníaca, imediatamente, pediu a Shiva para ser o vigia de seu palácio.

Um dia, Bana foi a Shiva e contou-lhe que seus mil braços estavam coçando por uma boa briga. Ele não conseguia encontrar ninguém em todos os mundos que fosse capaz de derrotá-lo.

"Os mil braços que você me deu se tornaram um fardo para mim. Eu desejo uma boa briga com alguém, mas todas as pessoas de quem me aproximo fogem ao ver meus muitos braços. Em minha ânsia por uma briga, reduzi montanhas a pó, mandei elefantes longe e esmaguei a terra em pedaços, mas ainda estou insatisfeito. Quero um oponente digno."

Shiva disse: "Ó, Bana! Saiba que quando seu mastro se quebrar em dois, você encontrará alguém com seu fervor, mas lembre-se de que ele também será aquele que extinguirá o seu orgulho".

Bana ficou feliz ao ouvir que ele encontraria alguém capaz de enfrentar seus mil braços. Ele vigiava seu mastro todos os dias, esperando um sinal de rompimento. Ele não prestou muita atenção à segunda metade da profecia de Shiva.

Bana tinha uma bela filha chamada Usha, que se apaixonou pelo neto do Senhor Krishna, Aniruddha. Eles tiveram um caso clandestino e o príncipe ficou nos aposentos dela sem o conhecimento de ninguém, exceto de sua amiga. No entanto, depois de algum tempo, a notícia vazou. Quando Bana ficou sabendo, ele ficou furioso e colocou Aniruddha na prisão. Ao saber do destino de seu neto, Krishna marchou com o exército Yadava para a capital de Bana e lá houve um combate glorioso entre Bana e Krishna, no qual Bana foi auxiliado por Shiva e seus *ganas,* já que Shiva tinha prometido protegê-lo. O mastro de Bana se quebrou assim que o Senhor Krishna chegou, e Bana percebeu que logo ele encontraria seu par, como previsto por Shiva. Depois de uma luta terrível em que o exército de Bana foi totalmente derrotado, Krishna ficou com Bana sob a ponta de sua espada. Krishna poupou a sua vida, mas, metodicamente, começou a decepar todos os braços de Bana, já que parecia que eles tinham sido os responsáveis diretos por seu orgulho fora do comum. Quando só havia mais dois pares, Shiva interveio e implorou a Krishna para poupar a vida de Bana e o restante de seus braços, já que Bana era seu devoto.

O Senhor Krishna disse: "Ó, adorável Senhor! Quem é estimado por você é estimado por mim. Eu nunca matarei esse *asura*. Sem dúvida, decepei todos os braços que estavam sobrando, pois estavam se provando um fardo para ele, mas pouparei os quatro que restaram e lhe darei a dádiva de que esses braços nunca envelhecerão e manterão sua força adamantina até o fim de seus dias".

Bana ficou encantado ao ouvir isso e feliz por dar sua filha, Usha, ao belo príncipe Yadava, Aniruddha. Assim, vemos que no *lila* de Shiva e Vishnu, às vezes um derrota o outro e, às vezes, os papéis se invertem, permitindo, assim, que os dois mantenham seus devotos felizes.

> *O Atma permeia tudo e é autorrevelado.*
> *Ele não tem apoio. O universo de nome*
> * e forma é insignificante*
> *e está separado do Eu, o único Atma*
> *sem um segundo, sem atributos e indestrutível,*
> *mesmo quando toda a criação é destruída. É da natureza*
> *da bem-aventurança e da pureza supremas.*
>
> "Dasisloka", de Adi Shankaracharya

> *Ó, morador das montanhas e doador de todo o bem,*
> *torne sua flecha pacífica; não destrua a gente do mundo material.*
>
> "Sri Rudrum", *Yajur Veda*

> *Do alimento, todas as criaturas são feitas, tantas quantas*
> * são encontradas na terra.*
> *Com o alimento elas vivem e alimento elas se tornam,*
> * quando, por fim, são enterradas na terra.*

Há outro ser além desse que consiste em alimento.
É o que consiste em energia vital.
Há ainda outro ser além desse que é composto por energia vital
  – O que consiste em mente.
De fato existe outro ser além deste que consiste em mente...
Aquele composto por consciência...
Aquele composto de bem-aventurança.

Taittiriya Upanishad

Aum Namashivaya!

Aum Haraya Namaha!

24

Os Jyotirlingas

Ó, Destruidor!
A escadaria em chamas é seu pátio de recreio,
Seus companheiros são monstros,
Você está sujo com as cinzas das piras funerárias,
Sua guirlanda é uma corrente de crânios,
Seu nome e natureza parecem inauspiciosos.
Ainda assim, ó, dispensador de bênçãos!
Aqueles que meditam em você
São extremamente auspiciosos.

"SHIVA MAHIMA STOTRAM"

A 13ª noite da metade escura de todo mês lunar é especial para Shiva e é conhecida como Pradosha, ou Shivaratri. Normalmente, os deuses não são cultuados na metade escura do mês lunar. Esse período em que a Lua está minguante, em geral, é considerado inauspicioso para começar qualquer coisa. Demônios e fantasmas se movimentam nesse período, e apenas Shiva pode controlá-los. Como vimos, Shiva sempre provou que, para o *yogin*, a palavra "inauspicioso" não tem significado. Então, nesses dias em que a Lua crescente está no céu, as pessoas oram a Shiva para manter todo o mal afastado delas. A 13ª noite da fase minguante da Lua, que vem no mês de Phalguna, fevereiro/março, é conhecida como Mahashivaratri. Foi o dia em que Shiva bebeu o temido veneno *halahala* durante a agitação do oceano de leite. Dizem que todos os deuses fizeram vigília com ele, cantando seus louvores. Então, nesse dia em especial no mês de Phalguna, quando as névoas do inverno estão derretendo na primavera, todos os devotos de Shiva se mantêm acordados, cantando e orando ao grande Senhor e prestando culto a ele. Água do Ganges é despejada no *lingam* para esfriá-lo do calor do veneno.

Num dia de Mahashivaratri, um caçador que não tinha nenhum conhecimento esotérico se perdeu na floresta. Com medo dos animais selvagens, ele se protegeu no topo de uma árvore *bael*. As folhas dessa árvore têm três segmentos correspondendo aos três olhos de Shiva, e eles são muito especiais em seu culto. Para não cair da árvore, o caçador não parava de arrancar as folhas dela e jogá-las no chão. Por acaso havia um *linga* logo abaixo dessa árvore, de modo que, sem que soubesse, ele cultuou o Senhor naquela noite em especial, fazendo jejum, mantendo-se acordado e oferecendo as folhas da árvore *bael* ao *lingam*. Pela manhã, Shiva apareceu diante dele e o abençoou. A adoração a Shiva no dia Mahashivaratri, mesmo realizada sem conhecimento, traz recompensas.

A história a respeito desse festival, como contada no *Mahabharata*, fala de um rei chamado Chitrabhanu, que dizem ter feito o jejum com muito entusiasmo. Em sua vida anterior, ele tinha sido um caçador chamado Suswara. Certa vez, quando a noite caiu sobre a floresta, o caçador não pôde voltar para casa, então ele escalou até o topo da árvore *bael* e se abrigou. Atormentado pela sede, ele começou a chorar, e suas lágrimas caíram em um *lingam* de Shiva, que estava embaixo da árvore. Para se manter acordado e não cair da árvore, ele começou a arrancar as folhas dela e jogá-las para baixo. Aquela era a noite de Mahashivaratri, e o caçador, sem saber, adorou o *lingam* de Shiva a noite toda, jejuando e fazendo vigília. Como recompensa por isso, ele nasceu como o rei Chitrabhanu na sua vida seguinte.

Em um diálogo entre Shiva e Parvati, esta última perguntou a Shiva qual ritual lhe agradava mais.

Shiva respondeu: "A 14ª noite da Lua nova na quinzena escura do mês de Phalguna é meu dia preferido. Meus devotos que jejuam nesse dia e me cultuam durante os quatro períodos da noite com folhas de *bael* são os que mais me agradam. Essas folhas são mais preciosas do que joias para mim. O *Abhisheka* (banho ritual) deve ser feito nas quatro vigílias da noite. Durante a primeira vigília, devo ser banhado em leite; durante a segunda, com coalhada; durante a terceira, com manteiga clarificada; e na quarta, com mel. No dia seguinte, o devoto deve quebrar seu jejum apenas depois de alimentar os pobres. Ó, Parvati! Não existe ritual que me agrade mais do que esse!".

A condição cósmica original do divino antes da criação é um estado que lembra a noite ou a escuridão. É a noite de Shiva, ou Shivaratri, e esse é seu estado. Portanto, ele é cultuado durante a noite e é conhecido como o representante de *tamas*, o terceiro *guna*. Essa escuridão, ou *tamas*, se deve ao excesso e não à ausência de luz. Quando a frequência de luz é intensificada a um nível muito alto, ela é incapaz de ser vista por olhos humanos. Algumas luzes são chamadas de luzes cegantes. Isso porque quando olhamos para uma luz assim, nossos olhos só veem a escuridão. Deus é realmente a luz de todas as luzes e, por isso, invisível ao olho humano. A coruja não pode olhar para o sol; ela só pode ver na escuridão. Do mesmo modo, a alma humana, que não percebeu a grandeza de Deus, não pode ver a luz cegante Dele. Shiva, o compassivo, assume assim a forma de noite e nos estimula a adorá-lo como escuridão, para treinar nossos olhos místicos a se desenvolverem e vê-lo em todo o seu esplendor. Essa é a importância esotérica de Mahashivaratri, a noite de Shiva.

O culto ao *lingam* é um dos aspectos mais importantes da devoção a Shiva, uma vez que se acredita que ele está presente no *lingam*. A palavra *lingam* significa "um sinal" ou "característica". O Brâman Absoluto é sem forma e não tem atributos, então não tem *lingam*. No entanto, os seres humanos precisam de alguma forma que facilite a concentração da mente, então, o *lingam*, que é uma pedra redonda e ereta, é usada como um símbolo de Brâman.

A certa altura, dizem que Shiva passou milhares de anos apoiado em um pé só, transformando-se em um eixo para o universo em giro. Essa figura não tem começo nem fim e é o *lingam* cósmico de Shiva. O *lingam* Shiva também é considerado o falo divino, contendo dentro de si a semente do universo; toda a vida é criada dele. Junto com a *yoni*, ou assento onde ele descansa e que corresponde à vulva feminina, o *yoni-lingam* representa a união do homem e da mulher, Shiva e Shakti, o Espírito cósmico em união com a Prakriti cósmica, que traz tudo à existência.

Dizem que, certa vez, o sábio Brighu foi ao Kailasa e encontrou Shiva e Parvati tão apaixonados que eles sequer notaram sua presença. O sábio amaldiçoou Shiva para que no futuro ele fosse cultuado sem forma, como um *lingam* preso dentro de uma *yoni*.

Outra história descreve como Shiva, o belo eremita, vagou entre as florestas *devataru* (deodara) do Himalaia. Ao ver seu corpo irresistível, as esposas dos eremitas correram atrás dele. Os sábios amaldiçoaram Shiva para que ele perdesse sua forma agradável. Shiva, imediatamente, se transformou em uma *jyotirlinga* (uma coluna de luz com formato de *lingam*) feroz que ameaçou aniquilar todo o universo. Os sábios ficaram aterrorizados e correram até Parvati para salvar o mundo. No mesmo instante, ela assumiu a forma de um receptáculo, ou *yoni*, e capturou o *jyotirlinga*. A fúria de Shiva diminuiu e ele pediu aos sábios e às suas esposas que adorassem o *lingam-yoni* e controlassem sua luxúria e raiva. A *yoni* representa a Mãe Divina. Ela também tem um aspecto utilitário. Age como a base para o *lingam* e coleta a água, o leite, etc. que são despejados sobre o *lingam* durante o *puja*.

OS 12 *JYOTIRLINGAS*

Há milhares de *lingans* por toda a Índia, mas alguns deles têm importância especial. Os mais importantes entre todos, os *jyotirlingas*, são 12: Somanatha, Mallikarjuna, Mahakala, Omkara, Kedara, Bhimshankara, Vishvanatha, Tryambaka, Vaidyanatha, Nagesha, Rameshwara e Ghushnesha. A maioria deles surgiu sozinha. Outros foram instalados por mãos humanas.

1. Somanatha

Nós já vimos como Chandra, ou Soma, como é chamado o deus Lua, foi um dos genros de Daksha. Daksha o havia amaldiçoado dizendo que ele definharia e morreria, e Soma tinha apelado a Lorde Shiva para que o salvasse dessa maldição. O local onde Soma orou a Shiva é conhecido como Somanatha. É o primeiro dos *jyotirlingas*.

2. Mallikarjuna

Também conhecemos a história de como o filho de Shiva, Kartikeya, deixou o Kailasa e foi viver em um monte na região sul. Parvati ficou desolada com sua partida e implorou a Shiva que a levasse até seu filho. Kartikeya recusou-se a deixar eles viverem em seu monte, por isso Shiva e Parvati fixaram residência no monte Mallikarjuna, e esse é o segundo *jyotirlinga*.

3. Mahakala

A antiga cidade de Avanti, a Ujjain de hoje, situa-se no rio Kshipra. Havia quatro brâmanes naquela cidade que eram grandes devotos de Shiva. Em uma das colinas, do outro lado da cidade, viveu um demônio chamado Dhushana, que matava todos que praticavam rituais védicos ou que cultuavam Shiva. Quando o demônio soube dos quatro brâmanes de Avanti, foi até lá para matá-los. Sem se deixarem abalar, os irmãos continuaram orando ao *lingam*. De repente, o *lingam* se abriu com um som estrondoso e Shiva saltou empunhando as armas da destruição. Sua forma era de Mahakala, o grande Destruidor. Dhushana foi reduzido a cinzas e seus homens fugiram. Os brâmanes imploraram a Shiva para que ele permanecesse ali para sempre. O Senhor concordou e esse é o *jyotirlinga* conhecido como Mahakala.

4. Omkareshwara

Uma vez, o sábio celestial Narada visitou a montanha Vindhya. A montanha ofereceu culto ao sábio, mas Narada sabia que Vindhya estava cheia de orgulho, então, com seu modo galhofeiro de sempre, disse a Vindhya que a montanha Sumeru era superior a ela. Vindhya quis se tornar equivalente a Sumeru e começou a fazer *tapasya* a Lorde Shiva. Quando Shiva apareceu, Vindhya implorou-lhe que permanecesse lá o tempo todo para torná-la o equivalente a Sumeru. Shiva concordou, e esse é o quarto *jyotirlinga*, Omkara, que se situa às margens do rio Narmada.

5. Kedarnatha

Há duas histórias ligadas ao quinto *jyotirlinga*, Kedara, que fica no Himalaia. Uma está associada aos Pandavas. No fim de sua permanência na terra, os cinco irmãos Pandava, com Draupadi, foram àquela parte do Himalaia conhecida como Kedarkanda. No seu caminho, descobriram que um cachorro de aparência selvagem como um búfalo nobre tinha se unido a seu grupo. Reconhecendo o búfalo como ninguém além de sua divindade pessoal, Lorde Shiva, os Pandavas o perseguiram. Por fim, Shiva permitiu-se ser pego. Cada um dos cinco irmãos pegou uma parte do animal e, para sua consternação, ele se desfez em cinco partes em suas mãos. Eles jogaram os pedaços por toda parte e onde os pedaços caíram ficaram conhecidos como Panch Kedars, que são todos lugares muito importantes no Himalaia para o culto a Shiva. A corcunda do búfalo caiu no ponto mais importante de todos esses locais, e é o *jyotirlinga* conhecido como Kedara. Diferentemente de outros *lingans*, o *lingam* em Kedara tem a forma da corcunda de um búfalo.

A segunda história relacionada a Kedara tem ligação com a encarnação dual de Vishnu, conhecido como Nara-Narayana. Dizia-se sobre esses dois sábios que, constantemente, estavam meditando em Kedarkanda no lugar chamado Badarikashrama, que é um local de peregrinação importante para os devotos de Vishnu. Depois de muito tempo, Shiva apareceu para os sábios e ofereceu-lhes uma dádiva. Eles lhe pediram que sempre estivesse presente como um *lingam* no pico do Kedara.

6. Bhimashankara

Durante a época do *avatara* de Vishnu como Rama, ele tinha matado tanto o rei demônio, Ravana, como seu irmão, Kumbakarna. A esposa do último era Karkati e ela teve um filho chamado Bhima. Depois da morte de Kumbakarna, ela viveu sozinha com o filho em uma montanha. Quando Bhima perguntou quem era seu pai e por que eles estavam naquela montanha, sozinhos, sua mãe contou toda a história triste sobre como seu pai tinha sido morto por Rama. Bhima jurou vingança contra todos os devotos de Vishnu. Seu primeiro alvo foi o rei, Kamarupa, que era um grande devoto de Vishnu. Bhima atacou a cidade e destruiu tudo, e lançou o rei e a esposa em uma masmorra. Então, eles oraram a Shiva para que os salvasse. Quando ouviu isso, Bhima correu até a masmorra com uma espada erguida para decapitar o rei. Naquele instante, Shiva pulou do *lingam* e matou Bhima pela simples pronúncia do som "*hum*". Esse é o sexto *jyotirlinga*, conhecido como Bhimashankara.

7. *Visvanatha*

O sétimo *jyotirlinga* é conhecido como Vishvanatha e está localizado na cidade sagrada de Varanasi. Dizem que o próprio Brahma praticou *tapasya* naquele ponto e que Varanasi não será destruído nem mesmo no momento do Mahapralaya, quando o resto do mundo entra em dissolução. É dito que Shiva erguerá a cidade na ponta de seu tridente e a protegerá enquanto a destruição toma conta de tudo. Há outra história ligada a Varanasi. Uma vez, Shiva e Parvati tinham ido ao Brahmaloka. Brahma começou a recitar hinos com todas as suas cinco faces em louvor a Shiva. Mas uma das bocas estava cometendo erros, então Shiva, que era um perfeccionista no que diz respeito à música, arrancou a cabeça que estava errando. Porém, como esse foi um crime contra um Brâmane, Shiva descobriu que não podia se livrar da cabeça, que tinha ficado presa às suas costas. Só quando ele foi para Varanasi a cabeça caiu, então Shiva decidiu ficar lá na forma de um *lingam*. Esse *lingam* é chamado de Vishwanatha, ou o Senhor do Universo. Os primeiros humanos que o cultuaram ali foram Swayambhu Manu e sua esposa Shatarupa, o primeiro casal a ser criado por Brahma.

8. *Tryambakeswara*

O oitavo *jyotirlinga*, conhecido como Tryambakeswara, se situa nas margens do rio Godavari. Esse lugar está associado ao sábio Gautama e sua esposa, Ahalya. Eles oraram a Shiva por muito tempo, e quando ele apareceu, Gautama pediu-lhe que lhe concedesse uma dádiva. Ele implorou para que o Ganges fluísse ao lado de seu eremitério para que pudesse se banhar em suas águas purificadoras e, assim, expiar seu pecado por ter matado uma vaca por acidente. Shiva concedeu a dádiva, mas Ganga (o rio Ganges) insistiu que ela só iria ali se Shiva morasse lá. Desse modo, Shiva concordou em ficar ali na forma de um *lingam*. O Ganges fluiu ao lado dele e assumiu o nome Godavari.

9. Vaidyanatha

O nono *jyotirlinga* é conhecido como Vaidyanatha. Ravana, rei dos *rakshasas,* era um grande devoto de Lorde Shiva. Ele começou a praticar o *tapasya* no Himalaia. Shiva não apareceu, então Ravana desceu para a base das montanhas do Himalaia. Ele abriu um poço e colocou um *lingam* dentro, e começou a fazer *tapasya* lá. Shiva se recusou a aparecer, e Ravana, por ser um *rakshasa,* decidiu sacrificar suas cabeças – das quais tinha dez – no fogo. Ele acendeu uma fogueira e começou a jogar suas cabeças nas chamas, uma a uma. Quando a nona cabeça tinha sido cortada, Shiva apareceu e pediu para ele escolher uma dádiva, já que era bem óbvio que se ele sacrificasse a última cabeça, não sobraria ninguém a quem dar a dádiva. Ravana orou pedindo força sobre-humana e pela restauração de suas nove cabeças. Shiva concedeu a dádiva, pois ele era Vaidyanatha, o Senhor dos curadores. Ele também lhe deu um ótimo *jyotirlinga*, disse-lhe para levá-lo diretamente a Lanka e nunca o colocar no chão. Ravana começou sua viagem de volta à sua capital, Lanka, carregando aquele *lingam* radiante. Os deuses temiam que ele se tornasse invencível se levasse o *lingam* a sua ilha, então pediram a Ganesha para frustrá-lo em sua tentativa. Ganesha assumiu a forma de um jovem *brahmachari* e apareceu diante de Ravana bem quando ele sentiu uma vontade enorme de responder ao chamado da natureza. Ravana deu o *lingam* ao menino e disse-lhe que o segurasse até sua volta. Porém, Ravana demorou tanto que Ganesha colocou o *lingam* no chão. Quando Ravana voltou, ele não encontrou traços do *brahmachari* e, por mais que tentasse, não conseguiu fazer o *lingam* se mexer. Ele estava enraizado no lugar e esse *lingam*, que Ravana instalou inadvertidamente, é conhecido como Vaidyanatha.

10. Nagesha

O décimo *jyotirlinga* é conhecido como Nagesha. Era uma vez, um mercador chamado Supriya, um grande devoto de Lorde Shiva. Ele teve de atravessar uma floresta de propriedade de um *rakshasi* chamado

Daruka, que o hostilizava constantemente. Supriya implorou a Shiva para que o ajudasse, então Shiva veio com suas serpentes, as *nagas*, e afastou Daruka. Daruka, então, apelou a Parvati, que lhe deu uma floresta densa onde poderia morar em paz sem perturbar ninguém. O *lingam* cultuado por Supriya é conhecido como Nageshvara, Senhor das Serpentes, e o nome de Parvati aqui é Nageshwari.

11. Rameswara

O 11º *jyotirlinga* fica no sul da Índia e é conhecido como Rameshwara. Na encarnação do Senhor Vishnu como Rama, Ravana, o rei demônio, tinha sequestrado sua esposa Sita e a levado para sua ilha-fortaleza na costa da Índia, conhecida como Lanka. Rama construiu uma ponte para cruzar os estreitos que separavam a Índia de Lanka, mas antes de atravessar, ele fez um *lingam* de Shiva e o cultuou. Shiva apareceu e o abençoou com todo o sucesso, e Rama pediu a Shiva para permanecer lá para sempre. Esse *lingam* à beira do mar é conhecido como Rameswara, e é um dos lugares de culto mais famosos na Índia.

12. Gushnesha

O 12º e último dos *jyotirlingas* é conhecido como Gushnesha. Uma história muito charmosa está conectada a esse *lingam*. Certa vez, houve um brâmane chamado Sudharma, que tinha uma esposa chamada Sudeha. Eles estavam muito infelizes porque não tinham filhos, então, Sudharma decidiu conduzir um experimento para descobrir se estavam destinados a ter um filho. Ele colheu duas flores e, mentalmente, associou uma com um filho. Pediu à sua esposa que escolhesse uma flor. Infelizmente, ela escolheu a outra, portanto, Sudharma concluiu que, de fato, ele não estava fadado a ter um descendente. Sudeha sentiu-se muito infeliz com isso e implorou que o marido se casasse com sua sobrinha, Ghushna, para ter um filho. Diante da insistência de sua esposa, Sudharma casou-se com Ghushna, que era uma grande devota de Lorde Shiva. Para ter um filho, ela fez uma promessa de que faria 101 *lingans* de barro todos os dias, e os adoraria. No fim do *puja* diário, ela mergulharia os *lingans* no lago próximo. Quando ela completou o culto de um *lakh* de *lingans*, concebeu e deu à luz um menino adorável. Como poderia se esperar, a natureza da primeira esposa mudou assim que a criança nasceu, e ela começou a sentir muito ciúme de Ghushna. Certa noite, ela matou o bebê e jogou o cadáver no lago, onde os *lingans* tinham sido submersos.

Na manhã seguinte, Ghushna acordou como sempre e começou a se preparar para seu culto diário a Shiva. Nesse meio-tempo, seu marido percebeu que o bebê tinha desaparecido, mas Ghushna não se deixou distrair com isso e continuou com seu *puja* do *lingam*. Shiva ficou impressionado com sua devoção e restaurou o bebê para ela. Quando Shiva ergueu seu tridente para matar Sudeha, Ghushna, que tinha uma natureza muito clemente, implorou a Shiva para que poupasse a vida de sua tia. Shiva ficou muito feliz com sua natureza generosa e misericordiosa e ofereceu-lhe uma dádiva. Ela implorou que Shiva sempre estivesse presente no *lingam* perto do lago, que ela cultuava diariamente. Ele concedeu essa dádiva e esse *lingam* é conhecido como Ghushnesha.

Devotos de Shiva consideram uma sorte rara ser capaz de fazer uma peregrinação a todos os 12 *jyotirlingas*.

Lorde Shiva é chamado de Bhuteswara, ou Senhor dos Elementos. Há cinco templos para Shiva em Tamil Nadu, sul da Índia, que correspondem a cinco elementos. Os cinco elementos são *akasha*, ou éter; *vayu*, ou ar; *tejas*, ou fogo; *apas*, ou água; e *prithvi*, ou terra. O *akasha-lingam* é encontrado em Chidambaram, o *vayu-lingam* em Sri Kalahasti, o *tejo-lingam* em Arunachalam, em Tiruvannamalai, o *ap-lingam* em Jambukeshwara, em Tiruchirapalli, e o *prithvi-lingam* em Ekambaranath, em Kanchipuram.

> *Prostrações àquele que é o mais velho e o mais jovem. Prostrações à causa primordial e ao efeitos subsequentes. Prostrações ao jovem eterno que também é o bebê. Prostrações àquele que está nas entranhas e na semente. Prostrações àquele que está presente no vício e na virtude!*
>
> "Sri Rudrum", *Yajur Veda*

Há três coisas que são raras, de fato, neste mundo: nascimento no corpo humano, desejo de libertação e o cuidado de um mestre perfeito.

Tendo, de algum modo, obtido um nascimento humano e um corpo masculino e maestria sobre os Vedas, a pessoa tola que não luta pela libertação própria comete suicídio. Ele se mata, apegando-se às coisas que são irreais.

Katha Upanishad

Aum Namashivaya!

ॐ

ॐ

Aum Sookshmathanaye Namaha!

PARTE DOIS
Aqueles que Cultuam Shiva

A Filosofia Perene está primariamente ocupada com a Realidade divina una substancial ao mundo multiforme de coisas, vidas e mentes. Contudo, a natureza dessa realidade una é tal que não pode ser direta e imediatamente apreendida, exceto por aqueles que decidiram satisfazer certas condições, tornando a si mesmos amorosos, puros de coração e puros em espírito… Porém, em todas as épocas têm havido alguns homens e mulheres que decidiram satisfazer as condições em que e só nelas, como uma questão de fato empírico bruto, tal conhecimento imediato pode ser obtido. E entre esses, alguns deixaram registros da realidade que foram capazes de apreender, e tentaram relacionar em um sistema abrangente único de ideias os fatos sabidos dessa experiência com os fatos sabidos de suas outras experiências. Para tais exponentes em primeira mão da Filosofia Perene, aqueles que os conheciam, em geral, lhes davam o nome de "santo" ou "profeta", "sábio" ou "iluminado".

ALDOUS HUXLEY

Os devotos de Shiva que são descritos aqui pertencem a essa classe de seres.

Aum Jagatgurave Namaha!

25

Devotos de Shiva

*Ó, minha boca, perceba que você louva o Senhor,
Que, usando o couro da aliá no cio,
Dança no solo de cremação,
Onde moram os fantasmas.
Ó, minha boca, repare que você o louva!*

SAINT APPAR

Nenhuma história de Shiva pode ser completa sem menção aos grandes devotos shivaístas do sul da Índia, que eram conhecidos como Nayanmars. As referências a Shiva e a seu culto existem até mesmo na literatura tâmil mais antiga, mas a teologia foi sistematizada apenas no fim do século XIII por Meykanda Deva em seu *Shiva-jnana-bodham*. Ele se tornou o texto básico da filosofia Shaive Siddhanta, que considera Shiva como a divindade suprema. A era dourada do Shivaísmo nasceu na época dos 63 santos canônicos, chamados Nayanmars, ou Adiyars. Eles indicaram o modo perfeito de devoção a Shiva, o senhor Supremo. O *Periya Puranam*, de Sekkizhaar, é uma obra de arte literária lidando com as vidas, com os feitos e, dizeres desses devotos de Lorde Shiva. Ele foi composto no século XI d.C.

Na história espiritual do mundo seria difícil encontrar uma devoção tão ímpar a Deus como a evidenciada por esses 63 santos. Como não podemos lidar com todos eles, abordaremos a vida de alguns dos maiores. Entre esses, quatro não têm igual. Eles são popularmente conhecidos como Appar, Sambandar, Sundarar e Manikkavachakar.

Três deles na verdade foram santos crianças, mas dentro do curto período de tempo lhes reservado, eles realizaram milagres de piedade. Sambandar morreu aos 16 anos; Sundarar, quando tinha 18 anos; e Appar, quando tinha mais de 80. Porém, esses fatos não significam nada. Todos eles foram infinitos retirados da infinitude e seus nomes estão marcados por toda a eternidade.

Apesar de estes quatro pertencerem à casta dos brâmanes, muitos dos Nayanmars não pertenciam às castas superiores. Eles foram saudados vindos de várias castas e comunidades, ricas e pobres, altas e baixas. Um foi um caçador que matou um javali e assou a carcaça e não só a comeu, mas também a ofereceu como um alimento adequado para Shiva, o Senhor de seu coração. Outro foi um pescador. Um terceiro foi um intocável que pertencia a uma comunidade cuja dieta básica consistia em carne de vacas mortas. Nenhum deles tinha o tipo que se esperaria de um santo. A maioria não tinha erudição nem linhagem. Tudo o que tinham em comum era um amor raro por Deus. As vidas desses santos são exemplos, para nós, de como só a devoção ao Supremo pode emancipar o ser humano das amarras do carma. Pela pureza do seu amor, a inocência infantil de sua fé e seu desejo firme de atingir o objeto de sua devoção, eles foram capazes de prender o ilimitado, como as *gopis* de Vrindavana fizeram com o Senhor Krishna. O modo como entendemos as histórias desses santos depende da mentalidade do leitor. Se examinadas com fé e devoção, essas histórias ajudarão a elevar nossas vidas a um grau elevado.

Na história da raça humana, vemos que junto com a evolução biológica da humanidade ocorreu uma evolução cultural e espiritual de forma simultânea. Isso aconteceu, principalmente, por devotos absorvendo as ideias, os códigos e a conduta dos santos. A Índia produziu tantas de tais grandes almas, as quais ajudaram a manter as verdades eternas do Sanatana Dharma, ou a religião eterna dos hindus. Os Nayanmars pertencem a essa categoria. Eles compreenderam a verdadeira natureza do mundo e de Deus, e optaram apenas por Deus. Sua devoção não parece surgir da ignorância e do medo do desconhecido, mas da sabedoria daqueles com visão interior, que estão estabelecidos na verdade de forma inabalável. O amor de Deus remove por completo o apego ao corpo. Esse amor também corta a raiz de nosso apego ao mundo. Esses santos estavam prontos para sacrificar tudo, incluindo seus próprios corpos e os corpos de seus entes queridos, se estes fossem um empecilho ao culto de sua amada divindade, Shiva. Alguns dos incidentes surpreendentes descritos nas vidas desses santos podem ser difíceis para a mente moderna aceitar. Contudo, aqueles cujos corações não foram obstruídos pelo materialismo serão capazes de compreender que, no reino do Deus-amor, não há nada como o Divino e milagres se tornam lugar-comum, já que só Deus controla os fios de nossas vidas. Todos os problemas se derretem no fogo consumidor de sua graça. Esses santos de Tamil Nadu nunca pediram um favor a Deus, nem mesmo por libertação. Eles só oravam para ser admitidos na galáxia de devotos.

Uma das músicas de Sundarar começa assim: "Eu sou o servo dos servos dos servos do Senhor de Thillai (Shiva)". O devoto é considerado superior até para o Senhor. Esse fato interessante é abordado em muitas histórias, até mesmo no *Sreemad Bhagavad Mahapuranam*. Isso acontece porque o devoto verdadeiro é aquele que foi capaz de subjugar o divino por meio do poder intenso de sua devoção. É mais fácil para nós cultuarmos tal devoto e receber sua bênção para que possamos conquistar o mesmo feito.

Todos os 63 santos do Periya Puranam foram ascetas, mas não de um tipo comum. Esses santos não renunciavam a seus amigos ou familiares, ou aos seus vilarejos e às casas, nem às suas ocupações. Eles desistiam da raiva, do roubo, da violência, do orgulho, de ferir os outros, do apego e do desejo. O que eles vestiam não eram as roupas externas, do manto amarelo, mas os hábitos internos de não violência, resistência, verdade e austeridade. Externamente, pareciam não ser diferentes de seus vizinhos, mas em seus corações, eram ascetas. De acordo com a ideia popular de como os santos devem se comportar, nenhum deles parece ter feito nada espetacular que os teria qualificado a ganharem *mukti*, ou libertação, mas o fato é que todos eles obtiveram a libertação. A armadilha que todos esses santos armaram para Deus foi a do amor. Talvez esse tipo de amor não seja desenvolvido em um dia ou mesmo em uma vida. Talvez precise de muitas vidas antes que alguém possa desenvolver o tipo de amor que torne Deus prisioneiro no coração de alguém.

Manikkavachakar cantou: "Contemple Deus que cai na rede chamada amor".

Embora esse tipo de amor, ou *bhakti* como é chamado, possa ser difícil de se conseguir, é o que todos os seres humanos podem alcançar, sem exceção de sexo, casta, credo, idioma, nacionalidade, profissão, pobreza ou riqueza. Nenhuma externalidade pode ficar no caminho de um ser humano adquirindo essa qualificação única, por meio da qual é possível prender a divindade dentro do próprio coração. É um amor sem reservas – um amor total, um amor que não tenta possuir ou ser possuído. É um amor que por si só é digno de se misturar na própria fonte de amor, que é Deus. A entidade separada conhecida como indivíduo desaparece, e o que resta é Deus e apenas Deus – *Shivoham, Shivoham*. O devoto funde-se nos braços do Amado Divino e não sobra nada do ego separado. A mensagem de todos esses santos era simples: "Abra mão de todos os apegos e ame apenas a Deus, sirva a Ele em toda a humanidade e a libertação será sua".

O próprio Shiva, supostamente, disse a seus devotos: "Deficiências, eles não têm nenhuma!"

Vamos descobrir como esse *bhakti* foi evidenciado pelos diferentes santos. Eles seguiram o mesmo padrão ou houve alguma variação em sua devoção? Sete deles seguiam o modo aceito de conduta e cantavam para se libertar. Nove persistiram em seu culto, apesar das dificuldades da velhice e da pobreza. Dezessete executaram atos honrados de violência; eles abriram mão de suas vidas em vez de seus cultos. Um arrancou o próprio olho e o colocou no olho de um ídolo de Shiva sangrando profusamente. Outro estava preparado para sacrificar seu único filho a Shiva, que veio disfarçado de devoto. Um esfregou seu cotovelo em uma pedra em lugar de um pedaço de sândalo, e a usou no culto do Senhor. Outro atirou uma pedra em vez de flores em um *lingam* de Shiva todos os dias, a caminho de buscar comida. Um recompensou um ladrão por roubar arroz de um armazém público para alimentar os devotos do Senhor. Um se prostrava regularmente aos pés de um lavador, cujo corpo estava coberto com terra, o qual fazia com que ele se lembrasse do corpo de Lorde Shiva, coberto com cinzas. Alguns entoavam o *rudri* – a série de hinos a Shiva. Alguns entoavam o mantra de cinco sílabas de Shiva constantemente. Alguns faziam a promessa de alimentar os devotos de Lorde Shiva ao longo dos dias de fartura e pobreza antes de se alimentarem. Assim, vemos que o critério para *mukti* variou do sublime ao ridículo, e do heroico ao mundano. A verdade que surge disso é a de que o Senhor não analisa o ato, mas o amor por trás do ato. O Senhor Krishna aceitou o monte de arroz ensopado de suor de seu amigo paupérrimo Kuchela, e o cobriu com todas as riquezas de Dwaraka. Assim, também Lorde Shiva não notou como eram ridículos alguns dos atos de seus devotos, mas olhou para o coração deles, transbordando de amor.

> *Prostrações àquele que está presente na morte*
> *e na libertação. Prostrações àquele que está presente nos*
> *campos verdes e nos celeiros. Prostrações àquele que*
> *está presente nos mantras védicos e nos* Upanishads.
> *Prostrações àquele que está presente nas árvores e nas trepadeiras. Prostrações àquele que é som e eco!*
>
> "Sri Rudrum", *Yajur Veda*
>
> *Prostrações àquele presente em pântanos e lagoas.*
> *Prostrações àquele presente nos rios e nos lagos.*
> *Prostrações àquele presente nas nascentes e nos poços.*
> *Prostrações àquele presente nas chuvas e na seca.*
> *Prostrações àquele presente no trovão e no raio.*
>
> "Sri Rudrum", *Yajur Veda*

Aum Namashivaya!

ॐ

ॐ
Aum Devaya Namaha!

26

Os Quatro Grandes

*Ele me agarrou para eu não desviar do caminho,
Cera diante de um fogo não utilizado,
Mente derretida, corpo trêmulo,
Eu fiz uma reverência, eu chorei, eu gritei,
Eu dancei e O louvei.*

SAINT MANIKKAVACHAGAR

Os quatro grandes santos, ou Nayanmars, cujas vidas são descritas a seguir, são conhecidos na literatura tâmil como os "Pais da Fé". Cada um deles seguiu um caminho diferente em sua abordagem a Deus. Eles são popularmente conhecidos como Sundarar, Appar, Sambandar e Manikkavachagar. Sundarar seguiu o *sakhya marga*, ou caminho da amizade. Appar seguiu o *dasa marga*, ou o caminho do servo. Sambandar seguiu o *satputra marga*, ou caminho do bom filho; e Manikkavachagar seguiu o *jnana marga*, ou caminho do conhecimento.

O AMIGO DE SHIVA

A vida de Sundaramurthi Nayanar, que viveu no século VIII, mostra-nos como se pode levar uma vida doméstica e ainda assim ser um ardente devoto de Deus. Ele também nos mostra que o Senhor tem profundo interesse em todos os nossos problemas. Não há nada em nossa vida que Deus considere pequeno ou mesquinho; somos nós que não nos aproximamos Dele por considerarmos nossos problemas mesquinhos e comuns. Esta é a grande lição: Sundarar não hesitou em envolver o Senhor em cada incidente de sua vida, até mesmo em seus casos amorosos. Ele viveu por apenas 18 anos, mas nesse espaço curto de tempo, compôs algumas das mais lindas canções de amor sobre o Lorde Shiva, conhecidas como *thevarams*. Shiva adorou as canções de Sundarar e, constantemente, o testava, fazendo com que ele cantasse para passar no teste.

Em sua vida anterior, Sundarar tinha sido servo de Lorde Shiva e havia vivido ao lado dele no Monte Kailasa. Sua tarefa era oferecer ao Senhor as cinzas sagradas para que ele ungisse seu corpo, e uma guirlanda de flores cheias de néctar. Um dia, aconteceu de ele, ao estar colhendo flores no jardim de Parvati, se apaixonar por suas duas acompanhantes, Kamalini e Aninditi. Conhecendo seu desejo, Lorde Shiva disse-lhe que encarnasse no mundo com as mulheres e, assim, satisfizesse seus anseios.

"Você fixou sua mente nessas donzelas, por consequência, nascerá com elas na região sul. Depois de conviver com elas nos prazeres do amor, você pode voltar para mim." Essas foram as palavras ditas pelo Senhor.

Outro motivo pelo qual Sundarar teve de passar por um nascimento humano foi por ele não ter exaurido totalmente todas as amarras de seu carma. Na teologia do Sanatana Dharma, a graça de Deus não assume a forma da remissão de todos os pecados, nem mesmo para o maior devoto. Se esse fosse o caso, haveria um final para o jogo da vida. A vida é um jogo em que o *jivatma* (alma incorporada), por algum motivo, acredita estar separada do *paramatma* e tem de encontrar seu caminho de volta a seu *status* original. O *paramatma* é a nossa companhia invisível, constantemente nos incentivando. O Senhor permanece ao lado do devoto e o esclarece a respeito do funcionamento da lei do carma. Ele fortalece seu desejo de se entregar totalmente à vontade de Deus, com isso, erradicando sua ânsia pelos frutos do carma e cortando os seus elos na rede de nascimentos e mortes. O outro motivo para a encarnação de Sundarar foi que o Senhor quis que ele compusesse música divina que fosse uma inspiração para todos no mundo. Dessa forma, ele nasceu em uma família brâmane nobre.

O rei da terra viu a bela criança e a adotou. Aos 14 anos, ele quis casá-lo, mas para a grande consternação de todos os envolvidos, um velho brâmane, com cinzas no corpo e uma guirlanda de contas *rudraksha* em volta do pescoço, entrou de supetão no salão do casamento e declarou que o garoto era seu escravo e não tinha direito de se casar sem sua permissão. Ele levou Sundarar para sua cidade e, diante de uma assembleia de idosos, mostrou um documento que provava que o garoto era, de fato, seu escravo. Estabelecendo, assim, seus direitos sobre o rapaz, o velho brâmane entrou no templo de Shiva e desapareceu, nesse momento, Sundarar percebeu que o velho não era ninguém além do próprio Senhor. Mais tarde, o Senhor apareceu-lhe em um sonho e ordenou que compusesse músicas sobre ele. A partir daquele dia, Sundarar perambulou de templo em templo cantando louvores ao Senhor. No templo de Tiruvavur, uma voz celestial lhe disse: "Sundarar, eu fiz de você meu amigo. A partir de agora, você será um noivo pelo resto de seus dias na terra".

A acompanhante de Parvati, Kamalini, por quem Sundarar havia se apaixonado, tinha nascido como uma bela mulher chamada Paravayar. Eles se conheceram no templo de Tiruvavur e se apaixonaram. O Lorde, que havia frustrado a primeira tentativa de Sundarar se casar, agora se tornou o organizador do casamento e arranjou para que os dois se unissem no dia seguinte a seu primeiro encontro.

Juntos, eles ajudaram seu povo intercedendo com o Lorde Shiva. Certa vez, quando sua vila foi afligida pela fome, Sundarar implorou ao Senhor para que acalmasse a fome das pessoas e, milagrosamente, montes de grãos foram encontramos na região. Paravayar tinha o hábito de distribuir dinheiro aos pobres no festival de Holi, e pediu ao seu marido que lhe desse os fundos necessários. Sem hesitar, Sundarar foi ao templo de Shiva e pediu ouro para ele. Pela manhã, quando acordou, descobriu que os tijolos sobre os quais tinha apoiado a cabeça durante a noite tinham se transformado em ouro; com isso Paravayar pôde distribuir quanto ouro ela quis.

Outra vez, quando ele estava viajando, Sundarar, novamente, pediu ouro ao Senhor para alimentar os necessitados. O Senhor deu-lhe um montão de moedas de ouro, mas Sundarar não sabia como transportá-las para Tiruvarur, então, Shiva mandou que ele jogasse as moedas dentro do lago e as recolhesse quando voltasse a Tiruvarur. Sundarar manteve uma moeda de ouro para identificação. Quando ele voltou para sua cidade, mergulhou no lago e encontrou moedas, mas elas tinham valor inferior ao das que tinha recebido. Esse foi mais um truque de Shiva para incentivar Sundarar a cantar. Depois de Sundarar compor mais uma canção divina, o Senhor mudou o ouro para seu valor original.

A outra mulher que Sundarar tinha amado em Kailasa, Aninditi, tinha nascido como uma grande devota de Lorde Shiva e se chamava Sangiliyar. Ela se recusou a casar-se com o homem escolhido por seu pai e passou a morar em um *ashrama*, onde fazia guirlandas diariamente e as levava ao Senhor no tempo próximo. Em uma dessas visitas ao templo, Sundarar a viu, e por causa de sua associação no passado, ele se apaixonou por ela. Com a familiaridade de uma relacionamento íntimo, ele pediu a Lorde Shiva para resolver seu problema, já que tinha ouvido dizer que Sangiliyar era celibatária. Shiva falou com Sangiliyar em um sonho e pediu-lhe para se casar com Sundarar. Ela estava disposta, mas quando soube que Sundarar já era casado, fez com que ele prometesse não deixá-la sob nenhuma circunstância. Lorde Shiva disse-lhe para ela fazer com que ele dissesse seus votos embaixo de uma árvore próxima, e não no templo. Sundarar fez como Shiva tinha dito e eles se casaram. Quando a primavera chegou, Sundarar lembrou-se de como sua primeira esposa estaria cantando e dançando diante do Senhor no templo de Tiruvarur, e ficou cheio de desejo de vê-la de novo. Por muito tempo, ele se refreou, lembrando-se de sua promessa a Sangiliyar, mas, por fim, não conseguiu se conter e saiu sem nada dizer a ela. Quando cruzou os limites da cidade, perdeu a visão e caiu no chão. Sundarar percebeu que o Senhor estava ensinando-lhe uma lição, já que ele tinha quebrado a promessa à sua esposa. Ele começou a cantar e, com seu fervor devocional inalterado, foi de templo em templo implorando que o Senhor restaurasse sua visão. Ele sabia que o Senhor o havia persuadido a fazer a promessa do lado de fora do templo, perto de uma árvore, e com a intimidade nascida da amizade próxima, importunou o Senhor para que o perdoasse e devolvesse sua visão. No templo de Kamakshi, a deusa dos lindos olhos, em Kanchipuram, Parvati, que sabia do seu desespero, restaurou a visão de um dos olhos. Sundarar ficou feliz e compôs muitas canções para ela. Antes de chegar a Tiruvarur, ele implorou ao Senhor, mais uma vez, para que restaurasse sua visão. Shiva pediu-lhe para ir se banhar no tanque do templo ou no reservatório. Quando emergiu, ele estava da cor do ouro.

Mas Sundarar não ficou satisfeito com isso e implorou ao Senhor que lhe desse os dois olhos para que ele pudesse se deliciar mais uma vez com a visão do Senhor no templo. Por fim, Shiva concordou e devolveu sua visão.

Enquanto isso, Paravayar ficou sabendo do comportamento bígamo de Sundarar e se recusou a permitir que ele entrasse em sua casa. Mais uma vez, Sundarar procurou seu único amigo, Shiva, para ajudá-lo nesse novo apuro. Shiva foi como um brâmane à casa de Paravayar e intercedeu no caso de Sundarar. A princípio, ela se recusou, já que ela não o reconheceu, mas quando Shiva lhe mostrou sua forma real, caiu a seus pés e concordou em receber Sundarar de volta. Assim, os dois foram reunidos.

Há muitas histórias a respeito de como o Senhor salvou Sundarar de todas as situações difíceis e concedeu todos os seus pedidos. Mas, a cada vez, antes de conceder seu desejo, Shiva pedia para ele cantar. Dizem que, em três ocasiões, o próprio Lorde Shiva sugeriu a primeira frase de sua canção. Uma vez, quando Sundarar estava tendo dificuldades para encontrar a primeira frase, Shiva disse: "Ó, tu que dificilmente és vivido na mente e expressado em palavras".

Na segunda ocasião, quando Sundarar não conseguia decidir qual palavra escolher para começar seu soneto, Lorde Shiva sugeriu com um sorriso: "Qual é a dificuldade nisso? Certa vez, você me chamou de *pitthan* (louco) quando eu vim salvá-lo do salão do casamento, então por que não começar sua estrofe com as famosas palavras: 'Eu sou o servo dos servos dos servos do Senhor que habita Thillai'".

Na terceira vez, o Senhor disse que começasse com as famosas palavras: "Eu sou o escudeiro dos escudeiros do escudeiro que habita Thillai".

Dessa forma, Sundarar entrou na galáxia dos servidores do Senhor e se tornou um *jivan mukta*, ou aquele que foi libertado mesmo enquanto vivia no corpo humano.

O Senhor tratou Sundarar como seu amigo. Isso é conhecido como o *sakhya marga*. A grandeza desse caminho é que o Senhor tolera todas as familiaridades presumidas pelo devoto. Como o grande poeta Thiruvalluvar escreveu: "Se você perguntar o que é a amizade íntima, é aquela que não se opõe às liberdades tomadas por um amigo".

Um dia, quando Sundarar estava orando no templo, a visão de um ídolo deixou-o louco de saudade de voltar ao Kailasa. Ele rolou no chão com tristeza e implorou ao Senhor para que o levasse de volta à sua morada. Cantou uma de suas melodias mais queixosas. Ele tinha apenas 18 anos na época, mas em seu pouco tempo na terra, havia composto algumas das canções mais emocionantes para o Senhor, que são cantadas até hoje em todos os templos de Shiva. O Senhor estava igualmente ansioso para recebê-lo de novo no Kailasa e deu ordem para que o elefante branco divino fosse buscá-lo. Seu corpo físico foi descartado naquele momento, e aqueles que por acaso olharam para o céu viram Sundarar montado no elefante branco atravessando o céu para o Kailasa. As suas duas esposas também deixaram seus corpos mortais e voltaram para sua morada divina.

O FILHO DE SHIVA

Outro Nayanar que escreveu uma coleção de canções *thevaram* a Lorde Shiva é Tiru Jnana Sambandar. Ele é chamado de Filho de Deus, um Iswarakoti, ou *avatara* – encarnações divinas que conseguem se libertar quando querem. A partida de Sambandar da terra com idade tenra de 16 anos, e todos os milagres que realizou em sua curta vida provam que ele, de fato, foi um *avatara,* Deus descido à terra na forma de um homem. No instante de seu nascimento, o Jainismo estava se tornando popular em Tamil Nadu e os pais de Sambandar tinham orado pedindo um filho que trouxesse a terra de volta às suas crenças védicas originais.

Certa vez, aos 3 anos, Sambandar foi deixado às margens de um lago enquanto seu pai entrou nas águas para se banhar. A criança, que estava cheia de amor e desejo para ver seu verdadeiro pai, começou a chorar com comoção enquanto olhava para o céu. Lorde Shiva mandou Parvati para confortá-lo. Ela veio e o alimentou com os próprios seios. Quando seu pai terreno voltou, ele encontrou a criança babando leite e quis saber quem o havia alimentado. A criança ficou em pé com um dos pés erguido como uma estátua de Shiva e, apontando um dedo para o céu, cantou sua canção imortal: "Observe-O com um tampão de ouvido de uma folha de palmeira!" Obviamente, ele teve a visão beatífica de Lorde Shiva naquele momento e começou seu ministério mesmo àquela tenra idade. Em uma idade em que muitas crianças sequer conseguem dizer mais que algumas palavras, Sambandar cantou sua canção de 11 estrofes obedecendo às regras rígidas da gramática do sânscrito, com base em uma antiga melodia tâmil. Sem dúvida, isso se deveu ao leite bebido dos seios de Parvati, a Mãe Divina de todas as artes.

Como Sundarar, ele também foi de templo em templo entoando canções em louvor ao Senhor, que derreteram os corações de todos os que o ouviram. Dizem que o Senhor lhe deu um par de címbalos de ouro para marcar o tempo.

Na sua cerimônia sagrada de investidura, aos 7 anos, muito antes de ter recebido qualquer educação formal, ele surpreendeu os sacerdotes ao ficar em pé e recitar todos os *Vedas*. Ele ensinou aos sacerdotes que o mantra *panchakshari mantra* de Lorde Shiva, "Namashivaya", continha todos os *Vedas*, e que o mantra, por si só, foi sua fonte de conhecimento.

Como ele tinha muito pouco tempo para realizar tudo o que tinha vindo fazer, foi levado nos ombros do seu pai de um lugar a outro, a partir dos 3 anos. Em muitos dos templos que visitou, realizou milagres e aliviou as mazelas dos devotos. Uma vez, a esposa de um devoto morreu picada por uma cobra, e dizem que Sambandar a ressuscitou com uma de suas canções. Nessa época, a influência do Jainismo estava crescendo por toda Tamil Nadu e na cidade de Madurai, até o rei tinha sido convertido. Apenas a rainha e o primeiro-ministro eram ardentes *bhaktas* de Shiva. Quando ela soube da criança-santa, a rainha chamou o ministro e implorou-lhe para que fosse à cidade. Os monges jainistas ficaram perturbados com a vinda do ministro e decidiram atear fogo ao seu acampamento usando magia negra, mas foram incapazes de o fazer, e o fogo, que tinha sido aprovado pelo rei, traçou seu caminho de volta para ele. O rei ficou preso em uma terrível sensação de queimação por todo o seu corpo. A rainha pediu que ele chamasse Sambandar. Os monges jainistas vieram, junto com a criança-santa, e o desafiaram a demonstrar seus poderes. O rei prometeu aceitar a fé de Sambandar se ele pudesse curá-lo. Os monges disseram-lhe para curar o lado direito enquanto tentavam curar o esquerdo. Os monges entoaram mantras e passaram penas de pavão sobre o lado esquerdo do rei, mas a queimadura continuou sem alívio. Sambandar entoou uma canção em louvor das cinzas sagradas de Lorde Shiva e espalhou cinzas pelo lado direito do rei, e, imediatamente, o rei ficou livre da doença. Ele implorou para que fizesse a mesma coisa do lado esquerdo, o que foi feito com resultado semelhante. O rei e sua esposa caíram aos seus pés. Contudo, os jainistas teimosos insistiram em mais testes. Eles mandaram que Sambandar jogasse as folhas de sua canção no fogo. Os dois grupos jogaram suas respectivas folhas de palmeira nas chamas e as folhas dos jainistas foram reduzidas a cinzas. Eles insistiram para que os dois conjuntos de folhas fossem jogadas no rio, e as que boiassem contra a corrente deveriam ser consideradas superiores. Sambandar também foi vitorioso nesse teste, e toda a terra se converteu de novo ao Shivaísmo.

Depois de realizar várias peregrinações, Sambandar voltou à sua terra natal aos 16 anos. Seu pai desejava vê-lo casado.

Sambandar concordou e participou, divertindo-se em segredo, da cerimônia de casamento. É digno de nota que Sambandar cantou a glória do *panchakshari mantra* pela primeira vez durante sua cerimônia de investidura e, pela última vez, em sua cerimônia de casamento, muito bem-vestido, como noivo. Enquanto ele dava a volta no fogo cerimonial com o dedo cruzado com o dedo mindinho de sua noiva criança, o fogo cresceu em esplendor e o engolfou, bem como a sua noiva. Os convidados do casamento também foram consumidos por esse esplendor e chegaram à morada de Lorde Shiva. Em seu curto período de vida, Sambandar fez tanto pelo Shivaísmo quanto Adi Shankara fez pelo Advaita. Por meio de seus milhares de canções, ele reavivou a fé religiosa e os modos antigos de culto no coração de seu povo.

O SERVO DE SHIVA

O papel de Saint Appar foi o de ser um precursor para o filho de Deus – Sambandar –, assim como Kumarila Bhatta foi para Adi Shankaracharya, e João Batista foi para Cristo. Sua vida girou em torno da vida de Sambandar. Ele viveu na mesma época que Sambandar, embora o encontro histórico entre os dois só tenha ocorrido quando Appar estava nos seus 50 e poucos anos e Sambandar fosse apenas um menino de 7 anos. Naquela época, o Jainismo havia se espalhado pelo povo de Tamil Nadu e Appar decidiu que ele deveria aprender mais sobre a religião que pudesse ajudar Sambandar em sua missão. Ele foi para Pataliputra e entrou no mosteiro jainista para estudar seus preceitos. Foi tido como desertor da fé verdadeira, mas o fato era que Appar era um místico que sabia da vinda de Sambandar e do propósito para o qual ele estava vindo. Compreendeu que teria de aprender algo do Jainismo se quisesse ser capaz de ajudar Sambandar, que ele sabia que viveria apenas 16 anos.

Por 20 anos, Appar viveu como um monge jainista, mas quando Sambandar tinha 7 anos, Appar soube que havia chegado o momento em que ele deixaria o mosteiro e partiria em seu auxílio. Ele se perguntou como poderia sair do mosteiro sem antagonizar com os jainistas, quando Shiva apareceu para ajudá-lo e causou-lhe uma cólica severa que os jainistas não puderam curar. Ele foi até sua irmã, que o curou usando o mantra de cinco sílabas de Shiva, o *panchakshari*.

Appar cantou assim: "Ó, Senhor, que perambula coletando esmola em um crânio seco, tenha a bondade de me livrar da cólica que está dentro do meu corpo".

A essa altura, o rei da região tinha se tornado um jainista, e os monges jainistas o coagiram a matar Appar, já que ele havia desertado de sua ordem. Eles o prenderam dentro de um forno de pedra calcária aceso. Quando abriram o forno depois de sete dias, encontraram Appar vivo e em profundo *samadhi*. Atribuíram isso aos *mantras* que ele havia aprendido com eles e lhe deram veneno para beber. Appar repetiu o mantra *panchakshari* e bebeu o veneno como se fosse o elixir da vida, e sobreviveu.

Depois, eles o colocaram no caminho de um elefante enfurecido. Quando Appar o enfrentou com um belo verso sobre Shiva, o elefante fez uma reverência diante dele e direcionou sua fúria para os monges. Por fim, amarraram uma pedra de granito em torno de seu pescoço e o lançaram ao mar. A pedra começou a boiar quando Appar cantou: "Ele é a Palavra, ele é o salvador, ele é o *Veda* encarnado, ele é o esplendor...". Ele terminou com as palavras: "O nome do Senhor não é nada além de Namashivaya".

O estado amorfo da Divindade como representado pelo *lingam* é *Nada*, ou som, que é a palavra "Namashivaya". A pedra levou-o à margem e, enquanto ele entrava no vilarejo, sua forma estava brilhante com cinzas em seu corpo e contas *rudraksha* em torno do pescoço.

Contudo, até mesmo os shivaístas ortodoxos estavam furiosos com ele, pois pensaram que fosse um traidor e o boicotaram, então ele decidiu que seria melhor sair da vila e procurar Sambandar. No encontro histórico, os grandes se reconheceram. Sem hesitar nem por um momento, eles se prostraram um aos pés do outro, já que cada um tinha consciência da grandiosidade do outro. Appar reconheceu na criança o salvador do chivaísmo e permaneceu vários dias com Sambandar.

Em seu segundo encontro, a fome estava assolando a terra e os dois oraram a Shiva para ele acabar com o sofrimento do povo. O Senhor prometeu dar-lhes uma moeda de ouro diariamente para comprarem comida para a população. Diariamente, eles encontravam uma moeda de ouro nas entradas leste e oeste do templo, e a usavam para comprar comida para os pobres. Depois disso, viajaram juntos por algum tempo, visitando santuários e realizando muitos milagres.

O terceiro e último encontro aconteceu quando Sambandar estava voltando de Madurai depois de ter derrotado os jainistas. Appar viu a procissão aproximando-se e, com a humildade de um verdadeiro santo, silenciosamente os ajudou a carregarem o palanquim em que Sambandar estava sentado. Quando Sambandar o viu, ele pulou do palanquim e o abraçou com muito amor. Eles ficaram juntos por algum tempo e se separaram, e nunca mais se viram.

Foi no templo de Tiruppunthuruthi que Appar cantou sua famosa canção "Ó, minha cabeça, incline-se para a Cabeça do universo...", na qual ele ordenava a cada membro de seu corpo que cultuasse Lorde Shiva.

Certa vez, enquanto Appar cavava nos jardins do templo, Lorde Shiva o testou. Pedras preciosas e ouro surgiram com a terra. Appar as retirou com sua pá e as atirou, junto com a terra, em um lago cheio de flores de lótus. Em seguida, donzelas celestiais desceram sobre ele e o tentaram com seu charme sedutor, mas ele ficou totalmente indiferente a elas, concentrado na repetição do mantra de cinco sílabas.

Ele cantou: "Pensador que sou, em que deveria pensar, além dos pés sagrados do Senhor... não vejo nada além de seus pés cingidos por pulseiras... Aqui e agora, ó, Virtuoso, estou vindo a Seus pés". Dizendo isso, Appar abandonou seu corpo aos 81 anos. Seu lema era "serviço humilde" e ele sempre carregava uma enxada, que usava para trabalhar em todos os jardins do templo.

O CONHECEDOR DE SHIVA

Manikkavachagar nasceu de pais brâmanes. Já na infância, ele era tão inteligente, que o rei da terra fez dele seu primeiro-ministro. Porém, em pouco tempo, o jovem percebeu a natureza efêmera do mundo e decidiu procurar seu guru. Naquela época, a cavalaria estava ficando desfalcada e o rei mandou que seu primeiro-ministro fosse obter cavalos. Manikkavachagar ficou encantado e aproveitou o fato como uma oportunidade para encontrar seu guru. Quando chegou a um templo, viu um brâmane sentado embaixo de uma árvore, segurando o livro *Shiva Jnana Bodham* (O Conhecimento de Shiva). Assim que o viu, Manikkavachagar percebeu que aquele era, de fato, seu guru. Correu em direção a ele e se prostrou a seus pés, implorando-lhe que o aceitasse como seu discípulo. O próprio Senhor viera na forma de um brâmane para iniciar Manikkavachagar nos mistérios do conhecimento de Shiva. Imediatamente, Manikkavachagar entregou toda a sua riqueza ao seu guru e cantou uma canção melodiosa para ele. Essa foi a guirlanda de joias que ele ofereceu ao seu guru e, assim, o Lorde Shiva o chamou de Manikkavachagar, já que as suas palavras eram como pedras preciosas. Logo depois, o brâmane desapareceu e Manikkavachagar percebeu que aquele não era outro senão Lorde Shiva. Ele foi tomado pelo pesar com o desaparecimento de seu guru e se esqueceu da missão para a qual estava ali. Além disso, todo o dinheiro que era para os cavalos tinha sido colocado aos pés do guru, que o havia dado para a reconstrução do templo. Ele mandou um recado ao rei de que chegaria dentro de um mês.

O mês se passou e o rei, furioso, enviou outra mensagem. Manikkavachagar relatou o problema ao Senhor no templo. Shiva veio em um sonho e disse-lhe para voltar ao rei e ele mesmo levaria os cavalos. Manikkavachagar voltou e disse ao rei que já tinha arranjado os cavalos e que eles seriam levados ao palácio em uma data auspiciosa. Enquanto isso, os outros ministros contaram ao rei tudo o que realmente tinha acontecido no templo e que Manikkavachagar havia dado ao seu guru o dinheiro destinado aos cavalos. O rei ficou furioso e mandou que ele fosse torturado.

Manikkavachagar suportou o sofrimento pacientemente, pois ele tinha certeza de que o Senhor manteria sua promessa. Ao ver seu devoto ser atormentado, Lorde Shiva transformou todos os chacais da floresta próxima dali em cavalos e mandou seus próprios mensageiros como cavaleiros. Ele mesmo tomou a forma de um negociante de cavalos e eles chegaram à cidade de Madurai em um dia auspicioso, conforme o prometido. Quando o rei viu os cavalos, arrependeu-se por ter infligido esse castigo desnecessário ao seu primeiro-ministro e pediu muitas desculpas.

Assim que viu o negociante de cavalos, Manikkavachagar percebeu que ele não era ninguém além de Lorde Shiva e se prostrou diante dele. Os cavalos foram levados aos estábulos. Porém, com seu humor endiabrado de sempre, Shiva decretou que, durante a noite, os cavalos reassumiriam sua forma anterior, e eles fugiram uivando para a floresta.

O rei ficou furioso com Manikkavachagar e ordenou que ele fosse pego e torturado de novo, já que sentiu que Manikkavachagar o havia feito de bobo mais uma vez. O santo orou ao Senhor para que o ajudasse e, imediatamente, o rio próximo ao vilarejo começou a subir. Houve pânico na cidade, os soldados fugiram, e Manikkavachagar foi ao templo e orou pedindo auxílio. Enquanto isso, o rei ordenou que todos na cidade fossem ajudar na construção de uma barragem para impedir que as águas subissem mais. Havia uma senhora no vilarejo que não conseguia carregar nada, e ela orou ao Senhor para que a ajudasse. Shiva surgiu na forma de um trabalhador e começou a lançar lama na fissura com tanta força que ela abriu de novo. O rei, que por acaso estava ali naquele momento, ficou furioso ao ver isso. Pegando um galho grosso, ele bateu na cabeça do homem. Todos no mundo, incluindo o rei, sentiram os golpes. Foi só naquele momento que o rei percebeu que tudo aquilo era uma brincadeira do Senhor. Uma voz invisível disse-lhe para ir e implorar o perdão de Manikkavachagar por toda a injustiça feita contra ele. O rei correu até o santo, pediu desculpas e implorou-lhe para aceitar o reinado da nação. Manikkavachagar recusou e se afastou do rei de uma vez por todas. Ele já tinha se cansado de política e percebeu que tinha vindo a essa terra para um propósito mais elevado. Tudo o que ele queria era encontrar seu guru mais uma vez. Ele seguiu seu caminho por todos os templos do sul da Índia, na esperança de ver o Senhor novamente na forma de seu guru. Para lhe agradar, Lorde Shiva apareceu a ele na forma de seu guru em todos os santuários. Por fim, ele chegou ao glorioso templo de Chidambaram, onde Shiva está na forma de Nataraja. Esse é o lugar onde ele compôs sua canção famosa chamada "Tiruvachagam".

Naquela época, um monge budista do Sri Lanka, acompanhado pelo rei do Sri Lanka e de sua filha muda, foram a Chidambaram para perguntar sobre a existência de um deus que não fosse Buda. O rei do território decidiu organizar um debate entre o budista e um shivaísta. Manikkavachagar foi escolhido para representar o Shivaísmo, já que ele era o mais instruído. No fim do debate, os monges budistas estavam impressionados.

O rei do Sri Lanka ficou surpreso e disse a Manikkavachagar: "Você deixou meus professores eloquentes mudos. Agora, se for capaz de fazer minha filha muda falar, todos vamos renunciar à nossa fé e nos unirmos à sua". Manikkavachagar pediu que o Senhor o ajudasse e a menina muda começou a falar fluentemente, e refutou com perfeição os argumentos dos monges budistas. Não é preciso dizer que o rei foi convertido.

Um dia, Lorde Shiva foi a Manikkavachagar na forma de um brâmane e pediu-lhe para cantar "Tiruvachagam" para ele. O Senhor começou a escrever a música em folhas de palmeira enquanto Manikkavachagar cantava. Manikkavachagar ficou tão deslumbrado pelo amor e pela graça do Senhor que lágrimas começaram a rolar de seus olhos, ele se prostrou nos degraus do templo e não pôde se erguer. Quando os sacerdotes do templo chegaram, encontraram as folhas de palmeira escritas pelo Senhor nos degraus do templo e Manikkavachagar em estado de êxtase. Do brâmane não havia sinal. Os sacerdotes do templo aproximaram-se de Manikkavachagar e pediram-lhe para explicar o sentido do que estava escrito nas folhas e quem as havia escrito. Com as mãos trêmulas, Manikkavachagar apontou o ídolo dentro do templo e disse: "Ele é o tema dessas canções. Ele as escreveu!" Ele estava tão dominado pela emoção ao dizer essas palavras que não conseguia se levantar dos pés do Senhor Nataraja. Ele, literalmente, se fundiu ao ídolo do Senhor e nunca mais foi visto.

> *Ó, minhas mãos! Juntem-se*
> *para cultuar aquele Ser transcendente,*
> *que tem uma serpente venenosa como cinto.*
> *Jogadas aos seus pés estão flores fragrantes.*
> *Ó, mãos minhas! Juntem-se para cultuá-lo.*
>
> Saint Appar

> *Palavras não podem expressar este estado;*
> *a mente não consegue entender,*
> *Os sentidos não conseguem perceber,*
> *A não ser por meio da crença firme em Deus e no Eu,*
> *Não pode ser compreendido.*
>
> *Aum Namashivaya!*

Aum Anaghaya Namaha!

27

Os Devotos Violentos

*Seu nascimento foi em uma família de caçadores
Que roubavam colmeias e comiam carne.
Ele andou pela floresta nas montanhas,
    onde vagava o tigre.
Ele criou cães de olhos vermelhos e animais de isca.
Ele empunhou o arco, a lança, a espada,
E residiu com carcaças estraçalhadas.
Sua forma, um braço musculoso mordido por um tigre.
Um peito firme como pedra cortado por
    armas poderosas,
o rosto marcado pelos dentes de ursos.
Coxas rasgadas pelo javali de dentes afiados.
Cabelos arrepiados, olhos vermelhos aterrorizadores,
Fala áspera retumbante!*

SAINT NAKEERA

Isso foi escrito sobre Kannappa Nayanar, que foi um dos primeiros santos. Ele era uma criatura brutal, filho de um chefe selvagem de uma tribo aborígine, vivendo em terreno bruto. Dizem que ele foi a encarnação de Arjuna, que havia ousado lutar disfarçado de caçador com Lorde Shiva; por isso, ele nasceu um caçador.

Em sua primeira caçada, Kannappa perseguiu e matou um javali. Enquanto seus amigos o assavam, ele foi visitar o templo no topo da colina. Quando chegou ao templo e viu o *lingam*, uma mudança extraordinária ocorreu com ele. Correu em direção ao *lingam* em êxtase e começou e abraçá-lo e beijá-lo, pois no *lingam* ele viu seu amado Senhor. Um caçador simples, Kannappa não tinha nenhum conhecimento da ritualística do culto, mas seus amigos lhe disseram que o método do culto a Shiva era despejar água sobre o ídolo (*abhisheka*) e depois oferecer flores e alimentos. Embora lhe aborrecesse deixar seu amado sozinho, ele foi e pegou as melhores porções da carne de porco que tinha sido assada, e depois de provar cada pedaço para ver se estava bem-feito, colocou-os com carinho em uma cama de folhas. Em seguida, correu até o rio, colocou um pouco de água na sua boca, já que ele não tinha recipiente, colheu algumas flores e as manteve nos cabelos, já que não tinha cesto, e voltou correndo para o templo. Ele cuspiu a água de sua boca sobre o ídolo como *abhisheka* e varreu as flores de seus cabelos com as sandálias, para elas caírem sobre o *lingam*. Depois ele colocou a carne de porco na cama de folhas na frente do *lingam* e disse: "Aqui está a carne que eu assei e provei com minha língua experiente. Espero que esteja boa o suficiente para ser comida". Ele esperou ansiosamente, sem tirar os olhos do ídolo, como uma mãe observando seu filho amado. Quando o sol se pôs, seus amigos fizeram o melhor que puderam para fazer com que voltasse para casa, mas ele se recusou a sair do lado do ídolo.

No dia seguinte, enquanto Kannappa estava caçando, um sacerdote brâmane que chegava para a adoração diária da divindade chegou e ficou horrorizado ao ver a profanação do templo. Ele notou as pegadas das sandálias e as pegadas de cachorro dentro do *sanctum sanctorum*, as flores estranhas sobre o ídolo e o fedor de carne por todos os lados. Ele fez os ritos de purificação necessários. Depois, trouxe água dentro de um recipiente de cobre para o banho do Senhor com um pano amarrado em torno de sua boca, para que seu hálito não poluísse a água. Ele levou flores em um cesto e fez uma mistura deliciosa de leite e arroz para oferendar, mas ninguém provou. Ao terminar o ritual, ele voltou para casa.

Kannappa voltou logo depois e revirou tudo o que o sacerdote tinha feito, realizando ritos a seu modo não ortodoxo. Isso continuou por cinco dias, para a desgosto do sacerdote. Na quinta noite, o Senhor apareceu em um sonho ao sacerdote e disse-lhe que deveria se esconder se quisesse ver algo especial. O sacerdote escondeu-se atrás do *lingam*. No sexto dia, quando Kannappa voltou com sua porção de carne fresca, viu algo assustador. Um fio de sangue saía do olho direito do Senhor no *lingam*. Kannappa correu e tentou conter o sangramento, mas este continuou sem diminuir. Ele encontrou algumas ervas e as aplicou no olhos sangrando, mas sem nenhum efeito. Por fim, teve uma brilhante ideia. Ele tirou seu próprio olho com a ponta da sua flecha e, carinhosamente, o colocou sobre o olho sangrando e fechou a ferida, mas imediatamente, o outro olho também começou a sangrar. Dessa vez, Kannappa sabia exatamente o que fazer, mas o problema seria encontrar o ponto certo do olho no ídolo, sem seu segundo olho. Então, ele teve uma ideia esplêndida. Colocou seu pé esquerdo no olho que sangrava, para marcar o ponto, e levou a flecha ao seu olho restante.

O Senhor não pôde mais suportar aquilo. Ele pulou do *lingam*, pegou a mão de Kannappa e disse: "Pare, Kannappa!"

Ele gritou três vezes assim e Kannappa foi abençoado três vezes. A partir daquele dia, passou a ser conhecido como Kannappa. Seu sacrifício foi equivalente ao feito por Vishnu, o de olho de flor de lótus, que havia dado o próprio olho ao Senhor de três olhos. Ao amor de Kannappa é sem paralelo até hoje, os poetas cantam sua glória.

Arivattayar Nayanar foi um grande devoto de Lorde Shiva. Diariamente, ele oferecia arroz vermelho cozido, espinafre vermelho e um pouco de manga em conserva ao Senhor. Para testá-lo, Lorde Shiva retirou toda a sua riqueza, mas Arivattayar trabalhou no campo de outra pessoa e, com o salário que ali recebia, continuou a oferecer as mesmas coisas ao Senhor. Ele e sua família comiam arroz inferior e ofereciam o de melhor qualidade a Shiva. Porém, chegou o tempo em que só havia arroz vermelho disponível, então Arivattayar comia apenas as verduras de sua horta, e não o arroz, que era oferecido a Shiva. Um dia, enquanto levava sua oferenda de sempre ao templo, suas pernas fraquejaram por causa de uma fraqueza e ele caiu no chão, espalhando os alimentos.

Ele começou a chorar amargamente e disse: "Ó, Senhor, se é verdade que é onipresente, deve estar aqui, neste local, agora. Eu oro para que aceite minha oferenda, que caiu no chão. Se o Senhor não comê-la, desistirei da minha vida".

Com essas palavras, ele pegou uma foice e começou a cortar sua garganta. Naquele momento, ele ouviu o som de alguém mastigando manga em conserva. Ao mesmo tempo, a mão sagrada se estendeu, pegou a foice e o impediu de se matar.

Murthi Nayanar costumava adorar o ídolo de Shiva besuntando-o diariamente com pasta de sândalo. Veio o tempo em que um rei jainista governou o território e começou a perseguir os seguidores de Shiva. Murthi Nayanar continuou seu culto sem se abalar. Para convertê-lo, o rei declarou que nenhum sândalo seria usado na região. Murthi orou para Lorde Shiva dar-lhes um rei que fosse favorável aos devotos de Shiva. Ele estava acabando com seu estoque de sândalo bem rápido, e chegou o dia em que não tinha sequer um pedacinho para seu culto diário. Ele procurou por toda a cidade sem ser capaz de encontrar um único bloco de sândalo. Quando chegou a hora do seu culto diário, ele foi ao templo e, desesperado, começou a esfregar seu próprio cotovelo na pedra de ralar, em vez do sândalo. O cotovelo começou a sangrar muito. Lorde Shiva apareceu e o interrompeu, dizendo-lhe que tinha aceitado seu sacrifício e que ele seria feito rei do território. Naquela noite, o rei cruel morreu e, de acordo com o costume antigo, os ministros mandaram o elefante do palácio para escolher um sucessor digno. O elefante foi determinado em direção ao templo e, ao ver Murthi Nayanar, fez uma reverência e voltou para o palácio levando-o em suas costas. Os ministros imploraram a Murthi para que aceitasse o reinado. Ele concordou, mas sob certas condições. Disse que não seria ungido com perfumes, apenas com cinzas, não usaria nenhuma joia, somente contas de *rudraksha*, e sua coroa seria seus cabelos desgrenhados. Os ministros concordaram. Murthi tornou-se rei e, mais uma vez, o Shivaísmo floresceu na região.

Chandeswar Nayanar foi uma criança prodígio. Um dia, ele viu um pastor de gado batendo em uma vaca e ficou tão infeliz que ofereceu seus serviços aos proprietários que empregavam o pastor. As vacas prosperaram sob seus cuidados e produziam leite de boa vontade. O garoto costumava fazer um *lingam* de lama na margem do rio e despejar leite sobre ele todos os dias, já que havia um excedente. Um dia, seu pai o pegou no ato e, com raiva, deu um chute no *lingam* que a criança estava cultuando. O menino olhou para cima e viu que era seu próprio pai que tinha obstruído seu *puja*. Ele pegou um galho que, em suas mãos, se transformou em um machado, e cortou os pés de seu pai. Ele continuou com seu culto, sem se preocupar com seu pai caído no chão. O Senhor apareceu e o abençoou por sua devoção extrema, que não conseguiu tolerar um insulto ao *lingam*, e não deixaria nenhum apego pessoal ficar no caminho de suas convicções.

Sakkiyar foi um shivaísta que se tornou um monge budista, mas ele nunca conseguiu eliminar o amor a Shiva de seu coração. Apesar de não ter mudado de vestimenta, ele costumava cultuar um *lingam* a caminho de seu *biksha* – supõe-se que um budista esmole seu alimento e isso é chamado *biksha*. Todos os dias, tinha que passar pelo *lingam* em seu caminho, e lançava uma pedra como oferenda a Lorde Shiva. Um monte grande de pedras cresceu nesse lugar ermo como resultado de sua estranha oferenda floral. Ele continuou essa forma singular de culto todos os dias. O lançamento da pedra se tornou um ato carregado de amor, e o Senhor aceitou o ato como tal. Certa vez, quando estava acabando de sentar-se para comer, lembrou-se de que não tinha feito sua oferenda de sempre ao Senhor e, deixando seu alimento, correu de volta ao *lingam*. Quando lançou a pedra, o Senhor apareceu e o abençoou.

Siruthonda Nayanar era um *bhakta* que nunca comia sua refeição sem antes alimentar um devoto de Shiva. Um dia, Shiva veio a ele disfarçado de *bhakta* um pouco antes da hora de refeição. Siruthonda ficou feliz e implorou para que ele se sentasse. Shiva disse que tinha feito um voto de que uma vez a cada seis meses ele comeria a carne de uma criança de 5 anos que fosse filha única de seus pais, e aquela era a ocasião. Siruthonda percebeu que seu filho atendia a essas duas exigências e consentiu sem um momento de hesitação. Sua esposa concordou que aquela era sua grande sorte por eles terem a oportunidade de servir a um devoto de Shiva dessa maneira peculiar. A criança, que não sabia de nada, foi levada e mantida com carinho no colo de sua mãe. O pai cortou sua cabeça e a carne foi cozida e servida a seu convidado. O devoto de Shiva insistiu para que o anfitrião comesse com ele, então Siruthonda sentou-se para se banquetear com a carne de seu filho único. Depois, seu hóspede, exigente, pediu que o filho de seu anfitrião também comesse com eles. Siruthonda gaguejou desculpas, mas o convidado insistiu que a esposa deveria sair e chamar seu filho. Para surpresa dos pais, o menino veio correndo assim que foi chamado. Quando eles voltaram para a cozinha com o filho, encontraram o lugar vazio. Nem o pedinte nem a carne estavam lá e eles perceberam que o Senhor os havia testado ao máximo.

O Atma é autoexistente, permeia tudo, é puro.
Ele está além do conceito e do alcance do pecado.
Ele não tem forma nem corpo e não pode ser ferido por armas.
O Atma em seu aspecto pessoal ou individualizado é Deus, o onisciente e todo inclusivo Um.
Ele é o inspirador de santos e videntes.
Ele é onipotente e o refúgio final, e quem entrega os frutos das ações.

Aquele que não conhece a verdade do Atma
E leva uma vida leal aos sentidos cai em
escuridão cegante.
Mas o que conhece a verdade do Atma, e ainda assim
leva uma vida sensual, cai em uma escuridão mais profunda.

Dos *Vedas*, de
Chandramouleeswara Saraswati

Aum Namashivaya!

ॐ

ॐ
Aum Shaswathaya Namaha!

28

As Devotas

Ela, que disse: "Não percorrerei com os meus pés,
  a sagrada montanha do Senhor",
Caminhou com suas mãos, com os dois pés apontando
para o céu,
Que foi privilegiada ao ser chamada de "Minha mãe"
pelo Senhor de corpo dourado-vermelho,
Quando Uma riu diante da visão,
Ela é o tesouro da família de Karaikkal,
Onde o mel puro sai do casco das árvores.

SAINT NAMBIYANDAR NAMBI

Punithavathi, a filha de um rico mercador, era uma esposa devota. Certa vez, seu marido mandou duas mangas do mercado com instruções para que fossem guardadas para seu almoço. Enquanto isso, um visitante chegou para almoçar e ela serviu uma das mangas a ele. Quando seu marido voltou para casa, ela levou a outra manga para seu esposo. Ela estava tão deliciosa que ele pediu outra. Punithavathi ficou em um dilema e não ousou contar-lhe a verdade, para ele não ficar bravo com ela por ter dado sua manga a um convidado. Ela foi e implorou ao Senhor para que a ajudasse. Ele deu uma manga a ela, a qual cortou com alegria e colocou diante do seu marido. Porém, essa manga na verdade era sobrenatural, então, prontamente, o marido perguntou onde ela a havia encontrado. Ela teve de dizer a verdade. O marido não acreditou e pediu-lhe que pegasse outra da mesma origem. Ela foi à sala de orações e implorou a

Lorde Shiva para que a salvasse da ignomínia de ser chamada de mentirosa. Ele lhe deu outra manga. Quando o marido viu esse milagre, concluiu que sua esposa devia ser um tipo de deusa e decidiu deixá-la, já que seria um sacrilégio manter qualquer relação sexual com a mulher. Ele partiu em uma viagem mercantil e nunca mais voltou para Punithavati.

Quando retornou, ele se estabeleceu em outra parte do país, casou-se com outra mulher e teve uma filha com ela, a quem decidiu dar o nome de Punithavathi, em homenagem à sua primeira esposa. Em pouco tempo, os pais da primeira Punithavathi ouviram falar sobre seu paradeiro. Eles levaram sua filha até o homem e exigiram que ele a recebesse de volta. Assim que ele viu Punithavathi, prostrou-se aos seus pés, uma coisa incomum para um marido fazer, e implorou-lhe para que ela o perdoasse. Ele explicou aos pais irados que, a seus olhos, Punithavathi era uma deusa e ele não podia mais considerá-la uma esposa. Quando ouviu isso, Punithavathi decidiu que todos os elos mundanos eram uma amarra e o único a quem ela realmente estava ligada era ao Lorde Shiva. Ela decidiu ir à montanha sagrada de Kailasa para ver seu verdadeiro Senhor. Quando chegou à montanha, não pôde suportar pisar no chão sagrado com seus pés, então começou a subir apoiada nas mãos. Ela não era nada além de pele e osso nessa época, e Parvati riu quando viu aquela estranha aparição subindo a montanha.

Lorde Shiva repreendeu Parvati e disse: "Veja, ó, Parvati! Ela, que está vindo desse modo estranho, é a mãe que nos estima". Quando se aproximou deles, Shiva se dirigiu a ela dizendo: "Ó, Mãe!".

Em resposta, Punithavathi gritou: "Ó, Pai!", e caiu aos seus pés.

O Senhor lhe pediu que escolhesse qualquer dádiva e ela decidiu ter amor sem fim por ele. Shiva disse-lhe para voltar ao mundo, ver sua dança *thandava* e cantar sobre suas glórias. Ela fez isso até o fim de sua vida quando foi levada à sua morada. Punithavati teve o privilégio especial de ser a única entre seus devotos mencionados aqui que voltou para casa depois de ter ido ao Kailasa.

A mãe de Sundarar, Isai-gnaaniyaar, bem como Mangayarkkarasi, a rainha de Madurai que foi responsável por levar Sambandar a Madurai para derrotar os jainistas em debate, são duas outras mulheres santas que foram mencionadas por Sekkizhaar no *Periya Puranam*.

Thilagavathi, a irmã de Appar, também foi uma santa. Sem sua ajuda, o mundo nunca teria sabido a respeito de Appar. Ela era seu único parente, e foi quem o criou e o salvou de uma morte precoce.

Ela tinha sido prometida a um guerreiro, mas antes de o casamento ocorrer, os seus dois pais morreram. Logo depois, o homem com quem ela estava noiva também morreu na guerra. Ela decidiu acabar com sua própria vida quando o noivo morreu, mas a pedido de seu irmão mais jovem, Appar, que implorou para que ela permanecesse viva por ele, desistiu e cuidou dele. Quando seu irmão decidiu se unir aos jainistas, ficou arrasada. Ela se dedicou a Lorde Shiva e passou seus dias a seu serviço divino. Implorou ao Senhor para que salvasse seu irmão mais novo das garras dos jainistas. Dizem que Shiva concordou e causou uma cólica severa em Appar, como já vimos, que os monges jainistas não puderam curar. Ele foi forçado a se refugiar com sua irmã, que o curou apenas com a repetição do mantra de cinco sílabas do Lorde Shiva e com a aplicação da cinza sagrada sobre seu corpo. Depois, ela lhe disse para entrar no templo de Shiva e implorar por seu perdão. Nós vimos, pela história de Appar, o que aconteceu com ele depois disso. Assim, sua irmã, que já era mãe e pai dele, agora se tornou seu guru. Ela não só curou sua doença física, como também lhe deu redenção espiritual. Ela foi, de fato, uma joia entre as mulheres.

Outra mulher santa foi a esposa de um brâmane chamado Neelanakkar, cujo nome nós não sabemos. Ela acompanhava seu marido diariamente ao templo de Shiva e oferecia culto junto com ele. Um dia, enquanto seu marido entoava o mantra de cinco sílabas com grande concentração, a mulher notou que uma aranha tinha caído em cima do *lingam*. Impelida por seus instintos maternais, sem pensar no que estava fazendo, ela soprou a aranha. Quando o brâmane viu isso, ficou chocado. Nunca se deve soprar em um ídolo, para não atingi-lo com a saliva. Ele gritou com ela por sua tolice e declarou que não a teria em sua casa de novo. A pobre mulher foi forçada a passar a noite no templo. Naquela noite, seu marido teve um sonho em que Shiva apareceu e mostrou seu corpo a ele, que tinha sido totalmente afetado por um veneno. O único lugar que estava livre dos efeitos do veneno era o local onde a aranha tinha caído, de onde ela tinha sido removida pelo sopro de sua esposa. Não é preciso dizer que o marido tolo correu para o templo e implorou à sua mulher para que voltasse para casa com ele. Sua ação espontânea tinha sido inspirada puramente pelo amor maternal e o Senhor a entendeu dessa forma. Nós vimos que Shiva tinha um amigo, um filho e um servo, mas essa foi a primeira vez que ouvimos que ele, que nunca nasceu do ventre de uma mulher, arranjou uma mãe.

Claro, todas as ações dessas mulheres empalidecem até a insignificância diante do grande sacrifício feito pela esposa de Siruthondar Nayanar. Como vimos na história dele, ela colocou seu filho único no colo para facilitar para que seu marido arrancasse a cabeça da criança! Ela também cozinhou e serviu a carne de seu filho ao chamado Shiva *bhakta* sem hesitar. Tal sacrifício é difícil de ser sobrepujado e, com certeza, ela merece um lugar proeminente entre as mulheres santas.

Podemos nos perguntar como é possível que Shiva tenha permitido ações aparentemente sem coração de seus devotos. Uma cultura e religião perecem em virtude da apatia e da indiferença de seus seguidores, em vez de seus excessos. Shivaístas sempre foram conhecidos pelo modo violento com que expressaram seu amor intenso por Shiva, e ele parece apreciar isso. Os devotos de Vishnu, no entanto, são conhecidos por sua natureza calma, pacífica e amorosa em afinidade com a natureza do próprio Senhor Vishnu. O Hinduísmo, com sua grande habilidade para aceitar todas as naturezas, não tem dificuldade em permitir que pessoas de diferentes tipos sigam os caminhos mais bem adequados a seus temperamentos. Não há regra fixa nem lei de conduta que sejam obrigatórias, para todos os seres humanos, sem exceção. Deus não tem preferidos! O que Ele valoriza acima de tudo é o *bhavana*, ou a sensação com que a devoção é feita.

Existem muitos e muitos mais santos, que foram mencionados no *Periya Puranam*, e cujos nomes são cantados até hoje em Tamil Nadu. Por falta de espaço, citamos as vidas de apenas alguns.

Vamos concluir com as palavras de Thomas Merton: "Um místico é aquele que se rende a um poder de amor que é maior do que o humano. Ele avança em direção a Deus em uma escuridão que vai além da luz da razão humana e do conhecimento conceitual. Quando falamos do misticismo, falamos de uma área em que o homem não está mais totalmente no comando de sua própria vida, sua própria mente e sua própria vontade. Mas ao mesmo tempo, sua rendição é a um Deus que é mais íntimo a ele do que seu próprio ser".

O devoto alcança um pico de percepção em que não quer estar no controle de sua vida. Ela não tem uma vida, mente ou vontade separadas. Renunciou ao corpo, à mente e à alma para a essência de seu ser, que é Deus, e permanece satisfeito de que sua graça e inteligência o levarão nas ondas da compaixão divina de seu Deus à margem mais distante da existência. Nesse caminho de submissão total, não há queda nem erro, pois o Mestre de seu Ser, que também é o amado de seu coração, conquista tudo.

> *Não sinto ódio nem apego, nem ganância nem paixão.*
> *Não tenho orgulho nem um espírito competitivo,*
> *não estou atrás de obrigação, riqueza, paixão*
>   *ou libertação.*
> *Sou a essência da consciência e da bem-aventurança*
> *– Shivoham! Shivoham!*

"Nirvanashtakam",
por Adi Shankarackarya

> *Prostrações a você que não tem forma*
> *e se manifesta em diversas formas.*

Prostrações a você, que se manifesta como o nobre e o humilde. Prostrações a você que está naqueles que andam e nos que não andam de carroças. Prostrações a você que é as carroças e seus donos.

"Sri Rudrum", *Yajur Veda*

Dia a dia, um homem se aproxima da morte,
Sua juventude se desgasta.
Passageira como as ondulações em um riacho é a deusa da fortuna.
Fugaz como o raio é a vida em Shiva.
Ó, Shiva! Ó, doador de Abrigo!
Proteja-me, a quem se refugia a Seus pés.

Adi Shankaracharya

Aum Namashivaya!

ॐ

ॐ
Aum Anantaya Namaha!

Epílogo

Prostrações à fonte de bem-aventurança, terrena e celestial. Prostrações ao auspicioso, mais auspicioso do que qualquer coisa. Prostrações àquele presente nos rios sagrados e em ídolos instalados em suas margens.

"SRI RUDRUM", *YAJUR VEDA*

Os *Vedas* são os grandes armazéns da filosofia, os tratados espirituais mais antigos conhecidos pela humanidade. Eles são as pedras fundamentais da filosofia hindu, e consistem em quatro: *Rig Veda, Yajur Veda, Sama Veda e Atharvana Veda*. Desses, os três primeiros são considerados mais importantes. Nessa classificação tripla, percebemos que o *Yajur Veda* vem no meio. O "Sri Rudrum", que é um hino dedicado a Lorde Shiva, vem no centro dos setes cantos desse *Veda*. O *panchakshari*, ou mantra de cinco sílabas de Shiva, vem no centro do "Sri Rudrum". O nome Shiva vem no centro do *panchakshari*, como pode ser notado quando ele é escrito em sânscrito. O "Sri Rudrum", portanto, é considerado o olho do *Veda-Purusha*, que é Lorde Shiva. O mantra de cinco sílabas, então, se torna a pupila desse olho. O "Sri Rudrum" é, cantado em todos os sacrifícios de fogo, ou *yajnas*. Existem 11 formas de Shiva como Rudra e, nesses *yajnas*, 11 sacerdotes cantam o "Sri Rudrum" 11 vezes, invocando Lorde Shiva em 11 recipientes de água santificada. Shiva também é Bhuteswara ou Senhor dos Elementos. Desse modo, as cinco sílabas do mantra representam os cinco elementos. Quando o mantra é entoado, ele nos tira do elemento bruto da terra para os aspectos sutis e, por fim, para o Espírito Supremo, que aqui é conhecido como Shiva. Logo, terminamos nossos capítulos com esse mantra único que, ao entoá-lo, todas as pessoas serão libertadas do ciclo de nascimentos e mortes.

Finalizaremos este livro sobre o jogo de Lorde Shiva iniciando todos os leitores no mistério do sagrado *panchakshari*, o *mantra* de cinco sílabas de Lorde Shiva: *Na-ma-shi-va-ya*. Ele sempre é precedido pelo *pranava mantra*, que é *om*. Portanto, o mantra todo é lido como *Aum Namashivaya*. Aqueles que entoam esse *mantra* regularmente com fé e devoção a Shiva, sem dúvida, serão abençoados por ele e atingirão toda a felicidade, prosperidade e libertação.

É costume terminar todos os *pujas*, ou culto ritualístico de Shiva, com um *arati*, ou balançar de luzes de cânfora. Um pequeno verso é cantado enquanto as luzes são balançadas diante do *lingam* de Shiva. Este livro em si é um *puja* ao meu Senhor de três olhos, Vanamali. Então, vamos terminá-lo com o *arati* de sempre a Lorde Shiva.

Karpoora gauram, karunavataaram, Samsarasaaram, bhujagendrahaaram Sada vasantam, hridayaravinde, Bhavam Bhavani sahitham namaami.

Eu reverencio a Shiva e também a Parvati,
Aquele que habita para sempre o lótus de meu coração,
Que tem a cor da cânfora, que está repleto de gentileza,
Que é o apoio do mundo e que usa uma serpente como guirlanda.

Hari Aum Tat Sat

ॐ

APÊNDICE UM
Método de Adoração de Lorde Shiva

Agora flores fragrantes, incenso, lamparinas,
  materiais para o banho do Senhor,
Com isso em mãos, procure um lugar adequado e faça um
assento para o Senhor. Instale a imagem ali
  e medite em Sua forma e na luz que é Deus.
Invoque-o a descer e ocupar a imagem.
Cultue-o com grande devoção,
Com oferendas de flores, músicas e reverência.
Pratique com ardor todos os atos religiosos.
Aqueles que executam tais atos diariamente
Ficarão ao lado do Senhor.

SHIVAJNANA SIDDHIYAR

APÊNDICE DOIS
Nomes de Shiva

Adi-Purusha	O primeiro Senhor
Ardhanareeswara	Forma meio feminina, meio masculina de Shiva
Ashutosha	Aquele que é facilmente satisfeito
Bhairava	Aquele que ergue uma espada cheia de sangue
Bhava	Ser eterno, fonte, origem
Bhola	O simples
Bhutesvara	Senhor dos Elementos
Chandrachuda	Aquele cuja cabeça é enfeitada com a Lua crescente
Chandrashekara	Aquele que usa a Lua crescente em seus cabelos
Dakshinamurthy	Professor cósmico, aquele que se vira para o sul
Gangadhara	Aquele que preserva o Ganges
Girisha	Senhor das montanhas
Guhesha	Senhor das cavernas
Hara	Aquele que remove as tristezas e os pecados do mundo
Ishana	Senhor Supremo do universo
Kalakanta	Devorador do tempo
Kapalin	Aquele que carrega um crânio

Kirata	O caçador
Krittivasa	Aquele que usa couros de animais
Mahadeva	O grande Deus
Mahayogi	O grande *yogin*
Maheswara	O grande Senhor
Nageswara	Senhor das Serpentes
Nataraja	O dançarino cósmico
Natesha	Rei da dança
Neelakanda	Aquele de pescoço azul
Pasupati	Senhor de todas as criaturas; pastor divino
Rudra	O feroz
Sadashiva	Nome de Shiva dado no *Shiva Purana*; se refere ao Brâman
Shambunatha	Aquele que concede prosperidade e sucesso
Shankara	Aquele que é bondoso e confere felicidade
Sharva	O arqueiro cósmico
Shiva	O auspicioso
Somasundara	Aquele que é tão belo quanto a Lua
Somnatha	Senhor da erva sagrada
Sundaramurti	O belo
Tripurantaka	Caçador dos demônios das três cidades
Tryambaka	Aquele de três olhos
Vaidya	Protetor dos *Vedas*; o médico
Vaidyanatha	Senhor dos médicos
Veda-Purusha	A personalidade Suprema dos *Vedas*
Vireshvara	Senhor das artes marciais
Virupakspa	O de olho incomum
Vishveshvara	Senhor do Cosmos

APÊNDICE TRÊS
Nomes de Outros Personagens do Panteão Hindu

Achala	Parvati; a imutável
Adishesha	Assento de serpentes do Senhor Narayana
Aditi	Mãe dos deuses
Agastya	Sábio
Agni	Deus do fogo
Ananga	Kama
Anasuya	Esposa de Atri
Andhaka	Filho cego do demônio Hiranyaksha
Angiras	Um dos sete sábios celestiais
Annapurna	Manifestação de Parvati; a que concede alimento
Aparna: Parvati	A que subsistiu com folhas secas
Arundhati	Esposa de sábio Vasishta
Asikni	Esposa de Daksha
Atri	Um sábio
Bana	Demônio
Bhadra	Um dos nove Durgas

Bhadrakali	Aspecto destrutivo da deusa
Bhavani	Parvati, transformação eterna
Brahma	Um da trindade; o Criador
Brighu	Um dos sete sábios celestiais
Brihaspati	Preceptor dos deuses
Buddhi	Esposa de Ganesha
Chamunda	Uma das nove Durgas
Chandra	Lua
Dadichi	Um sábio
Daksha	Pai de Sati
Dakshayani	Sati, filha de Daksha
Dambha	Demônio
Dasaratha	Pai de Rama
Dattatreya	Filho de Atri; manifestação de Vishnu
Devasenapati	Kartikeya, general do exército dos deuses
Devayani	Esposa de Kartikeya; filha de Indra
Dhanya	Filha dos *manes*
Diti	Mãe dos demônios
Durga	Parvati
Durvasa	Filho de Atri; manifestação de Shiva
Ettumba	Demônio
Ganapathy	Ganesha, líder dos *ganas*
Ganesha	Filho de Shiva; deus elefante
Ganga	O rio Ganges; esposa de Shiva
Garuda	veículo-águia de Vishnu
Gouri	Parvati; a radiante
Guha	Kartikeya; o secreto
Himavan	Rei do Himalaia
Hiranyakashipu	Demônio, irmão de Hiranyaksha
Hiranyaksha	Demônio
Indra	Rei dos deuses
Isani	Uma das nove Durgas
Jalandara	Demônio
Janaka	Pai de Sita
Jaya	Aia de Parvati
Kali	Deusa da destruição

Kala Bhairava	Manifestação feroz de Shiva
Kalanemi	Demônio
Kalavati	Filha dos *manes*
Kama	Deus de amor
Kamalaksha	Filho de Taraka
Kardama	Um dos patriarcas
Kartikeya	Filho de Shiva; filho dos Krittikas
Kartyayani	Uma das nove Durgas
Kasyapa	Um sábio
Kratu	Um dos sete sábios celestiais
Krishna	Encarnação de Vishnu
Krittikas	A constelação Plêiades; mãe adotiva de Kartikeya
Kshema	Filho de Ganesha com sua esposa Buddhi
Kubera	Senhor da riqueza
Kumara	Kartikeya; garoto
Kumuda	Filho das serpentes
Labha	Filho de Ganesha com Siddhi
Lakshmana	Irmão de Rama
Lakshmi	Esposa de Vishnu; deusa da riqueza
Mahakali	Uma das nove Durgas
Manibhadra	Um dos *ganas* de Shiva
Manmatha	Deus do amor, Kama
Marichi	Um dos sete sábios celestiais
Mayan	Arquiteto dos demônios
Medathiti	Um sábio
Mena	Esposa de Himavan; mãe de Parvati
Mundamardini	Uma das nove Durgas
Muruga	Kartikeya
Nandi	Veículo-touro de Shiva
Nandiswara	Veículo-touro de Shiva
Narada	O sábio celestial que vagava pelo mundo cantando louvores a
Vishnu; Narayana	ele é conhecido por ser intrometido Vishnu; aquele que dorme nas águas cósmicas

Nishumba	Demônio
Parvati	Esposa de Shiva; filha das montanhas
Pavakatmaja	Kartikeya; filho de fogo
Pradyumna	Filho de Krishna
Prahlada	Filho de Hiranyakashipu
Pralamba	Demônio
Pulaha	Um dos sete sábios celestiais
Radha	Amor de infância de Krishna
Rama	*Avatara* de Vishnu
Rati	Esposa de Kama
Ravana	Rei dos *rakshasas*; rei do Sri Lanka
Rohini	Esposa de Chandra
Sanaka	Um dos quatro garotos sábios
Sanandana	Um dos quatro garotos sábios
Sanatana	Um dos quatro garotos sábios
Sanat-kumara	Um dos quatro garotos sábios
Sandhya	Primeira criação de Brahma; crepúsculo
Sarabhu	Nome de Kartikeya; nascido entre bambus
Saraswati	Esposa de Brahma; deusa do aprendizado
Sati	Primeira esposa de Shiva
Shakti	O poder ativo do Senhor
Shankachuda	Demônio
Shanmukha	Kartikeya; tem seis faces
Shatarupa	A primeira mulher; esposa de Swayambhu Manu
Shivaa	Esposa de Shiva; Parvati
Shukra	Preceptor dos demônios
Shumba	Demônio
Siddhi	Esposa de Ganesha
Sita	Esposa de Rama
Soma	Lua; erva sagrada usada em *yajnas*
Sradha	Esposa dos *manes*

Sri Hari	Encarnação de Vishnu
Subramanya	Kartikeya
Sudama	Amigo de Krishna
Svetavaraha	Encarnação de Vishnu como o javali branco
Swaymabhu Manu	O primeiro homem
Taraka	Demônio
Tarakaksha	Filho de Taraka
Tulasi	Esposa de Shankachuda; o manjericão sagrado
Twarita	Uma das nove Durgas
Uma	Parvati; literalmente traduzido como "não ir"
Vaishnavi	Uma das nove Durgas
Vajranga	Demônio
Valli	Esposa de Kartikeya
Varangi	Esposa de Vajranga
Vasanta	Primavera
Vasishta	Sábio; preceptor da casa real da dinastia solar
Vayu	Deus do vento
Veerabhadra	Manifestação de Shiva
Velayudha	Kartikeya; aquele que leva o *vel* como arma
Vidyunmali	Filho de Taraka
Vigneshwara	Ganesha; removedor de obstáculos
Vijaya	Aia de Parvati
Vinayaka	Ganesha
Virini	Esposa de Daksha
Vishnu	Um da trindade; o harmonizador
Vishwarupa	Um dos patriarcas
Visvakarma	Arquiteto dos deuses
Visvamitra	Um sábio
Vrinda	Esposa de Jalandara
Vrishabhanu	Pai de Radha

Vyasa	Autor do *Mahabharata* e de todos os *Puranas*
Yama	Deus da morte

APÊNDICE QUATRO
Lista, em Ordem Alfabética, de Mantras

Os mantras que abrem e fecham todos os capítulos deste livro foram relacionados aqui, em ordem alfabética, para facilitar a localização de suas traduções.

Ambikanathaya Namaha!	Saudações ao Senhor de Ambika
Anaghaya Namaha!	Saudações àquele sem mácula
Anantaya Namaha!	Saudações àquele sem fim
Bhaktavalsalaya Namaha!	Saudações àquele que é gentil com os devotos
Bhoothapathaye Namaha!	Saudações ao Senhor de todas as criaturas
Devaya Namaha!	Saudações ao Deus
Ganeshaya Namaha!	Saudações a Sri Ganesha
Gangadaraya Namaha!	Saudações àquele que leva o Ganges
Giripriyaya Namaha!	Saudações ao amante das montanhas
Haraya Namaha!	Saudações ao que leva embora (pecados, mentes)
Jagadgurave Namaha!	Saudações ao preceptor do mundo
Jagatpitre Namaha!	Saudações ao pai do mundo
Kamaraye Namaha!	Saudações ao inimigo de Kama
Kapardine Namaha!	Saudações àquele que prende os cabelos em formato de concha

ॐ Apêndice Quatro ॐ

Kripanidaye Namaha!	Saudações ao que é um estoque de compaixão
Laladakshaya Namaha!	Saudações ao que tem um olho na testa
Mahadevaya Namaha!	Saudações ao grande Deus
Maheswaraya Namaha!	Saudações ao grande Senhor
Mrityunjayaya Namaha!	Saudações ao dominador da morte
Namashivaya!	Saudações a Lorde Shiva. O mantra de cinco sílabas de Shiva
Neelakandaya Namaha!	Saudações ao de pescoço azul
Panchavaktraya Namaha!	Saudações ao de cinco faces
Pinakine Namaha!	Saudações àquele que empunha o arco Pinaka
Rudraya Namaha!	Saudações ao vingador selvagem
Sadashivaya Namaha!	Saudações ao sempre auspicioso
Sasishekaraya Namaha!	Saudações àquele que usa a Lua na cabeça
Shambave Namaha!	Saudações àquele que concede prosperidade
Shankaraya Namaha!	Saudações ao que traz felicidade
Sharvaya Namaha!	Saudações ao arqueiro cósmico
Shaswathaya Namaha!	Saudações àquele que é eterno
Shivaapriyaya Namaha!	Saudações à amada Parvati
Shivaya Namaha!	Saudações a Lorde Shiva
Shoolapanaye Namaha!	Saudações ao que carrega um tridente
Somaya Namaha!	Saudações ao guardião da erva sagrada – Soma
Sookshmathanaye Namaha!	Saudações àquele com um corpo sutil
Sri Gurave Namaha!	Saudações ao guru
Srikandaya Namaha!	Saudações ao que tem um belo pescoço
Tripurantakaya Namaha!	Saudações ao destruidor das três cidades
Viroopakshaya Namaha!	Saudações ao que tem um olho ímpar
Vishveshvaraya Namaha!	Saudações ao Senhor do universo

APÊNDICE CINCO
Invocação Védica para a Paz Mundial

Aum sarvesham swasthir bhavathu,
Sarvesham shantir bhavathu,
Sarvesham poornam bhavathu,
Sarvesham mangalam bhavathu.
Sarve bhavanthu sukhinaha,
Sarve santhu niramayaha
Sarve bhadrani pashyantu,
Makaschid dukhabav bhaveth

Que todos sejam saudáveis,
Que todos aproveitem a paz,
Que todos vivam em plenitude,
Que todos fiquem cheios de auspiciosidade,
Que todos sejam felizes,
Que todos sejam libertados da dor,
Que todos vejam apenas prosperidade,
Que ninguém seja infeliz.

Aurn asato ma sad gamaya
Tamaso ma jyotir gamaya
Mrityor ma amritam gamaya.

Do irreal me leve ao real,
Da escuridão me leve à luz,
Da morte me leve à imortalidade.

Aum Poornamadam poornamidam,
Poornath poornamudachyathe,
Poornasya, Poornamadaya,
Poornamevavashishyathe.
Aum Shanti, Shanti, Shanti!

Aquilo está cheio e isso também está cheio.
Do cheio vem o cheio.
Do cheio, se você tirar o cheio,
Só restará a abundância.
Aum Paz! Paz! Paz!

Glossário de Termos em Sânscrito

abhijit: momento propício.
abhisheka: banho ritualístico de um ídolo ou de um rei.
achala: imutável, constante.
adharma: injustiça.
adishesha: cama-serpente de Narayana.
advaita: não dualidade.
advaitic: que pertence a *advaita*.
aham brahmasmi: eu sou Brâman; mantra védico.
ahamkara: ego.
ahimsa: não violência.
Airavata: elefante branco mitológico.
ajna chakra: centro espiritual entre as sobrancelhas.
akasha: éter.
amrita: néctar da imortalidade.
anahata chakra: chacra do coração.
ananda: bem-aventurança.
apana: a respiração para fora, exalação.
apas: água.
apsara: dançarina celestial.
arati: movimento das luzes diante de uma divindade.
ardhra: uma estrela.
ashrama: eremitério.
ashtakam: um tipo de poema escrito em oito estrofes.
asura: demônio.

asuric: demoníaco.
Asvini: nome do mês – setembro/outubro.
aswamedha yaga: sacrifício de cavalo.
Atharvana Veda: o quarto *Veda*.
atma: alma.
atman: eu.
atmic: que pertence à alma; consciência não diferenciada, identificação com toda a vida.
aum: mantra referindo-se ao Supremo.
avatara: encarnações divinas que nascem com total conhecimento de seus poderes.
avidya: ignorância.
avyaktha: não manifesto.

bel: um tipo de folha usada no culto de Shiva.
Bhadra: nome do mês – agosto/setembro.
Bhagavan: Deus.
bhakta: devoto.
bhakti: devoção.
bhang: um preparado com *cannabis*.
bhasma: cinzas.
bhavana: atitude.
biksha: comida conseguida por meio de esmola.
bhikshu: aquele que esmola comida.
bhoga: caminho de prazer.
bhogi: aquele que vive para comer.
bhutas: cinco elementos brutos; espíritos.
bindu: um ponto.
brahmachari: um celibatário.
brahmastra: arma atômica muito poderosa.
brahmin: membro da casta de sacerdotes, brâmane.

Carma: ação.
Carma mala: impureza vinda da ação.
Chaitra: nome de um mês – fevereiro/março.
chakora: uma ave.
chakra: roda; centro de energia no corpo.
chandrakala: Lua crescente.

chaturyuga: as quatro épocas, ou *yugas*.
chidakasha: consciência divina criativa.
crore: uma unidade equivalente a 10 milhões.

dacoit: bandido.
dakshina: taxa dada por qualquer benefício espiritual.
damaru: o tambor de Shiva.
darbha: um tipo de grama.
darshan: visão, visão auspiciosa de deus.
dasa: servo.
dasa marga: caminho da servidão.
deva: um dos deuses menores.
devata: divindade, a consciência divina manifestada em cada coisa.
devataru: árvore sagrada que cresce apenas nos pontos mais altos do Himalaia.
Devipurana: uma escritura a respeito da Mãe Divina.
dharma: lei eterna da justiça.
dundhubhi: um instrumento de percussão.

ganapatis: líderes dos *ganas*.
ganas: seguidores diversos de Shiva.
gandharvas: músicos celestiais.
Garuda: veículo-águia do Senhor Vishnu.
ghat: degraus que levam a um rio.
gopi: ama de leite, ou mulher dos *gopalas* (pastores).
gunas: os três modos ou atributos fundamentais da natureza.
guru: preceptor espiritual.

halahala: um tipo de veneno virulento.

indriyas: órgãos do sentido; cinco órgãos de conhecimento e cinco órgãos de ação.
Iswara: Deus.

jagat: o mundo material.
jiva: alma individual.
jivan mukta: alma liberta, sábio totalmente iluminado.
jivatma: alma incorporada.

jnana: conhecimento espiritual.
jnana marga: caminho do conhecimento.
jyotirlinga: santuário, um dos 12 *lingans* de Shiva.

kala: arte; fase.
kamandalu: uma pote de água levada por *sannyasis* (mendigos ambulantes).
keora: um tipo de flor de cacto.
kinnaras: seres celestiais.
kirata: caçador, pessoa da floresta.
Krittivasa: quem usa couro de animais.
kshatriya: casta guerreira.
kundala: o brinco de um homem.
kundalini: a energia espiritual acumulada na base da espinha.
kusa: tipo de grama.

lakh: cem mil.
lasya: os movimentos lentos de uma mulher.
lila: peça, brincadeira, jogo.
lingam: pedra redonda que significa Shiva; sinal; símbolo; falo.

maha-pralaya: a noite de Brahma, em que todos os mundos, até o mundo de Brahma se dissolvem.
mahayogi: grande *yogin*.
mahout: cuidador de elefante.
malaya: brisa quente do sul.
manduka: sapo.
manes: ancestrais.
mantra: palavra sagrada, forma em som de divindades.
manipura chakra: terceiro chacra no umbigo.
manvantaram: um ciclo de tempo, éon.
manvantara: a vida de Manu, o progenitor da raça humana.
marga: caminho.
Margashirsha: nome de um mês – dezembro/janeiro.
maya: ilusão cósmica.
maya mala: impureza causada por *maya*.

modaka: doce redondo adorado por Ganesha.
mooladara chakra: primeiro chacra na base da espinha.
mudra: símbolo místico feito com os dedos.
mukti: liberação.
mythya: ilusão.

nada: som cósmico.
nadi: canal astral que é um conduíte para a energia psíquica, como o *kundalini* .
naga: serpente.
naimittika-pralaya: mesmo que *maha-pralaya*.
namashivaya: mantra sagrado de cinco sílabas de Shiva.
navadurgas: as nove Durgas.
nitya: constante.
nitya-brahmachari: celibatário eterno.
nitya-pralaya: dissolução de personalidade vivida durante o sono.
nritta, nrittya: dança.

om: mantra referindo-se ao Supremo.
omkara: som de *aum* ou *om*.

panchakshari: Na-ma-shi-va-ya; mantra de cinco silabas de Shiva.
paramatma: a alma cósmica.
pasa: corda de amarração.
pasu: criatura.
pasupata: arma de Shiva.
Pati: mestre.
peethas: assentos espirituais.
pishachas: espectros.
pitthan: louco (palavra tâmil).
Prakriti: natureza.
prakritika-pralaya: dissolução total de tudo, incluindo Prakriti, em sua causa máxima – Brâman.
pralaya: dissolução, dilúvio.
prana: sopro vital, força de vida
pranava mantra: *aum* ou *om*.
prasad: restos de oferendas a Deus.
pratah sandhya: alvorecer.

pretas: fantasmas.
prithvi: terra.
puja: culto ritualístico.
Purana: escritura.
Purânico: pertencente aos Puranas.

rajas: um dos gunas da natureza; atividade.
rajasic: apaixonado, lúbrico.
rakshasa: demônio, espírito injusto.
Rbhus: um tipo de espírito poderoso.
Rig Veda: um dos quatro *Vedas*.
Rishis: santos, sábios.
rudraksha: semente de uma árvore amada por Shiva.
Rudri: hino a Shiva no *Yajur Veda*.
rudravina: tipo de alaúde feito por Ravana.

sadhana: prática espiritual.
sadhu: homem santo.
sahasrara: o sétimo chacra, na coroa da cabeça.
sakhya marga: caminho da amizade.
saligrama: uma pedra redonda representando Vishnu encontrada no rio Gantaki, no Nepal, e às vezes no rio Narmada.
salokya: permanecer no mundo do deus (o deus a quem você normalmente cultua).
Sama Veda: um dos quatro *Vedas*, que normalmente é cantado e não entoado .
samadhi: estado superconsciente.
samhara: destruição.
samipya: permanecer perto de deus (o deus a quem você é devotado).
samsara: existência (humana) transmigratória.
sandhya: crepúsculo.
saras: tipo de grama.
sarupya: ter a forma de deus (o deus a quem você normalmente cultua).
satchidananda: existência-consciência-alegria; definição de Brâman.
satputra marga: caminho do bom filho.
sastra: regras, conhecimento baseado em princípios atemporais.
sattva: harmonia; essência; bem; um dos *gunas*.

sattvic: pertencente ao *sattva*.
Satyaloka: o paraíso mais elevado.
sayujya: entrar na divindade.
Shakti: força ou energia da deusa.
Shastras: escrituras.
Shrishti: criação.
shyama sandhya: crepúsculo da noite.
siddha: alguém com poderes sobrenaturais.
siddhis: poderes sobrenaturais, oito em número.
soma: erva sagrada.
sthithaprajna: pessoa de bom intelecto; nome dado no *Bhagavad Gita* para a alma iluminada.
sthiti: preservação.
stotram: hino dirigido a uma divindade.
Sudarshana Chakra: a roda do tempo; a arma de Vishnu.
sushumna: canal astral, ou *nadi*, que desce pela espinha.
swadhistana: segundo chacra.

tamas: escuridão, inércia, letargia; terceiro *guna*.
tamasic: pertencente a *tamas*.
tanmatras: energia sutil subjacente aos elementos.
Tantras: escrituras esotéricas.
Tantrik: aquele que segue a tradição do Tantra.
tapasya: força espiritual adquirida pela prática de austeridades, incluindo meditação, para obter poderes espirituais e materiais.
tarakamudra: posição dos dedos quando a ponta do dedo indicador toca a ponta do polegar.
tat twam ast: mantra védico; que tu és.
tatanka: brinco usado por uma mulher.
tattvas: elementos de realidade, 24 em número; aspectos tangíveis da criação.
tejas: glória.
thandava nritta: dança cósmica de Shiva.
thevaram: canções a Lorde Shiva.
Trimurtis: a trindade; três formas de Deus – Brahma, o criador, Vishnu, o mantenedor, e Shiva, o destruidor.

udana: ar em movimento para cima, uma parte das cinco respirações vitais.
upanayanam: cerimônia de investidura do fio sagrado.
Upanishads: última parte dos *Vedas* lidando com a filosofia do *advaita*.
urdhva-thandava: a dança cósmica de Shiva em que um pé é levantado verticalmente ao lado da orelha.

vairagya: desapego.
vajra: raio.
vayu: vento.
Veda-Purusha: Senhor dos *Vedas*, que é o próprio Brâman.
Vedas: primeira escritura espiritual da religião hindu; quatro em número.
vel: lança, dardo.
vidya: conhecimento.
vishuddhi chakra: chacra na base da garganta.

yaga: sacrifício do fogo.
yajna: sacrifícios; o mesmo que *yaga*.
yajnashala: lugar onde o *yaga/yajna* é realizado.
Yajur Veda: um dos quatro *Vedas*.
yaksha: semideuses; guardiões do tesouro do submundo.
yantra: um diagrama geométrico místico.
yoga: qualquer atividade que leve à união com o supremo.
yoga-maya: poder de ilusão do Senhor.
yogin: aquele que pratica yoga; aquele que está em união com Deus.
yogini: uma yogin mulher.
yoni: assento, base, vulva; a base do *lingam*.
yuga: era.

Leitura Recomendada

O Grande Livro da Mitologia
Histórias de Deuses e Heróis

Thomas Bulfinch

Publicado pela primeira vez em 1855, esta obra já foi lida por milhares de leitores em todo o mundo, que tomaram contato com grandes mitos da Grécia e de Roma, lendas antigas da mitologia nórdica, contos medievais e cavalheirescos, fábulas orientais, entre outros. Agora, a Madras Editora traz esta edição, com uma tradução moderna, sem perder a essência da linguagem e do pensamento do autor.

O Grande Livro dos Deuses e Deusas
Mais de 130 Divindades
e Lendas da Mitologia Mundial

Elizabeth Hallam

Em *O Grande Livro dos Deuses e Deusas*, ela traz uma seleção com mais de 130 dessas divindades, que destaca suas funções especiais e esferas de influência. Originários das tradições religiosas da Grécia clássica e da Índia contemporânea, das Américas, da Oceania, da Europa e da Ásia oriental, da África e do Egito.

O Grande Livro dos Mistérios Antigos
Peter James e Nick Thorpe

Durante séculos, filósofos, cientistas e charlatães tentaram decifrar os mistérios desconcertantes do nosso passado, de Stonehenge ao continente perdido da Atlântida. Hoje, no entanto, testes de DNA, datação por radiocarbono e outras ferramentas de investigação de ponta, juntamente com uma dose saudável de bom senso, estão nos guiando para mais perto da verdade. Agora, o historiador Peter James e o arqueólogo Nick Thorpe abordam esses enigmas antigos, apresentando as informações mais recentes da comunidade científica e os desafios mais surpreendentes para explicações tradicionais de mistérios

www.madras.com.br

MADRAS® Editora

Envie este cadastro preenchido e passará a receber informações dos nossos lançamentos, nas áreas que determinar.

Nome _____
RG _____ CPF _____
Endereço Residencial _____
Bairro _____ Cidade _____ Estado _____
CEP _____ Fone _____
E-mail _____
Sexo ❏ Fem. ❏ Masc.   Nascimento _____
Profissão _____ Escolaridade (Nível/Curso) _____

Você compra livros:
❏ livrarias   ❏ feiras   ❏ telefone   ❏ Sedex livro (reembolso postal mais rápido)
❏ outros: _____

Quais os tipos de literatura que você lê:
❏ Jurídicos   ❏ Pedagogia   ❏ Business   ❏ Romances/espíritas
❏ Esoterismo   ❏ Psicologia   ❏ Saúde   ❏ Espíritas/doutrinas
❏ Bruxaria   ❏ Autoajuda   ❏ Maçonaria   ❏ Outros:

Qual a sua opinião a respeito desta obra? _____
_____

Indique amigos que gostariam de receber MALA DIRETA:
Nome _____
Endereço Residencial _____
Bairro _____ Cidade _____ CEP _____

Nome do livro adquirido: **Shiva**

Para receber catálogos, lista de preços e outras informações, escreva para:

MADRAS EDITORA LTDA.
Rua Paulo Gonçalves, 88 – Santana – 02403-020 – São Paulo/SP
Caixa Postal 12183 – CEP 02013-970 – SP
Tel.: (11) 2281-5555 – Fax.:(11) 2959-3090
www.madras.com.br

MADRAS® Editora

Para mais informações sobre a Madras Editora,
sua história no mercado editorial
e seu catálogo de títulos publicados:

Entre e cadastre-se no site:

www.madras.com.br

Para mensagens, parcerias, sugestões e dúvidas, mande-nos um e-mail:

marketing@madras.com.br

SAIBA MAIS

Saiba mais sobre nossos lançamentos,
autores e eventos seguindo-nos no facebook e twitter:

@madrased

/madraseditora